中国石油大学（华东）远程与继续教育系列教材

经济法简明教程

CONCISE TUTORIAL ON ECONOMIC LAW

王菊娥 杨光 主编

中国石油大学出版社
CHINA UNIVERSITY OF PETROLEUM PRESS

图书在版编目(CIP)数据

经济法简明教程 / 王菊娥,杨光主编 .—东营:
中国石油大学出版社,2017.11
ISBN 978-7-5636-5821-3

Ⅰ.①经… Ⅱ.①王… ②杨… Ⅲ.①经济法一中国
一高等学校一教材 Ⅳ.①D922.29

中国版本图书馆 CIP 数据核字(2017)第 289692 号

书　　名：经济法简明教程
主　　编：王菊娥　杨　光

责任编辑：岳为超　曹秀丽(电话　0532—86981532)
封面设计：悟本设计

出 版 者：中国石油大学出版社
　　　　　　(地址:山东省青岛市黄岛区长江西路 66 号　邮编:266580)
网　　址：http://www.uppbook.com.cn
电子邮箱：shiyoujiaoyu@126.com
排 版 者：青岛友一广告传媒有限公司
印 刷 者：沂南县汶凤印刷有限公司
发 行 者：中国石油大学出版社(电话　0532—86981531,86983437)
开　　本：185 mm × 260 mm
印　　张：16.75
字　　数：381 千
版 印 次：2017 年 12 月第 1 版　2017 年 12 月第 1 次印刷
书　　号：ISBN 978-7-5636-5821-3
印　　数：1—2 500 册
定　　价：36.00 元

前 言
Preface

　　经济法是国家运用法律手段管理和协调经济活动、维护社会市场经济秩序的重要保障。随着中国改革开放的逐步深入及市场经济日新月异的进步，经济法作为一个独立的法律体系在中国得以快速发展与完善。经济法课程教学和建设可谓异军突起，在我国各类高校经济管理专业、法学专业和社会职业资格考试、企业实践等方面受到广泛重视，已成为相关专业的必修课程。

　　本书将理论与实际相结合、案例与法规相结合，强调"够用、实用、好用"的原则；篇章结构清晰，层次分明，表述清楚；各章章首设有名人名言、学习目标、基本概念，章尾设有本章重点、本章难点、思考题；各章内容简洁明了，通俗易懂。本书可作为高校经济管理类专业的教材，也可作为企业经济管理类工作人员的法律读本。

　　本书由在经济与管理领域从事经济法课程教学工作与实践十多年的老师编写而成。其中，第一章经济法基础知识、第三章公司法、第四章企业破产法、第七章知识产权法由杨光老师编写，第二章企业法、第五章合同法、第六章市场规制法、第八章金融法、第九章劳动法由王菊娥老师编写。全书由王菊娥老师完成统稿、定稿等事宜。本书在编写过程中得到了黄昶生老师、刘慧老师等的大力支持与帮助，并参考与借鉴了经济法方面众多专家学者的研究成果，在此一并表示衷心的感谢！

　　目前，随着中国特色社会主义新时代发展的到来，中国市场经济的发展必将展现新的风采，随之作为调整与管理市场经济规范的经济法律法规也会不断完善。尽管作者在编写过程中讨论、修改与校对了多次，但因时间与水平有限，书中错误在所难免，敬请读者不吝指正！

作　者

2017 年 11 月

目　录
Contents

第一章

经济法基础知识

> 法律必须被信仰，否则它形同虚设。
>
> ——哈罗德·伯尔曼

学习目标

1. 了解当代中国法的部门和渊源、经济法的体系，掌握经济法的概念、经济法的调整对象及违反经济法的法律责任。

2. 了解法律关系、经济法律关系的概念，掌握经济法律关系的构成。

3. 掌握民事行为的分类和各类民事行为的特点；代理的概念、特点、无权代理的法律后果；表见代理的特征和法律后果。

4. 了解诉讼时效，掌握民事诉讼和仲裁的基本程序。

基本概念

经济法，法律责任，经济法律关系，经济法律事实，民事行为，民事法律行为，无效民事行为，效力待定民事行为，可变更、可撤销民事行为，代理，无权代理，表见代理，民事诉讼，仲裁，诉讼时效，诉讼时效中止，诉讼时效中断

第一节　经济法概述

一、法律的概念

法律的概念有广义和狭义之分。狭义的法律专指由全国人民代表大会及其常务委员会制定的规范性法律文件；广义的法律则泛指一切国家机关依照法定权限和程序制定的规范

性法律文件。广义的法律又简称为法,是国家立法机关制定和认可的调整人的行为的社会规范。

我国当前的法律体系可分为七大类,即宪法及宪法相关法、民商法、行政法、刑法、经济法、社会法、诉讼及非诉讼程序法。当代中国法的渊源主要为以宪法为核心的各种制定法,包括宪法、法律、行政法规、地方性法规、部门规章、地方政府规章、司法解释、国际条约、国际惯例等。这些渊源也是我国经济法的渊源。

二、经济法的概念和体系

经济法是调整国家在经济管理和协调发展经济活动过程中所发生的经济关系的法律规范的总称。根据这一定义,经济法的调整对象是国家需要干预的特定经济关系,具体包括经济管理关系、公平竞争关系和经济组织内部经济关系。与经济法的调整对象相适应,经济法的体系可以分为三大部分。

1. 经济管理法

这是指国家在组织管理和协调经济活动中形成的法律制度,其构成经济法的核心内容,主要包括计划和产业政策、财税和预算、基本建设、金融证券和外汇、会计和审计、标准和计量、产品质量和价格、土地和资源的开发和利用、市场和特定行业管理等法律制度。

2. 经济活动法

这是指调整经济主体在经济流通和交换活动过程中发生的权利、义务关系而产生的法律制度,主要包括体现国家意志参与或者国家直接参与的合同法律制度、反不正当竞争法律规范和保护消费者法律规范。

3. 经济组织法

这是指经济组织的法律制度,也称为商事主体法,主要包括全民所有制工业企业法、公司法、合伙企业法、个人独资企业法和三资企业法等。

三、违反经济法的法律责任

(一)法律责任的概念

法律责任是指行为人因违法行为、违约行为或者法律规定而应承担的不利的法律后果。法律责任与道义责任或者其他社会责任不同的是:法律责任具有国家强制性,并以法律的规定为最终依据。从本质上而言,法律责任是国家对违反法定义务、超越法定权利或者滥用权利的行为所作的否定性的法律评价,是国家以强制力作保证,强制责任人作出一定行为或者不作一定行为,补偿和救济受到侵害或者损害的社会利益和受害人的法定权利,恢复被破坏的法律秩序的手段。

违反经济法的法律责任所依据的法律主要是经济法。如果行为人违反经济法规定的法定义务,超越经济法规定的法定权利或者滥用权利、破坏正常的经济法律关系,经济法以追究法律责任的方式给予行为人相应的法律制裁,从而达到保护经济法律关系的目的。

（二）法律责任的形式

违反经济法的法律责任可分为民事责任、行政责任和刑事责任,也有学者将前两者中涉及经济内容的部分称为经济责任。

1. 民事责任

民事责任是指由于违反民事法律、违约或者依照民事法律的规定所应承担的法律责任。民事责任主要是财产责任。在法律允许的条件下,民事责任可以由当事人协商解决。根据《中华人民共和国民法总则》(简称《民法总则》)第一百七十九条的规定,承担民事责任的方式主要有:停止侵害;排除妨碍;消除危险;返还财产;恢复原状;修理、重作、更换;继续履行;赔偿损失;支付违约金;消除影响、恢复名誉;赔礼道歉等。

2. 行政责任

行政责任是指由国家行政机关或者国家授权的有关单位对违反经济法的单位或者个人依法采取的行政制裁。行政责任大体可分为行政处分和行政处罚。一般单位承担行政责任的具体形式主要包括警告、限期停业整顿、吊销营业执照、责令关闭、罚款等;个人承担行政责任的具体形式主要包括警告、记过、记大过、降级、降职、撤职、留用察看、开除等。

3. 刑事责任

刑事责任是指违反经济法,造成严重后果,已触犯国家刑事法律,审判机关依法给予行为人相应的刑事制裁。根据《中华人民共和国刑法》(简称《刑法》)的规定,刑罚分为主刑和附加刑。主刑包括管制、拘役、有期徒刑、无期徒刑、死刑;附加刑包括罚金、剥夺政治权利、没收财产、驱逐出境等。

第二节 经济法律关系

一、经济法律关系的概念

法律关系是法律规范在调整人们的行为过程中所形成的权利、义务关系。而经济法律关系是指由经济法律规范规定和调整而形成的人们之间的权利、义务关系。对经济法律关系的概念可以从以下几个方面来理解:

(1)经济法律关系是在经济领域发生的意志关系,既体现了国家的意志,也体现了行为人的意志,是两种意志直接协调结合而产生的。

(2)经济法律关系是由经济法律规范确认和调整所形成的社会关系。

(3)经济法律关系是特定主体之间具有经济内容的权利、义务关系。经济法律关系所体现的权利和义务都具有经济性,即经济法律关系是为了完成一定的经济任务和实现一定的经济目的而建立的。

(4)经济法律关系是由国家强制力保障实施的权利、义务关系。经济法律关系的权利、义务一旦形成,即受国家强制力保护。任何某一方不履行经济义务,就要承担一定的法律责任;任何一方的权利受到侵害,都可请求法律的保护。

二、经济法律关系的构成

经济法律关系是由主体、内容和客体三个要素构成的。三个要素缺一不可,任何一项要素发生了变更,都会引起经济法律关系的变更。

(一)经济法律关系的主体

1. 经济法律关系主体的概念

经济法律关系的主体是指在经济管理和协调过程中依法独立享有一定经济权利和承担一定经济义务的当事人。经济法律关系的主体必须具备三个条件:第一,能够以自己名义独立地参加经济法律关系;第二,是经济法律关系中权利和义务的担当者;第三,一般应该能够独立地承担经济法律责任,因此必须拥有一定财产作为承担责任的基础。

2. 经济法律关系的主体资格

主体资格是指当事人参加经济法律关系,享有一定经济权利和承担一定经济义务的资格或者能力。只有具有经济法律关系主体资格的当事人,才能参与经济法律关系,享受一定权利和承担一定义务。

3. 经济法律关系主体的范围

经济法律关系主体的范围是由经济法调整的对象范围决定的,其大致可分为两大类:

(1)经济管理主体。这主要是指根据宪法、法律、法规规定的性质、职能、任务等,承担组织、管理和协调经济运行职能的国务院、各级地方政府及其承担经济管理职能的部门,也包括各级权力机关,以及由国家和法律授权而承担某种经济管理职能的其他组织等。

(2)经济活动主体。这是指依据民法、经济法、行政法以及其他法律、法规设立,从事经济活动的组织和个人。这类主体包括:① 企业、事业单位和社会团体。企业是以盈利为目的的经济组织,是经济法律关系中最广泛的主体。事业单位是指由国家财政拨款为其资金来源设立的,不以营利为目的,从事科教文卫等事业的单位。社会团体是指人民群众或者社会组织依法组成的非经营性的社会组织,包括党团组织、妇女联合会(简称妇联)、工会、行业协会、公益性团体、学术性团体等。② 经济组织的内部机构,如分公司、分厂、分店等分支机构或者生产单位等。它们虽无独立法人资格,但也能依法参加某些经济法律关系,如分支机构依法能作为纳税人参加税收法律关系。③ 农村承包经营户、个体工商户。其以"户"的名义参与经济法律关系,一般承担连带无限责任。④ 自然人。⑤ 国家机关和国家作为整体,在一定条件下也是经济活动关系的主体,如国家对外签订政府贷款和担保合同、对内和对外发行政府债券。

4. 经济活动主体的民事权利能力和民事行为能力

自然人、法人和非法人组织作为经济活动主体要享有经济权利、承担经济义务,就必须具有相应的民事权利能力和民事行为能力。

所谓民事权利能力,是指民事主体依法享有民事权利、承担民事义务的资格,反映了民事权利主体享有民事权利和承担民事义务的可能性。民事行为能力是指民事主体能够以自己的行为独立参加民事法律关系,行使民事权利、履行民事义务的资格。

自然人的民事权利能力一般始于出生,终于死亡,自然人之间的民事权利能力是平等的。自然人的民事行为能力根据其年龄和精神状况划分为无民事行为能力、限制民事行为能力和完全民事行为能力。无民事行为能力人(不满 8 周岁的未成年人和不能辨认自己行为的精神病人)不能独立实施民事法律行为,必须由其法定代理人代理;限制民事行为能力人(8 周岁以上的未成年人和不能完全辨认自己行为的精神病人)只能进行与其年龄和智力发育程度相当的法律行为,其他行为由其法定代理人代理,或者征得法定代理人同意;完全民事行为能力人(18 周岁以上的成年人和 16 周岁以上不满 18 周岁但以自己的劳动收入为主要生活来源者)可以以自己的行为取得民事权利,履行民事义务。

法人是具有民事权利能力和民事行为能力,依法独立享有民事权利和承担民事义务的组织。法人应当具备下列条件:① 依法成立;② 有必要的财产或者经费;③ 有自己的名称、组织机构和场所;④ 能够独立承担民事责任。法人的民事权利能力和民事行为能力从法人成立时产生,到法人终止时消灭。法人的民事权利能力和民事行为能力的范围以法律和核准登记的经营范围为准。

非法人组织是指不具有法人资格,但可以以自己的名义进行民事活动的社会组织,包括合伙组织、不具备法人资格的中外合作经营企业和外资企业、企业法人的分支机构、个体工商户、农村承包经营户、个人独资企业等。与法人相比,它不具有独立承担民事责任的能力。非法人组织的民事权利能力和民事行为能力从其成立时产生,到其终止时消灭,其民事权利能力和民事行为能力的范围以法律和核准登记的经营范围或者依法批准的业务范围为准。

(二)经济法律关系的内容

经济法律关系的内容是指经济法律关系主体享有的经济权利和承担的经济义务。这是经济法律关系的核心。

1. 经济权利

经济权利是指经济法律关系的主体依法具有的为一定行为或者不为一定行为和要求他人为一定行为或者不为一定行为的资格。它包括以下几个方面的含义:

(1)经济法律关系的主体有权在法定范围内根据自己的意志实施一定的经济行为。

(2)经济法律关系的主体有权依法要求负有义务的人作出或者不作出一定的行为,以实现自己的利益,如税务机关作为经济管理主体有权要求纳税人依法纳税,买卖合同的买受人作为经济活动主体有权要求出卖人交付符合合同约定的标的物。

(3)经济法律关系的主体在其合法权利受到侵害或者不能实现时,有权请求有关国家机关给予保护。

2. 经济义务

经济义务是指经济法律关系的主体为了满足特定的权利主体的权利,在法律规定的范围内必须实施或者不实施某种经济行为。经济义务是相对经济权利而存在的,是法律对经济法律关系主体行为的限制和约束。它包括以下几个方面的含义：

（1）义务主体必须作出或者不作出一定行为。这一行为的目的在于满足权利主体的利益需要。

（2）义务主体履行义务的行为是在法定范围内进行的。超越法律规定的限度，义务主体则不受限制和约束。

（3）义务主体不依法履行义务，就应承担相应的法律责任，受到法律的制裁。

（三）经济法律关系的客体

经济法律关系的客体是指经济法律关系的主体享有权利和承担义务所共同指向的对象。如果没有客体，权利、义务就失去了依附的目标和载体，也不可能发生权利、义务。

经济法律关系的客体十分广泛。概括起来，可分为四大类。

1. 物

经济法意义上的物是指可以为人们控制和支配，有一定经济价值，并以具体物质形态表现存在的物体。物可以是自然物，如土地、矿藏、水流等，也可以是人造物，如机器、建筑物等，还包括货币和有价证券。

2. 经济行为

这是指经济法律关系的主体为达到一定经济目的、实现其经济权利、履行其经济义务所进行的行为，包括经济管理行为、完成一定工作的行为和提供一定劳务的行为。

3. 智力成果

这是指能为人们带来经济价值的独创的脑力劳动成果，如发明创造、技术成果、艺术与科学作品等。

4. 权利

权利本是经济法律关系的内容，但是当某种权利符合以下三个条件时也可以成为经济法律关系的客体：① 是财产权利；② 是可转让的财产权利；③ 是法律规定可成为经济权利客体的权利。例如，建设用地使用权就可以成为土地出让和抵押法律关系的客体。

三、经济法律事实

经济法律关系处在不断地发生、变更和消灭的运动过程中。经济法律关系的发生、变更和消灭的前提条件是经济法律事实。经济法律事实是指由经济法律规范所规定的，能够引起经济法律关系发生、变更和消灭的客观现象。经济法律事实分为两类。

1. 法律行为

法律行为是指当事人为了设立、变更或者终止权利、义务关系而作出的合法行为。

2. 法律事件

法律事件是指不以当事人的意志为转移的客观情况，如自然灾害、人的死亡等都是法律事件。在一个法律关系中被认为是法律行为的，在另一个法律关系中可能被认为是法律事件。例如,甲解除了和乙之间的合同,致使乙和丙之间的合同无法履行,甲解除合同的行为在甲和乙之间是法律行为,就其对乙和丙之间合同关系的影响来看,就是法律事件。

第三节 民事行为和代理制度

一、民事行为的概念

民事行为是指行为人以意思表示为要素发生的、能引起民事法律后果的行为。民事行为根据其效力状态可以分为民事法律行为、无效民事行为、可变更或者可撤销的民事行为、效力待定的民事行为四种类型。与民事行为相对应的概念是事实行为。所谓事实行为,是指行为人不具有设立、变更或者终止民事法律关系的意图,但依照法律规定仍能引起民事法律后果的行为。侵权行为、违约行为、无因管理行为、拾得遗失物的行为、发现埋藏物的行为等皆为事实行为。

虽然事实行为与民事行为都能产生一定的民事法律后果,但二者存在着根本区别:事实行为的行为人主观上并无设立、变更或者终止民事法律关系的意图,而民事行为的行为人则在主观上具有明确的设立、变更或者终止民事法律关系的意图。

二、民事法律行为的类型

(一)民事法律行为

1. 民事法律行为的概念和特征

根据《民法总则》的规定,民事法律行为是民事主体通过意思表示设立、变更、终止民事法律关系的行为。其具有以下特征:

(1)民事法律行为以发生一定的民事法律效果为目的。

(2)民事法律行为以意思表示为要素。意思表示是指行为人将其期望发生某种法律效果的内心意思以一定方式表现于外部的行为。意思表示是区分民事法律行为与事实行为的根本所在。

(3)民事法律行为是合法的民事行为。合法性既包括内容上的合法,也包括形式上的合法。

2. 民事法律行为的分类

(1)单方法律行为、双方法律行为与多方法律行为。单方法律行为是指仅有一方当事人的意思表示即可成立的法律行为,如追认无权代理的行为;双方法律行为是指需要双方的意思表示一致而成立的法律行为,如订立合同;多方法律行为是指需要多个当事人意思表示一致而成立的法律行为,如合伙协议等。

(2)有偿法律行为与无偿法律行为。有偿法律行为是指当事人一方要享受利益就必须向对方支付相应对价的法律行为,如买卖行为等;无偿法律行为是指一方承担给付义务,他方不承担对等给付义务的法律行为,如赠与行为、民间不计利息的借贷行为等。

（3）要式法律行为与不要式法律行为。这是以法律行为的成立是否必须具备特定形式为标准对法律行为所作的分类。要式法律行为是指依法律规定必须采取一定形式或者履行一定程序方可成立的法律行为，如与金融机构订立的借款合同就必须采用书面形式。不要式法律行为是指法律不要求特定形式，当事人自由选择一种形式即可成立的法律行为，如民间借款既可采用书面形式，也可采用口头形式。

（4）主法律行为与从法律行为。这是以法律行为之间的相互依从关系为标准所作的一种分类。主法律行为是指不需要有其他法律行为的存在就可独立存在的法律行为；从法律行为是指要以其他法律行为的存在为前提的法律行为。有担保的借款合同中，借款合同是主法律行为，担保合同是从法律行为。

3. 民事法律行为的有效要件

民事法律行为的有效要件是指民事法律行为足以引起民事权利、义务的设立、变更、终止的法律效力的条件。已成立的法律行为不一定必然发生法律效力，只有具备一定有效要件的法律行为，才能产生当事人预期的法律效果。法律行为的有效要件分为实质有效要件和形式有效要件。

（1）实质有效要件。

根据《民法总则》的规定，民事法律行为的实质有效要件包括：① 行为人具有相应的民事行为能力；② 意思表示真实；③ 不违反法律、行政法规的强制性规定，不违背公序良俗。此外，限制民事行为能力人实施的纯获利益的民事法律行为或者与其年龄、智力、精神健康状况相适应的民事法律行为有效；实施的其他民事法律行为经法定代理人同意或者追认后有效。相对人可以催告法定代理人自收到通知之日起 1 个月内予以追认。法定代理人未作表示的，视为拒绝追认。民事法律行为被追认前，善意相对人有撤销的权利。撤销应当以通知的方式作出。

意思表示真实，是指当事人在自愿的基础上作出的意思表示与其内心的真实意愿是一致的。意思表示不真实的民事行为，当事人有权撤销或者宣告无效。所谓不违反法律、行政法规的强制性规定，不违背公序良俗，是指意思表示的内容不得与法律的强制性或者禁止性规定相抵触，而且法律行为在目的和效果上不能损害社会经济秩序、社会公共秩序和社会公德，不得损害国家及各类社会组织和个人的合法利益。

（2）形式有效要件。

这是指行为人的意思表示的形式必须符合法律的规定。民事法律行为可以采用书面形式、口头形式、推定形式和沉默形式等。法律规定采用特定形式的，应当依照法律规定，否则该民事行为无效。

4. 附条件和附期限的法律行为

（1）附条件的法律行为。这是指在法律行为中指定一定的条件，把该条件的成就或者不成就作为法律行为效力的发生或者终止的根据。法律行为中所附的条件可以是事件，也可以是行为，但是必须具备五个条件：① 是将来发生的事实，已发生的事实不能作为条件；② 是不确定的事实，即条件是否必然发生，当事人不能肯定；③ 是当事人任意选择的事实，而非法定的事实;④ 是合法的事实,不得以违法或者违背道德的事实作为所附条件;⑤ 所限制的是法律行为效力的发生或者消灭,而不涉及法律行为的内容,即不与行为的内容相矛盾。

（2）附期限的法律行为。这是指在法律行为中指明一定的期限,把期限的到来作为法律行为生效或者终止的依据。期限是必然要到来的,而附条件的法律行为所附的条件可能成就,也可能不成就。法律行为所附期限可以是明确的期限,也可以是不确定的期限,不确定的期限不是条件。

（二）无效的民事行为

1. 无效民事行为的概念和种类

无效民事行为是指欠缺法律行为的有效要件,行为人设立、变更和终止权利、义务的内容不发生法律效力的行为。

根据《中华人民共和国民法通则》（简称《民法通则》）和《民法总则》的规定,无效民事行为包括:① 无行为能力人实施的民事法律行为;② 限制民事行为能力人依法不能独立实施的民事法律行为;③ 行为人与相对人以虚假的意思表示实施的民事法律行为;④ 恶意串通,损害国家、集体或者第三人利益的民事法律行为;⑤ 违反法律或者公共利益的民事法律行为;⑥ 违反国家指令性计划的民事法律行为;⑦ 以合法形式掩盖非法目的的民事法律行为。

2. 部分无效的民事行为

这是指部分无效且无效部分不影响其他部分效力的民事行为。部分无效的民事行为的无效部分从行为开始即无法律约束力,而其余部分仍对当事人有约束力。

3. 无效民事行为的法律后果

无效民事行为从行为开始起就没有法律约束力。其在法律上产生以下法律后果:① 恢复原状,即恢复到无效民事行为发生之前的状态,当事人因该行为取得的财产应当返还给受损失的一方。② 赔偿损失,即有过错的一方应当赔偿对方因此所受的损失。如果双方都有过错的,应当按过错大小各自承担相应的责任。③ 双方恶意串通,实施的民事行为损害国家、集体或者第三人利益的,收归国家或集体所有或者返还第三人。④ 其他制裁,如果行为人因实施无效民事行为而损害国家利益或者社会利益的,还可以给予行政处分、罚款,构成犯罪的,还要依法追究刑事责任。

（三）可变更、可撤销的民事行为

1. 可变更、可撤销民事行为的概念和特征

这是指依照法律的规定,可以因行为人自愿的撤销行为而自始归于无效的民事行为,也称为可撤销的民事行为。该行为与无效民事行为相比,具有以下特征:① 在该行为撤销前,其效力已经发生,未经撤销,其效力不消灭。② 该行为的效力消灭以撤销为条件。③ 该行为的撤销应由撤销权人提出并实施。④ 具有撤销该行为权利的人,可以选择撤销,也可以选

择不撤销。如果自行为成立时起超过1年,当事人才请求变更或者撤销的,人民法院不予保护[参见《最高人民法院关于贯彻执行〈中华人民共和国民法通则〉若干问题的意见》(简称《民法通则意见》)],该行为对当事人具有约束力。⑤ 该行为一经撤销,其效力溯及于行为开始时无效。

2. 可变更、可撤销民事行为的种类

根据《民法总则》的规定,可变更、可撤销民事行为主要包括:① 基于重大误解实施的民事法律行为;② 一方以欺诈手段,使对方在违背真实意思的情况下实施的民事法律行为;③ 第三人实施欺诈行为,使一方在违背真实意思的情况下实施的民事法律行为,对方知道或者应当知道该欺诈行为的;④ 一方或者第三人以胁迫手段,使对方在违背真实意思的情况下实施的民事法律行为;⑤ 一方利用对方处于危困状态、缺乏判断能力等情形,致使民事法律行为成立时显失公平的。

3. 可变更、可撤销民事行为的后果

对于可变更、可撤销民事行为,相关方有权请求人民法院或者仲裁机构予以撤销。根据《民法总则》第一百五十二条的规定,有下列情形之一的,撤销权消灭:① 当事人自知道或者应当知道撤销事由之日起1年内、重大误解的当事人自知道或者应当知道撤销事由之日起3个月内没有行使撤销权;② 当事人受胁迫,自胁迫行为终止之日起1年内没有行使撤销权;③ 当事人知道撤销事由后明确表示或者以自己的行为表明放弃撤销权。当事人自民事法律行为发生之日起5年内没有行使撤销权的,撤销权消灭。

(四)效力待定的民事行为

1. 效力待定民事行为的概念和特征

效力待定民事行为是指于行为成立时其是有效还是无效尚不能确定,还待其后一定事实的发生来确定其效力的民事行为。效力待定民事行为具有以下显著特征:① 效力待定民事行为于成立时效力不确定,既不是确定有效的,又不是当然无效的;② 效力待定民事行为既可成为有效的民事行为,也可成为无效的民事行为。

2. 效力待定民事行为的种类

(1)限制民事行为能力人实施的依法不能独立实施的双务行为。《中华人民共和国合同法》(简称《合同法》)第四十七条规定:"限制民事行为能力人订立的合同,经法定代理人追认后,该合同有效,但纯获利益的合同或者与其年龄、智力、精神健康状况相适应而订立的合同,不必经法定代理人追认。相对人可以催告法定代理人在1个月内予以追认。法定代理人未作表示的,视为拒绝追认。合同被追认之前,善意相对人有撤销的权利。撤销应当以通知的方式作出。"

(2)无权代理人订立的合同。《合同法》第四十八条规定:"行为人没有代理权、超越代理权或者代理权终止后以被代理人名义订立的合同,未经被代理人追认,对被代理人不发生效力,由行为人承担责任。相对人可以催告被代理人在1个月内予以追认。被代理人未作表示的,视为拒绝追认。合同被追认之前,善意相对人有撤销的权利。撤销应当以通知的方式作出。"

（3）无权处分行为。《合同法》第五十一条规定："无处分权的人处分他人财产,经权利人追认或者无处分权的人订立合同后取得处分权的,该合同有效。"但依《中华人民共和国物权法》(简称《物权法》)的规定,如果受让财产的第三人满足善意取得的条件,则该第三人确定地取得该财产的所有权。

三、代理制度

（一）代理的概念

代理是代理人在代理权限内,以被代理人的名义实施民事法律行为,由此所产生的法律后果直接归属于被代理人的法律制度。通过代理进行民事法律行为,通常包括三方当事人。其中,以他人名义实施民事法律行为的人称为代理人或者行为人;代理人以其名义进行民事法律行为,行为的后果由其承担的人称为代理人或者本人;与代理人进行民事法律行为,从而设立、变更或者终止和被代理人之间权利、义务关系的人称为相对人或者第三人。

（二）代理的特征

1. 代理人以被代理人的名义实施民事法律行为

《民法通则》规定了显名代理,要求代理人只有以被代理人的名义实施民事法律行为,其行为后果才可以要求被代理人承担。

2. 代理人的代理行为必须在被代理权范围内进行

只有在代理权范围内进行的代理,才能发生代理的后果,超出代理权范围是无权代理,不能发生代理的效果,行为后果由行为人自己承担。

3. 代理人独立地进行意思表示

在被代理人的授权范围内,代理人可以独立地进行意思表示,而不必不折不扣地都听命于被代理人,但后果由被代理人承担。例如,甲委托乙购买某种商品,授权的价格范围是1万元以下,那么,签约时究竟是1万元还是8 000元,乙可以自主决定。

4. 所代理的是民事法律行为

事实行为或者违法行为不适用代理制度。代为签订合同可以适用代理制度,但是代为抄写稿件、搬运货物等不属于民事法律上的代理。违法行为不适用代理制度,代理人和被代理人都要承担相应的法律责任。应当由本人实施的民事法律行为,如立遗嘱、演出等,不得代理。

5. 代理行为的法律后果直接归被代理人享有或者承担

该法律后果可能是对被代理人有利的法律后果,也可能是不利的法律后果。

（三）代理的种类

根据不同的标准,可以对代理进行多种分类。依代理权产生的依据不同,将代理分为委托代理、法定代理和指定代理。

1. 委托代理

委托代理是指基于被代理人的委托授权而发生的代理。委托代理一般产生于代理人与被代理人之间既存的某种法律关系之上,这种法律关系可以是委托合同关系,也可以是劳动合同关系或者合伙合同关系。根据《民法总则》第一百七十三条的规定,有下列情形之一的,委托代理终止:代理期间届满或者代理事务完成;被代理人取消委托或者代理人辞去委托;代理人丧失民事行为能力;代理人或者被代理人死亡;作为代理人或者被代理人的法人、非法人组织终止。

2. 法定代理

法定代理是指基于法律的直接规定而发生的代理,主要是为了切实保障无民事行为能力人和限制民事行为能力人的合法权益,维护交易安全。监护人即他们的法定代理人。根据《民法总则》第一百七十五条的规定,有下列情形之一的,法定代理终止:被代理人取得或者恢复完全民事行为能力;代理人丧失民事行为能力;代理人或者被代理人死亡;法律规定的其他情形。

3. 指定代理

指定代理是指基于人民法院或者其他有关机关的指定而发生的代理。一般是在无民事行为能力人和限制民事行为能力人没有法定代理人或者法定代理人不明确的情况下采用。

（四）代理权的行使

1. 代理权行使的一般要求

代理人必须在代理权限内积极行使代理权,以维护被代理人的利益,不能利用代理权谋取私利,必须勤勉尽责、审慎周到,以实现和保护被代理人的利益。

2. 代理人不得滥用代理权

常见的滥用代理权的情况有三种:一是代理他人与自己进行民事活动;二是代理双方当事人进行同一民事行为;三是代理人与第三人恶意串通,损害被代理人的利益。法律禁止代理权的滥用。滥用代理权的行为被视为无效代理。代理人滥用代理权给被代理人及他人造成损害的,必须承担相应的赔偿责任。代理人和第三人串通,损害被代理人利益的,由代理人和第三人负连带责任。

（五）无权代理

1. 无权代理的概念和法律后果

无权代理是指代理人不具有代理权而实施的代理行为,包括三种情况:未经授权的代理、超越代理权的代理、代理权终止后的代理。无权代理行为只有经过被代理人的追认,被代理人才承担民事责任;未经追认的行为,由行为人承担民事责任。

2. 表见代理

表见代理是指行为人以本人的名义与第三人实施民事行为,行为人虽没有代理权,但有足以使第三人相信其有代理权的事实和理由,法律就使该无权代理行为发生有权代理法律后果的法律制度。有些企业为了提高工作效率,将公司公章、盖公章的空白合同书、空白委托书等授权标志交给代理人办理某项事务。如果代理人的代理行为超越授权范围,善意相对人并不知道,在这种情况下实施的民事行为就构成表见代理。企业不能以实际未授权为由拒绝承担表见代理的民事责任。《合同法》第四十九条规定:"行为人没有代理权、超越代理权或者代理权终止后以被代理人名义订立合同,相对人有理由相信行为人有代理权的,该代理行为有效。"

一般情况下,正是被代理人自己的"过失"造成善意第三人"有理由"相信行为人有代理权的"假象",因此应当由本人承担无权代理的后果。但代理人应当对本人承担民事赔偿责任。规定由被代理人承担表见代理行为的法律后果,更有利于保护善意第三人的利益,维护交易安全。

表见代理的情形主要有:被代理人对第三人表示已将代理权授予他人,而实际并未授权;被代理人将某种有代理权的证明文件(如盖有公章的空白介绍信、空白合同文本、合同专用章等)交给他人,他人以该种文件使第三人相信其有代理权并与之进行法律行为;代理授权不明;代理人违反被代理人的意思或者超越代理权,第三人无过失地相信其有代理权而与之进行法律行为;代理关系终止后未采取必要的措施而使第三人仍然相信行为人有代理权,并与之进行法律行为。

第四节　经济纠纷的解决方法

经济纠纷的解决方法通常有四种,即和解、调解、民事诉讼和仲裁。

和解是指纠纷主体在纠纷发生后,利用自己的力量寻求纠纷的解决,该方法具有保密性强、自愿性强、解决纠纷彻底、成本低的特点,没有第三人的介入,属于自力救济方式。调解是指纠纷主体双方在中立的第三者的主持下,自愿解决其纠纷的活动。仲裁是指纠纷主体达成仲裁协议或者根据法律的规定,将纠纷交由民间的仲裁机构进行裁决的纠纷解决机制。调解和仲裁都属于社会救济方式。民事诉讼是由国家审判机关在当事人的申请和参与下,通过法定程序行使国家审判权,对民事纠纷加以强制性解决的法律机制,属于公力救济方式。与自力救济、社会救济方式相比,民事诉讼是解决民商事纠纷最有效、最权威和最彻底的方式,但就个案而言,民事诉讼不一定是解决民事纠纷最好的方式。在了解诉讼和仲裁程序之前,必须首先了解什么是诉讼时效。

一、民事诉讼时效

(一)民事诉讼时效的概念

民事诉讼时效是指民事权利受到侵害的权利人在法定的时效期间内不行使权利,当时效期间届满时,人民法院对权利人的权利不再进行保护的制度。诉讼时效的法律依据包括《民法通则》《民法总则》《民法通则意见》和《最高人民法院关于审理民事案件适用诉讼时效制度若干问题的规定》（简称《诉讼时效司法解释》），其对诉讼时效作了更详细的规定。另外其他具体的法律中也有关于诉讼时效的规定。

在诉讼时效期间，权利人提出请求的，人民法院就强制义务人履行其所承担的义务，而在诉讼时效期间届满之后，权利人行使请求权的，人民法院就不再予以保护。民法上设置诉讼时效制度是为了督促权利人及时行使权利，避免纠纷发生时间过长而导致的举证困难。设置诉讼时效制度还有一项重要的任务是维护既定的法律秩序的稳定。权利人长期不主张权利，可能会使义务人认为权利人放弃了其权利，从而形成未定的社会秩序和法律秩序。如果经过相当长的时间后，权利人才来主张权利，就会导致稳定的社会秩序和法律秩序遭到破坏。诉讼时效期间届满后，权利本身及请求权并不消灭，因此《民法通则》规定，超过诉讼时效期间，当事人自愿履行的，不受诉讼时效限制。但权利人提起诉讼或者仲裁，义务人以诉讼时效期间已经经过为由提出抗辩的，权利人的胜诉权就已消灭。当事人起诉以后，人民法院应当受理，受理后如果查明已经超过诉讼时效并且没有中止、中断或者延长事由的，就判决驳回其诉讼请求。但《诉讼时效司法解释》第三条规定："当事人未提出诉讼时效抗辩，人民法院不应对诉讼时效问题进行释明及主动适用诉讼时效的规定进行裁判。"

（二）诉讼时效期间

诉讼时效期间从权利人知道或者应当知道权利被侵害时起计算。诉讼时效期间依据时间的长短和适用范围分为普通时效和特殊时效。

根据《民法总则》的规定，向人民法院请求保护民事权利的诉讼时效期间为3年，法律另有规定的除外。这表明，我国民事诉讼的普通诉讼时效期间为3年。

特殊时效是指针对某些特定的民事法律关系而规定的诉讼时效。特殊时效优于普通时效。特殊时效可分为以下三种。

1. 短期时效

身体受到伤害要求赔偿的、出售质量不合格的商品未声明的、延付或者拒付租金的、寄存财物被丢失或者被损坏的适用1年的诉讼时效。

2. 长期诉讼时效

长期诉讼时效是指诉讼时效在3年以上20年以下的诉讼时效。例如，根据《合同法》的规定，因国际货物买卖合同和技术进出口合同争议提起诉讼或者申请仲裁的期限为4年，自当事人知道或者应当知道其权利受到侵害之日起计算。根据《中华人民共和国保险法》（简称《保险法》）的规定，人寿保险的被保险人或者受益人向保险人请求给付保险金的诉讼时效期间为5年，自其知道或者应当知道保险事故发生之日起计算。

3. 最长诉讼时效

从权利被侵害之日起超过20年的，人民法院不予保护。即使权利人不知道自己的权利被侵害，时效最长也是20年，超过20年，人民法院不予保护。

时效具有强制性，任何时效都由法律、法规强制规定，任何单位或者个人对时效的延长、缩短、放弃等约定都是无效的。

根据《民法总则》第一百九十六条的规定,下列请求权不适用诉讼时效的规定:请求停止侵害、排除妨碍、消除危险;不动产物权和登记的动产物权的权利人请求返还财产;请求支付抚养费、赡养费或者扶养费;依法不适用诉讼时效的其他请求权。

根据《民法通则》第一百五十四条的规定,规定按照小时计算期间的,从规定时开始计算;规定按照日、月、年计算期间的,开始的当天不算入,从下一天开始计算;期间的最后一天是星期日或者其他法定休假日的,以休假日的次日为期间的最后一天。

(三)诉讼时效中止

诉讼时效中止是指在诉讼时效进行中,因一定的法定事由产生而使权利人无法行使请求权,暂停计算诉讼时效期间。时效中止的原因消除后,时效期间继续计算至届满为止。根据《民法总则》第一百九十四条的规定,在诉讼时效期间的最后 6 个月内,因下列障碍,不能行使请求权的,诉讼时效中止:不可抗力;无民事行为能力人或者限制民事行为能力人没有法定代理人,或者法定代理人死亡、丧失民事行为能力、丧失代理权;继承开始后未确定继承人或者遗产管理人;权利人被义务人或者其他人控制;其他导致权利人不能行使请求权的障碍。自中止时效的原因消除之日起满 6 个月,诉讼时效期间届满。在民法规定的最长诉讼时效期间内,诉讼时效中止的持续时间没有限制。最长诉讼时效不适用诉讼时效中止的规定。

(四)诉讼时效中断

诉讼时效中断是指在诉讼时效期间进行中,因发生一定的法定事由,致使已经经过的时效期间统归无效,待时效中断的事由消除后,诉讼时效期间重新计算。诉讼时效的中断可以进行多次,但最长不得超过法律规定的 20 年的最长诉讼时效。根据《民法总则》第一百九十五条的规定,有下列情形之一的,诉讼时效中断,从中断、有关程序终结时起,诉讼时效期间重新计算:权利人向义务人提出履行请求;义务人同意履行义务;权利人提起诉讼或者申请仲裁;与提起诉讼或者申请仲裁具有同等效力的其他情形。值得注意的是,当事人主张诉讼时效中断必须提供相应的证据,以备将来诉讼中证明时效曾中断之用,如挂号信、特快专递、无利害关系人的证明等。如果没有证据证明,则时效中断的主张就不成立。

二、民事诉讼程序

民事诉讼是指由国家审判机关在当事人的申请和参与下,通过法定程序行使国家审判权,对民事纠纷加以强制性解决的法律机制。

(一)《民事诉讼法》的基本原则

(1)司法主权原则。凡在中国领域内进行民事诉讼,必须遵守《中华人民共和国民事诉讼法》(简称《民事诉讼法》)。

(2)平等与对等原则。外国人、无国籍人、外国企业和组织在人民法院起诉、应诉,同中国公民、法人和其他组织有同等的诉讼权利、义务。外国法院对中国公民、法人和其他组织的民事诉讼权利加以限制的,中国人民法院对该国公民、企业和组织的民事诉讼权利实行对等原则。

（3）审判独立原则。民事案件的审判权由人民法院行使。人民法院依照法律规定对民事案件独立进行审判,不受行政机关、社会团体和个人的干涉。

（4）以事实为根据,以法律为准绳原则。以事实为根据,要求人民法院在审理案件中,只能以法院认定的客观事实为根据。以法律为准绳,要求人民法院必须依照民事实体法和民事程序法的有关规定作出裁判。

（5）诉讼权利平等原则。民事诉讼当事人有平等的诉讼权利。人民法院审理民事案件,应当保障和便利当事人行使诉讼权利,对当事人在适用法律上一律平等。

（6）法院调解原则。人民法院审理民事案件,应当根据自愿和合法的原则进行调解;调解不成的,应当及时判决。法院调解原则主张对于能够调解的案件,人民法院应当尽可能在当事人自愿和合法的基础上进行调解,尽可能以调解方式解决争议。调解能够缓和当事人的对立情绪,有利于社会稳定和谐,也能促进当事人自觉履行调解协议,是实现息讼和无讼的重要手段。人民法院在立案阶段、一审程序、二审程序和再审程序中都可以进行调解。需要注意的是,调解协议、调解笔录和调解书具有强制执行的效力,但当事人在诉讼中达成的和解协议不具有强制执行的效力。

（7）使用本民族语言、文字进行民事诉讼原则。

（8）辩论原则。人民法院审理民事案件时,当事人有权就争议的事实问题和法律问题在法院主持下进行辩论,说明本方主张的真实性、合法性,并反驳对方当事人的意见与主张。

（9）诚实信用原则。民事诉讼应当遵循诚实信用原则。诚实信用原则要求当事人不得滥用诉讼权利,不得故意作前后不一致的陈述,不得编造谎言作虚假陈述。诚实信用原则也要求法官在民事诉讼中应当诚实地对待双方当事人,与双方保持同等距离,并不得滥用自由裁量权,不得作出突袭性裁判。

（10）处分原则。当事人有权在法律规定的范围内处分自己的民事权利和诉讼权利。

（11）检察监督原则。人民检察院有权对民事诉讼实行法律监督。民事诉讼包括民事审判活动和民事执行活动。根据《民事诉讼法》第二百零八条的规定,检察机关监督民事活动的方式是按照审判监督程序对生效裁判及调解书提起抗诉或者提出检察建议。

（12）支持起诉原则。机关,社会团体,企业、事业单位对损害国家、集体或者个人民事权益的行为,可以支持受损害的单位或者个人向人民法院起诉。

（13）民族自治地方制定变通或补充规定的原则。

（二）当事人提起诉讼的条件

根据《民事诉讼法》第一百一十九条的规定,当事人起诉必须符合下列条件:① 原告是与本案有直接利害关系的公民、法人和其他组织;② 有明确的被告;③ 有具体的诉讼请求和事实、理由;④ 属于人民法院受理民事诉讼的范围和受诉人民法院管辖。起诉应当向人民法院递交起诉状,并按照被告人数提出副本。起诉状应当记明当事人的基本情况、诉讼请求和所根据的事实与理由,并说明证据、证据来源和证人姓名及其住所。

民事诉讼实行"不告不理",当事人不起诉,法院不能主动介入民事纠纷的解决过程。

（三）民事诉讼的基本制度

人民法院审理民事案件,依照法律规定实行合议、回避、公开审判和两审终审制度。

合议制度是指由三名以上的审判人员组成审判集体,代表人民法院行使审判权,对案件进行审理并作出裁判的制度。合议庭是我国审判组织的主要形式,在实现诉讼民主化、抑制司法专横、防止司法腐败方面发挥着积极作用。

回避制度是指审判人员、书记员、翻译人员、鉴定人、勘验人有下列情形之一的,应当自行回避,当事人有权用口头或者书面方式申请他们回避:① 是本案当事人或者当事人、诉讼代理人的近亲属的;② 与本案有利害关系的;③ 与本案当事人、诉讼代理人有其他关系,可能影响对案件公正审理的。以上人员接受当事人、诉讼代理人请客送礼,或者违反规定会见当事人、诉讼代理人的,当事人有权要求他们回避。设立回避制度是为了确保审判的公正性,保证正确实现人民法院的审判职能。违反回避制度属于严重违反程序规则的行为,会引起判决被撤销或者再审程序的发生。

公开审判制度是指人民法院审判民事案件的活动依法向社会进行公开的基本制度。我国目前实行的是半公开的审判制度,仅仅是审理案件的过程和判决的宣告是公开的,合议庭对案件的评议不对外公开。但涉及当事人隐私、国家秘密的案件实行不公开审理。

两审终审制度是指一个案件只要经过两级法院的审理,第二审便是发生法律效力的终审,即案件初审后可以上诉的法院层级数仅有一级。我国的法院级别分为四级,即基层人民法院、中级人民法院、高级人民法院和最高人民法院。当事人不服第一审法院对民事案件所作的判决、裁定,可以上诉至上一级人民法院。上诉审法院所作的裁判是终审裁判,当事人不得再提起上诉。

两审终审的例外是:人民法院依照小额诉讼、特别程序、督促程序、公示催告程序、企业法人破产还债程序审理的案件实行一审终审。

（四）审理程序

1. 第一审普通程序

第一审普通程序是人民法院审理第一审民事案件通常适用的程序。普通程序是民事诉讼的基本程序,由起诉与受理、审理前的准备、开庭审理阶段构成。开庭审理又分为开庭准备、法庭调查、法庭辩论、案件评议宣判四个阶段。人民法院适用普通程序审理的案件应当在立案之日起 6 个月内审结,特殊情况下审理期限可以依法延长。基层人民法院和其派出的法庭审理事实清楚、权利和义务明确、争议不大的简单的民事案件适用简易程序。

2. 第二审程序

当事人不服地方人民法院第一审判决的,有权在判决书送达之日起 15 日内向上一级人民法院提起上诉。当事人不服地方人民法院第一审裁定的,有权在裁定书送达之日起 10 日内向上一级人民法院提起上诉。当事人对重审案件的判决、裁定,可以上诉。二审人民法院应当对上诉请求的有关事实和适用法律进行审查。当事人不服一审判决提起上诉的,二审人民法院按照下列情形,分别处理:① 原判决、裁定认定事实清楚,适用法律正确的,以判决、裁定方式驳回上诉,维持原判决、裁定;② 原判决、裁定认定事实错误或者适用法律错误的,以判决、裁定方式依法改判、撤销或者变更;③ 原判决认定基本事实不清的,裁定撤销原判决,发回原审人民法院重审,或者查清事实后改判;④ 原判决遗漏当事人或者违法缺席判决等严重违反法定程序的,裁定撤销原判决,发回原审人民法院重审。原审人民法院对发回重审的案件作出判决后,当事人提起上诉的,第二审人民法院不得再次发回重审。第二审人民法院对不服第一审人民法院裁定的上诉案件的处理,一律使用裁定。

二审人民法院的判决、裁定是终审的判决、裁定。人民法院审理对判决的上诉案件应当在第二审立案之日起 3 个月内审结。有特殊情况需要延长的,由本院院长批准。人民法院审理对裁定的上诉案件应当在第二审立案之日起 30 日内作出终审裁定。

3. 审判监督程序

当事人对已经发生法律效力的判决、裁定认为有错误的,可以向上一级人民法院申请再审;当事人一方人数众多或者当事人双方为公民的案件,也可以向原审人民法院申请再审。当事人申请再审的,不停止判决、裁定的执行。当事人对已经发生法律效力的调解书,提出证据证明调解违反自愿原则或者调解协议的内容违反法律的,可以申请再审。经人民法院审查属实的,应当再审。

当事人申请再审,应当在判决、裁定发生法律效力后 6 个月内提出;有下列情形的,自知道或者应当知道之日起 6 个月内提出:① 有新的证据,足以推翻原判决、裁定的;② 原判决、裁定认定事实的主要证据是伪造的;③ 据以作出原判决、裁定的法律文书被撤销或者变更的;④ 审判人员审理该案件时有贪污受贿、徇私舞弊、枉法裁判行为的。

有下列情形之一的,当事人可以向人民检察院申请检察建议或者抗诉:① 人民法院驳回再审申请的;② 人民法院逾期未对再审申请作出裁定的;③ 再审判决、裁定有明显错误的。人民检察院对当事人的申请应当在 3 个月内进行审查,作出提出或者不予提出检察建议或者抗诉的决定。当事人不得再次向人民检察院申请检察建议或者抗诉。

(五)民事诉讼的举证责任和证据种类

民事诉讼证据是指能够证明民事案件真实情况的各种事实材料,包括:① 当事人的陈述;② 书证;③ 物证;④ 视听资料;⑤ 电子数据;⑥ 证人证言;⑦ 鉴定意见;⑧ 勘验笔录。证据必须查证属实才能作为认定事实的根据。作为定案依据的证据应当具有真实性、关联性与合法性三个基本属性。

当事人对自己提出的主张有责任提供证据,并应当及时提供证据。当事人及其诉讼代理人因客观原因不能自行收集的证据,或者人民法院认为审理案件需要的证据,人民法院应当调查收集。人民法院应当按照法定程序,全面、客观地审查核实证据。

在证据可能灭失或者以后难以取得的情况下,当事人可以在诉讼过程中向人民法院申请保全证据,人民法院也可以主动采取保全措施。因情况紧急,在证据可能灭失或者以后难以取得的情况下,利害关系人可以在提起诉讼或者申请仲裁前向证据所在地、被申请人住所地或者对案件有管辖权的人民法院申请保全证据。

（六）民事执行程序

发生法律效力的民事判决、裁定、民事调解书、支付令,仲裁机构作出的裁决书、调解书和其他应当由人民法院执行的法律文书,债务人应当履行。如果债务人拒不履行,债权人就可以向人民法院执行庭或者执行局申请执行。发生法律效力的民事判决、裁定,以及刑事判决、裁定中的财产部分由第一审人民法院或者与第一审人民法院同级的被执行财产所在地的人民法院执行。法律规定由人民法院执行的其他法律文书由被执行人住所地或者被执行的财产所在地人民法院执行。

被执行人未按执行通知履行法律文书确定的义务,人民法院有权向有关单位查询被执行人的存款、债券、股票、基金份额等财产情况,有权根据不同情形扣押、冻结、划拨、变价被执行人的财产,有权扣留、提取被执行人应当履行义务部分的收入,有权查封、扣押、冻结、拍卖、变卖被执行人应当履行义务部分的财产。但应当保留被执行人及其所扶养家属的生活必需费用和生活必需品。

申请执行的期间为2年。从法律文书规定履行期间的最后一日起计算;法律文书规定分期履行的,从规定的每次履行期间的最后一日起计算;法律文书未规定履行期间的,从法律文书生效之日起计算。申请执行时效的中止、中断适用法律有关诉讼时效中止、中断的规定。

三、仲裁程序

仲裁就是指纠纷当事人在自愿的基础上达成协议,将纠纷提交非司法机构的第三者审理,第三者就纠纷居中评判是非,并作出对争议各方均有拘束力的裁决的一种解决纠纷的制度、方法或者方式。

狭义的仲裁法仅指《中华人民共和国仲裁法》(简称《仲裁法》)。《仲裁法》于1995年9月1日起颁布施行,2009年8月27日第十一届全国人民代表大会常务委员会第十次会议进行了第一次修正,2017年9月1日第十二届全国人民代表大会常务委员会第二十九次会议进行了第二次修正,自2018年1月1日起施行。广义的仲裁法除《仲裁法》外,还包括2006年9月8日起施行的《最高人民法院关于适用〈中华人民共和国仲裁法〉若干问题的解释》(简称《仲裁法司法解释》),以及所有涉及仲裁制度的法律规范,如《民事诉讼法》和《合同法》中关于仲裁的规定以及行政法规、规章中的有关内容。

（一）仲裁的基本原则

1.当事人意思自治原则

其一,是否将他们之间发生的纠纷提交仲裁,由当事人自愿协商决定;其二,当事人将他们之间的纠纷提交给哪一个仲裁委员会仲裁,也由他们自愿协商决定;其三,当事人有权直接或者间接地确定仲裁庭的组成。

2.根据事实,符合法律规定,公平合理地解决纠纷原则

《仲裁法》第七条规定:"仲裁应当根据事实,符合法律规定,公平合理地解决纠纷。"

3. 独立公正仲裁原则

《仲裁法》第八条规定:"仲裁依法独立进行,不受行政机关、社会团体和个人的干涉。"仲裁员独立仲裁是公平合理地裁决案件的保证。

4. 一裁终局原则

《仲裁法》第九条第一款规定:"仲裁实行一裁终局的制度。裁决作出后,当事人就同一纠纷再申请仲裁或者向人民法院起诉的,仲裁委员会或者人民法院不予受理。"

(二)仲裁的受案范围

《仲裁法》第二条规定:"平等主体的公民、法人和其他组织之间发生的合同纠纷和其他财产权益纠纷,可以仲裁。"这里"合同纠纷"应作广义理解,即"合同"不仅指《合同法》中规定的合同,还应包括相关民事、经济立法中规定的合同;"纠纷"是指当事人因合同是否成立、合同成立的时间、合同内容的解释、合同的履行、违约责任及合同的变更、中止、转让、解除、终止等发生的争议;"其他财产权益纠纷"应理解为合同关系之外具有财产内容的任何其他纠纷,主要指各种侵权纠纷,如海事侵权纠纷、侵害消费者权益纠纷和其他诸如涉及财产权益方面的侵权纠纷。

下列纠纷则不能仲裁:① 婚姻、收养、监护、扶养、继承纠纷;② 依法应当由行政机关处理的行政争议。另外,解决劳动争议适用《中华人民共和国劳动争议调解仲裁法》(简称《调解仲裁法》),解决农村土地承包经营纠纷适用《中华人民共和国农村土地承包经营纠纷调解仲裁法》(简称《农村土地承包经营纠纷调解仲裁法》)。

(三)仲裁机构与仲裁庭

《仲裁法》规定的仲裁机构为仲裁委员会。仲裁委员会在直辖市和省、自治区人民政府所在地的市设立,也可以根据需要在其他设区的市设立,不按行政区划层层设立。仲裁委员会由前述规定的市的人民政府组织有关部门和商会统一组建。仲裁机构不与任何行政机关发生隶属关系;仲裁机构本身也不搞层层设立,彼此之间无隶属关系。仲裁也不实行级别管辖和地域管辖。但是,《仲裁法》规定了人民法院有权对仲裁委员会及仲裁员实施监督。

对于一个具体案件,由仲裁庭负责审理并作出裁决。仲裁庭可以由三名或者一名仲裁员组成。由三名仲裁员组成的,设首席仲裁员。当事人约定由三名仲裁员组成仲裁庭的,应当各自选定或者各自委托仲裁委员会主任指定一名仲裁员,第三名仲裁员由当事人共同选定或者共同委托仲裁委员会主任指定。第三名仲裁员是首席仲裁员。当事人约定由一名仲裁员成立仲裁庭的,应当由当事人共同选定或者共同委托仲裁委员会主任指定仲裁员。仲裁员也实行回避制度。

(四)仲裁协议

仲裁协议是指当事人自愿把他们之间已经发生或者可能发生的争议交付仲裁解决的共同意思表示。一份完整的仲裁协议应当具有下列内容:第一,请求仲裁的意思表示。第二,仲裁事项。当事人概括约定仲裁事项为合同争议的,基于合同成立、效力、变更、转让、履行、违约责任、解释、解除等产生的纠纷都可以认定为仲裁事项。第三,选定的仲裁委员会。有效的仲裁协议是仲裁员或者仲裁机构受理案件及进行仲裁的依据,并排斥法院对争议案件的管辖权。

中国国际经济贸易仲裁委员推荐的示范仲裁条款如下:"凡因本合同引起的或者与本合同有关的任何争议,均应提交中国国际经济贸易仲裁委员会,按照申请仲裁时该会现行有效的仲裁规则进行仲裁。仲裁裁决是终局的,对双方均有约束力。"

(五)仲裁程序

仲裁委员会受理仲裁申请后,并不直接仲裁案件,而是组成仲裁庭来仲裁案件。当事人应当对自己的主张提供证据。仲裁庭认为有必要收集的证据,可以自行收集。仲裁庭在作出裁决前,可以先行调解。当事人自愿调解的,仲裁庭应当调解。调解不成的,应当及时作出裁决。调解达成协议的,仲裁庭应当制作调解书或者根据协议的结果制作裁决书。调解书与裁决书具有同等法律效力。调解书经双方当事人签收后,即发生法律效力。在调解书签收前当事人反悔的,仲裁庭应当及时作出裁决。

裁决应当按照多数仲裁员的意见作出,少数仲裁员的不同意见可以记入笔录。仲裁庭不能形成多数意见时,裁决应当按照首席仲裁员的意见作出。裁决书自作出之日起发生法律效力。

(六)申请撤销仲裁裁决

根据《仲裁法》第五十八条的规定,当事人提出证据证明裁决有下列情形之一的,可以向仲裁委员会所在地的中级人民法院申请撤销裁决:① 没有仲裁协议的;② 裁决的事项不属于仲裁协议的范围或者仲裁委员会无权仲裁的;③ 仲裁庭的组成或者仲裁的程序违反法定程序的;④ 裁决所根据的证据是伪造的;⑤ 对方当事人隐瞒了足以影响公正裁决的证据的;⑥ 仲裁员在仲裁该案时有索贿受贿、徇私舞弊、枉法裁决行为的。人民法院经组成合议庭审查核实裁决有前款规定情形之一的,应当裁定撤销。当事人申请撤销裁决的,应当自收到裁决书之日起 6 个月内提出。人民法院认定该裁决违背社会公共利益的,应当裁定撤销。

(七)仲裁裁决的执行

仲裁裁决的执行是指人民法院经当事人申请,将仲裁裁决书与仲裁调解书的内容付诸实现的强制行为。

根据《民事诉讼法》第二百三十七条的规定,对依法设立的仲裁机构的裁决,一方当事人不履行的,对方当事人可以向有管辖权的人民法院申请执行。受申请的人民法院应当执行。被申请人提出证据证明仲裁裁决有下列情形之一的,经人民法院组成合议庭审查核实,裁定不予执行:① 当事人在合同中没有订有仲裁条款或者事后没有达成书面仲裁协议的;② 裁决的事项不属于仲裁协议的范围或者仲裁机构无权仲裁的;③ 仲裁庭的组成或者仲裁的程序违反法定程序的;④ 裁决所根据的证据是伪造的;⑤ 对方当事人向仲裁机构隐瞒了足以影响公正裁决的证据的;⑥ 仲裁员在仲裁该案时有贪污受贿、徇私舞弊、枉法裁决行为的。人民法院认定执行该裁决违背社会公共利益的,裁定不予执行。裁定书应当送达双方当事人和仲裁机构。

　　《仲裁法》第九条第二款规定:"裁决被人民法院依法裁定撤销或者不予执行的,当事人就该纠纷可以根据双方重新达成的仲裁协议申请仲裁,也可以向人民法院起诉。"

本章重点

1. 经济法的调整对象。
2. 经济法律关系的构成要素。
3. 代理的特征、无权代理和表见代理的常见情形。
4. 民事行为的概念与分类。
5. 诉讼时效期间和诉讼时效中止的法律规定、诉讼时效中断的原因。
6. 仲裁的范围、仲裁协议、仲裁的程序。

本章难点

1. 经济法律关系产生、变更和消灭的条件。
2. 各类民事行为的区别。
3. 无权代理、表见代理、代理权滥用的识别与后果处理。
4. 仲裁与民事诉讼的异同。

思考题

1. 经济法的调整对象是什么? 经济法体系由哪些部分构成?
2. 违反经济法应承担的法律责任有哪些?
3. 经济法律关系的构成要素有哪些?
4. 何谓代理? 无权代理、表见代理怎样识别? 滥用代理权的行为如何处理?
5. 民事法律行为的有效要件有哪些?
6. 民事诉讼的制度与程序分别有哪些?
7. 仲裁与民事诉讼的不同之处表现在哪些方面?

第二章

企业法

学习目标

1. 了解企业的特征、类型和企业法调整对象及体系。

2. 了解个人独资企业的特征、设立条件,掌握个人独资企业的事务执行,理解个人独资企业投资人的无限责任。

3. 掌握合伙企业的设立条件、财产构成、事务执行方式、与第三人的关系、入伙人和退伙人的对内和对外的责任,了解合伙企业的解散与清算程序、特殊普通合伙企业的特殊性、有限合伙企业与普通合伙企业的不同之处。

4. 学会综合运用本章企业法律法规分析相关案例,预防或者解决企业实际问题。

基本概念

企业,企业法,个人独资企业,普通合伙企业,特殊的普通合伙企业,有限合伙企业,无限责任,无限连带责任,入伙,退伙

第一节　企业法概述

一、企业的特征与分类

企业从早期的工业领域扩展到国民经济的各个领域和所有行业,是商品经济的产物,是近现代社会重要的细胞和组成部分。从经济学角度看,企业是指从事生产经营活动,以营利为目的的经济组织;从法学上看,企业是指由一定数量的生产要素所组成,以营利为目的,从

事生产经营或者服务性活动的具有一定法律主体资格的经济组织。

从法律的角度来看,我国对企业的法定分类形态主要有两类:

(1)依据经济或者所有制类型,企业可分为国有企业、集体所有制企业、私营企业、股份制企业、联营企业、外商投资企业、港澳台投资企业、股份合作企业等。从立法实践来看,在改革开放初期,我国基本上按所有制类型划分企业类型,至今仍旧有这些企业存在。

(2)依据企业的资本构成、法律主体资格及企业对自己债务承担的责任形式等,企业可分为独资企业、合伙企业、公司。这是世界上有代表性的国家对企业类型的法律划分方式。这种分类方法使投资者和当事人对不同企业的权利、义务责任一目了然,便于市场交易活动的顺利进行。随着社会主义市场经济体制下现代企业制度的逐步建立,以及企业改革与对外开放的深化,目前我国也把个人独资企业、合伙企业、公司这三种典型的企业形态作为企业的基本法定形态。

二、企业法的调整对象与体系

企业法是调整国家在管理企业和企业在生产经营活动中所产生的各种经济关系的法律规范的总称,是规范企业在设立、存续和终止过程中所发生的各种社会关系的法律制度。企业法既是任何企业产生与自身活动的行为准则,也是国家对企业实现宏观调控和管理的重要工具和法律依据。企业法重在规定企业的性质、任务、法律地位、权利、义务、内部管理制度等内容,体现出了组织法与行为法相结合、实体法与程序法相结合、强制性规范与任意性规范相结合、管理法与财产法相结合的四结合特征。

(一)企业法的调整对象

1.调整企业及企业与投资者之间的财产关系

这种关系是指当企业设立时,企业法要确认企业财产,就需对各种类型企业的资本形成方式、资本结构的模式、企业财产的归属与转让、企业的损益分配与承担,以及企业终止、破产与解散时财产的分配等作出详细规定。

2.调整企业在设立、存续和终止过程中所发生的经济行政关系

具体地讲,这种经济行政关系主要可细分为如下五个方面:

第一,国家对企业的宏观调控关系。这种关系主要表现为国家通过立法对国家的产业政策、市场准入、生产或者经营许可、专卖、税收、价格、工资等进行调整,从而达到对企业直接或者间接调控的目的。

第二,企业在市场营运过程中所发生的经济行政关系。这种关系表现为企业在生产经营过程中的产品质量和服务质量问题,垄断与反垄断、支持与保护正当的竞争问题,反对、制止、制裁不正当竞争问题,以及对消费者权益的保护问题等。

第三,企业在设立、变更和终止过程中所发生的经济行政关系。这是指企业法要对各类企业的设立、变更和终止的条件、方式、程序以及法律后果作出规定,特别是要对企业的市场准入制度和市场退出制度进行规定。

第四,企业内部的经济行政关系。这是指企业作为一个社会组织,其内部各个生产经营环节和工作内容如何通过其内部组织来调度、协调和指挥。主要表现为:企业法要规定企业内部机构如何设置,各类机构享有什么职权、具有何种地位,各类机构之间是什么关系等。

第五,企业外部的经济行政关系。这主要是指企业与自己的行业主管部门、企业与其他行政主管部门,如税收部门、环境保护部门、市场管理部门、财政部门等所发生的关系,对这些关系企业法要进行相应的调整。

3. 调整企业内部的经营管理关系

企业内部的经营管理关系是指企业自身在组织其生产要素进行生产经营活动时,在企业内部发生的经济关系,它以配置企业的生产要素,进行并实施生产经营决策为基本内容。这些关系主要有:

第一,企业的生产经营指挥系统的决策、执行和监督体系的构成及其相互关系。这主要是指企业内部治理结构的法律规范,特别是具有法人资格的企业,其决策(权力)机构、经营(执行)机构以及监督机构的设置、职权和这三者的相互关系。

第二,涉及所有权与经营权分离的问题。企业法要对所有权与经营权的分离问题作出规定,主要是对企业实行经济责任制的种类、原则、方式、基本内容作出规定,包括所有权与经营权分离的程度和内容、分离的方式,经营权运作的规则,经营者的权利和责任,以及所有者与经营者对企业利益与责任的享有与承担,包括企业经营失败和企业违法经营时企业经营者应承担的法律后果等。

第三,对企业内部资金运作关系、劳动关系等进行调整,相应地要制定有关的财产管理制度和劳动管理制度。

(二)企业法体系

随着社会主义市场经济体制的发展,我国正逐步形成以宪法为基础,以一批企业基本法律为主导,以众多地方性和部门的企业法规与规章为依托,以国际条约为参考,相互衔接、彼此依存的企业法体系。其中,既存在一系列依经济类型制定的企业法律法规,也存在依企业资本构成、法定资格和承担责任不同而制定的企业法律法规,使我国企业法律体系基本由以下三种类型的企业立法构成,体现了颇具中国特色的企业法体系。

第一,以经济类型或者财产所有制作为立法标准,确立了国有企业、集体企业、私营企业和外商投资企业等几种企业法,这些法反映了我国经济体制改革的阶段性特征,具有一定组织性规范的法律特点,如《中华人民共和国全民所有制工业企业法》(简称《全民所有制工业企业法》)、《中华人民共和国中外合资经营企业法》(简称《中外合资经营企业法》)等。

第二,以企业的责任性质作为立法标准,颁布了《中华人民共和国公司法》(简称《公司法》)、《中华人民共和国合伙企业法》(简称《合伙企业法》)和《中华人民共和国个人独资企业法》(简称《个人独资企业法》)等,这些法突出了企业组织形态的法律特征,标志着我国已经初步形成了按投资者和企业责任类型分别立法的企业法律体系。其中,2006年1月1日修正施行的《公司法》掀开了我国按照市场经济特点而进行企业立法的新篇章,是目前我国企业法体系中最重要、最基本的一部法律,它以法律的形式塑造着适应社会化大生产和市场经济需要的市场主体。

第三,体现国家对某些企业的优惠政策的企业立法,如《中华人民共和国乡镇企业法》(简称《乡镇企业法》)和《中华人民共和国中小企业促进法》(简称《中小企业促进法》)等。这种类型的立法是通过规定优惠政策,保证某些在经济体制转轨和市场竞争中缺乏政策优势和市场优势,甚至处于弱势地位的企业在市场竞争中的平等地位。

第二节 个人独资企业法

一、个人独资企业的概念与特征

个人独资企业是一种很古老的企业形式,至今仍广泛运用于商业经营中,其典型特征是个人出资、个人经营、个人自负盈亏和自担风险。我国第九届全国人民代表大会常务委员会第十一次会议通过的自 2000 年 1 月 1 日起施行的《个人独资企业法》第二条规定:"本法所称个人独资企业,是指依照本法在中国境内设立,由一个自然人投资,财产为投资人个人所有,投资人以其个人财产对企业债务承担无限责任的经营实体。"个人独资企业具有以下特征:

(1)投资主体仅为一个自然人。

这是个人独资企业在投资主体上与合伙企业和公司的区别所在。《个人独资企业法》并未规定个人独资企业投资人的积极条件,而只规定了其消极条件。该法第十六条规定:"法律、行政法规禁止从事营利性活动的人,不得作为投资人申请设立个人独资企业。"我国现行法律、行政法规所禁止从事营利性活动的自然人主要包括法官、检察官、人民警察、国家公务员等。另外,个人独资企业的投资人只能是具有中国国籍的自然人。

(2)个人独资企业的全部财产为投资人个人所有。

"个人独资企业的全部财产为投资人个人所有"在这里可理解为投资人投资的财产必须是私人所有的财产,个人独资企业的投资人是企业财产的唯一所有者。基于此,个人独资企业投资人对企业财产享有所有权,表现为:一方面,投资人对企业的经营与管理事务享有绝对的控制与支配权,不受任何其他人的干预;另一方面,投资人的有关权利可以依法进行转让或者继承。

(3)个人独资企业的投资人以其个人财产对企业债务承担无限责任。

这是在责任形态方面个人独资企业与公司的本质区别。投资人以其个人财产对企业债务承担无限责任,包括三层意思:一是企业的债务全部由投资人承担;二是投资人承担企业债务的责任范围不限于出资,其责任财产包括独资企业中的全部财产和其他个人财产;三是投资人对企业的债权人直接负责。

但是,由于我国目前尚无完善的财产登记制度,个人财产与家庭财产往往难以区分,实践中主要根据独资企业设立登记时,在工商行政管理机关的投资登记来确定投资人是以其个人财产还是家庭财产来对企业债务承担责任。故《个人独资企业法》第十八条规定:"个人独资企业投资人在申请企业设立登记时明确以其家庭共有财产作为个人出资的,应当依法以家庭共有财产对企业债务承担无限责任。"

（4）个人独资企业是非法人组织。

尽管个人独资企业有自己的名称或者商号，并以企业名义从事经营行为和参加诉讼活动，但它不具有独立的法人地位，其性质属于非法人组织，享有相应的权利能力和行为能力。其一，个人独资企业本身不是财产所有权的主体，不享有独立的财产权利；其二，个人独资企业不承担独立责任，而是由投资人承担无限责任。这一特点与合伙企业相同而区别于公司。

此外，相比其他企业形态，个人独资企业还具有设立简便、组织结构简单、投资灵活、管理直接等特点。

二、个人独资企业的设立与变更

（一）个人独资企业的设立条件

根据《个人独资企业法》第八条的规定，设立个人独资企业须具备以下五个方面的条件：

（1）投资人为一个自然人。

（2）有合法的企业名称。

个人独资企业享有名称权和商号权。个人独资企业的名称应当与其责任形式及所从事的营业相符合。企业的名称应遵守企业名称登记管理规定。企业只准使用一个名称，在登记主管机关辖区内不得与已登记注册的同行业企业名称相同或者近似。个人独资企业的名称中不得使用"有限""有限责任""股份有限"字样。

（3）有投资人申报的出资。

一定的资本是任何企业得以存在的物质基础，个人独资企业也不例外。但由于个人独资企业的出资人承担的是无限责任，故《个人独资企业法》仅要求投资人有自己申报的出资即可。

（4）有固定的生产经营场所和必要的生产经营条件。

（5）有必要的从业人员。

（二）个人独资企业的设立程序

个人独资企业的设立采取直接登记制，由投资人依法直接到工商行政管理部门申请登记。

（1）申请人申请设立。

个人独资企业的设立申请人是个人独资企业的投资人或者投资人的委托代理人。投资人申请设立个人独资企业，应向登记机关提交下列文件：设立申请书（应包括企业的名称和住所、投资人的姓名和居所、投资人的出资额和出资方式、经营范围）；投资人身份证明；生产经营场所使用证明等。由委托代理人申请设立登记的，还应当出具投资人的委托书和代理人的合法证明。

（2）登记机关核准登记。

登记机关应当在收到设立申请文件之日起 15 日内，对符合《个人独资企业法》规定条件者予以登记,发给营业执照;对不符合条件者不予登记,并给予书面答复,说明理由。个人独资企业营业执照的签发日期为个人独资企业的成立日期。在领取个人独资企业营业执照之前,投资人不得以个人独资企业名义从事经营活动。

此外,个人独资企业可以依法设立分支机构。个人独资企业的分支机构是指个人独资企业在住所地以外设立的从事业务活动的办事机构。其设立和登记程序与个人独资企业大体相同,但需备案:

(1)设立申请与登记。个人独资企业欲设立分支机构的,由投资人或者其委托的代理人向分支机构所在地的登记机关申请登记,领取营业执照。

(2)登记备案。个人独资企业分支机构经核准登记后,应将登记情况报该分支机构隶属的个人独资企业的原登记机关备案。

(3)民事责任的承担。企业的分支机构是企业的一部分,其产生的民事责任理应由企业承担。由于投资人以其个人财产对个人独资企业的债务承担无限责任。所以,个人独资企业分支机构的民事责任实际上还是应由投资人承担。

(三)个人独资企业的变更

个人独资企业的变更是指个人独资企业在存续期间对登记事项发生的变更,如企业名称、住所、经营范围、经营期限等方面发生的改变。个人独资企业应当在作出变更决定之日起的 15 日内依法向登记机关申请办理变更登记。个人独资企业登记事项发生变更时,未按《个人独资企业法》规定办理有关变更登记的,责令限期办理变更登记;逾期不办理的,处以 2 000 元以下的罚款。

三、个人独资企业的事务管理

(一)事务管理方式

投资人有权自主选择企业事务的管理形式,通常有以下三种模式。

(1)自行管理:由个人独资企业投资人本人对本企业的经营事务直接进行管理。

(2)委托管理:由个人独资企业的投资人委托其他具有民事行为能力的人负责企业的事务管理。

(3)聘任管理:由个人独资企业的投资人聘用其他具有民事行为能力的人负责企业的事务管理。

对于委托或者聘任管理,应注意以下几个方面:

第一,投资人与受托人或者被聘用人须签订书面合同,明确委托的具体内容和授予的权利范围。

第二,受托人或者被聘用人应当履行诚信、勤勉义务,按照与投资人签订的合同负责个人独资企业的事务管理。投资人委托或者聘用的人员管理个人独资企业事务时违反双方订立的合同,给投资人造成损害的,应承担民事赔偿责任。

第三,投资人对受托人或者被聘用的人员职权的限制不得对抗善意第三人。

第四,受托人或者被聘用人的管理行为应合法。依据《个人独资企业法》第二十条的规定,投资人委托或者聘用的管理个人独资企业事务的人员不得有下列行为:

(1)利用职务上的便利,索取或者收受贿赂;

(2)利用职务或者工作上的便利侵占企业财产;

(3)挪用企业的资金归个人使用或者借贷给他人;

(4)擅自将企业资金以个人名义或者以他人名义开立账户储存;

(5)擅自以企业财产提供担保;

(6)未经投资人同意,从事与本企业相竞争的业务;

(7)未经投资人同意,同本企业订立合同或者进行交易;

(8)未经投资人同意,擅自将企业商标或者其他知识产权转让给他人使用;

(9)泄露本企业的商业秘密;

(10)法律、行政法规禁止的其他行为。

投资人委托或者聘用的人员违反上述规定,侵犯个人独资企业财产权益的,责令其退还侵占的财产;给企业造成损失的,依法承担赔偿责任;有违法所得的,没收违法所得;构成犯罪的,依法追究刑事责任。

(二)管理内容

在财务管理方面,个人独资企业应当依法设置会计账簿,进行会计核算。

在劳动与社会保障管理方面的管理内容主要有以下四种:

第一,个人独资企业招用职工的,应当依法与职工签订劳动合同,保障职工的劳动安全,按时、足额发放职工工资。

第二,个人独资企业应当按照国家规定参加社会保险,为职工缴纳社会保险费用。个人独资企业职工的社会保险主要包括养老保险、工伤保险和医疗保险等。

第三,个人独资企业的职工可以依法组建工会组织,以维护职工的合法权益,个人独资企业应当为本企业工会提供必要的活动条件。

第四,个人独资企业违反《个人独资企业法》的规定,侵犯职工合法权益,未保障职工劳动安全、不缴纳社会保障费用的,按照有关法律、行政法规予以处罚,并追究有关责任人员的责任。

四、个人独资企业的解散与清算

(一)个人独资企业的解散

个人独资企业的解散是指个人独资企业因出现某些法定事由而导致其民事主体资格消灭的行为。根据《个人独资企业法》第二十六条的规定,个人独资企业有下列情形之一时,应当解散:

(1)投资人决定解散。

这是个人独资企业解散的任意原因。只要不违反法律规定,投资人有权决定在任何时候解散个人独资企业。

（2）投资人死亡或者被宣告死亡，无继承人或者继承人放弃继承。

在投资人死亡或者宣告死亡的情况下，如果其继承人继承了独资企业，则企业可继续存在，只需办理投资人的变更登记，但若出现无继承人或者全部继承人均决定放弃继承的情形，个人独资企业失去继续经营的必备条件，故应当解散。

（3）被依法吊销营业执照。

这是个人独资企业解散的强制原因。被处以吊销营业执照处罚的原因包括：个人独资企业提交虚假文件以欺骗手段取得登记情节严重的行为；涂改、出租、转让营业执照情节严重的行为；企业成立后无正当理由超过 6 个月未开业或者开业后自行停业连续 6 个月以上的行为等。

（4）法律、行政法规规定的其他解散情形。

（二）个人独资企业的清算

解散仅仅是个人独资企业消灭的原因，企业并非因解散的事实发生而立即消灭。个人独资企业的清算即处理解散企业未了结的法律关系的程序。清算结束，进行注销登记，个人独资企业才最后消灭。

1. 确定清算人

清算人是指企业清算中清算事务执行及对外代表者。《个人独资企业法》第二十七条规定："个人独资企业解散，由投资人自行清算或者由债权人申请人民法院指定清算人进行清算。"

2. 通知与公告

投资人自行清算的，应当在清算前 15 日内书面通知债权人，无法通知的，应当予以公告。债权人应当在接到通知之日起 30 日内，未接到通知的应当在公告之日起 60 日内，向投资人申报其债权。

3. 清算与清偿

清算人应在债权人申报债权后清理企业的债权、债务。在清算期间，个人独资企业不得开展与清算目的无关的经营活动。在清偿债务前，投资人不得转移、隐匿财产。个人独资企业及其投资人在清算前或者清算期间隐匿或者转移财产、逃避债务的，依法追回其财产，并按照有关规定予以处罚；构成犯罪的，追究其刑事责任。

个人独资企业解散的，财产应当按照下列顺序清偿：① 所欠职工工资和社会保险费用；② 所欠税款；③ 其他债务。个人独资企业财产不足以清偿债务的，投资人应当以其个人的其他财产予以清偿。

4. 注销登记

根据《个人独资企业法》第三十二条的规定，个人独资企业清算结束后，投资人或者人民法院指定的清算人应当编制清算报告，并于 15 日内到登记机关办理注销登记。

5.责任消灭制度

个人独资企业解散后,原投资人对个人独资企业存续期间的债务仍应承担偿还责任,但债权人自个人独资企业解散后5年内未向债务人提出偿债请求的,该责任消灭。

第三节 合伙企业法

一、合伙企业的概念与特征

(一)合伙和合伙企业的概念

合伙是一种古老的商业组织形态。就法律行为的角度而言,合伙是指两个以上的民事主体共同出资、共同经营、共负盈亏的协议;就组织的角度而言,合伙是指两个以上的民事主体共同出资、共同经营、共负盈亏的企业组织形态。

我国目前调整合伙的法律规范:一是《民法通则》中有关个人合伙及法人联营的规定;二是自2007年6月1日起施行的《合伙企业法》。该法第二条规定:"本法所称合伙企业,是指自然人、法人和其他组织依照本法在中国境内设立的普通合伙企业和有限合伙企业。普通合伙企业由普通合伙人组成,合伙人对合伙企业债务承担无限连带责任。本法对普通合伙人承担责任的形式有特别规定的,从其规定。有限合伙企业由普通合伙人和有限合伙人组成,普通合伙人对合伙企业债务承担无限连带责任,有限合伙人以其认缴的出资额为限对合伙企业债务承担责任。"各普通合伙人间负连带责任,是指债权人可以向合伙人中的任何一人或者数人请求履行部分或者全部债务,其中一个普通合伙人履行债务超过自己应当承担的份额后,可向其他未履行债务的普通合伙人行使追偿权。

(二)合伙企业的特征

与个人独资企业和公司等经营实体相比,合伙企业具有以下特征:

1.合伙协议是合伙企业得以成立的法律基础

合伙协议是调整合伙关系、规范合伙人相互间的权利和义务、处理合伙纠纷的基本法律依据,也是合伙企业得以成立的法律基础,对全体合伙人具有约束力,表现出了合伙的"契约性",故人们常称合伙企业为"人合企业"或者"信用企业"。

2.合伙企业须由全体合伙人共同出资、共同经营、共负盈亏、共担风险

合伙人共同出资是合伙人联合起来共同经营的必要条件。合伙企业中普通合伙人必须共同从事经营活动,在经营中具有同等地位,其既是出资者,又是经营者。合伙人既可按对合伙企业的出资比例分享合伙营利,也可按合伙人约定的其他办法来分配合伙营利。当普通合伙企业的合伙财产不足以清偿合伙债务时,合伙人还需以其他个人财产来清偿债务,即承担无限责任,而且任何一个普通合伙人不管其出资比例如何,都有义务清偿全部合伙债务,即承担连带责任。当然,有限合伙企业的情形有所不同,其中的有限合伙人可以不参加合伙企业的营业,不执行合伙事务。

3. 合伙企业一般不具有法人资格

不管是普通合伙企业和有限合伙企业,当合伙企业全部资产不足于承担起全部债务时,至少有一名合伙人为合伙企业债务承担无限责任,故合伙企业是不能够独立承担民事责任的,是非法人组织。

二、普通合伙企业

普通合伙企业是指依照《合伙企业法》在中国境内设立的由各普通合伙人订立合伙协议,共同出资、共同经营、共负盈亏、共担风险,并对合伙企业债务承担无限连带责任的营利性组织。这是常见的合伙企业类型。

(一)普通合伙企业的设立与变更

1. 设立条件

根据《合伙企业法》第十四条的规定,设立普通合伙企业应具备以下条件:

(1)有两个以上合伙人。

因合伙人相互之间的信任尤为重要,所以实践中合伙人的人数一般不会太多。对于合伙人的行为能力,需注意的是:① 合伙人为自然人的,应当具有完全民事行为能力,且法律、行政法规禁止从事营利性活动的人不得成为合伙企业的合伙人,具体包括法官、检察官、人民警察、国家公务员等。② 合伙人为法人或其他组织的,应依法设立,且国有独资公司、国有企业、上市公司以及公益性的事业单位、社会团体不得成为普通合伙人。

(2)有书面合伙协议。

根据《合伙企业法》第十八条的规定,合伙协议应当载明下列事项:① 合伙企业的名称和主要经营场所的地点;② 合伙目的和合伙企业的经营范围;③ 合伙人的姓名或者名称及其住所;④ 合伙人出资的方式、数额和缴付出资的期限;⑤ 利润分配和亏损分担办法;⑥ 合伙企业事务的执行;⑦ 入伙与退伙;⑧ 争议解决办法;⑨ 合伙企业的解散与清算;⑩ 违约责任。合伙协议经全体合伙人签名、盖章后生效。合伙协议的修改或者补充应当经过全体合伙人一致同意,但合伙协议另有约定的除外。

(3)有合伙人认缴或者实际缴付的出资。

合伙人出资的形式可以是货币、实物、土地使用权、知识产权或者其他财产权利。经全体合伙人协商一致,合伙人也可以用劳务出资。合伙人以货币以外的形式出资,一般应进行评估作价,即折价入伙。评估作价可以由合伙人协商确定,也可以由全体合伙人委托法定评估机构进行评估,以评估报告作为折价的依据。若以劳务出资,其评估办法由合伙人协商确定,并在合伙协议中载明。合伙人应当按照合伙协议约定的出资方式、数额和缴付出资的期限履行出资义务。以非货币财产出资,依照法律、行政法规的规定需要办理财产权转移手续的,合伙人应当依法办理手续。如果合伙人违反了出资义务,即构成违约,其他合伙人可追究其违约责任。合伙人只能以其实际向合伙缴付的出资作为出资份额,并据此享有权利和承担义务。

（4）有合伙企业的名称和生产经营场所。

合伙企业作为市场主体之一，只有具有自己的名称，才能以自己的名义参与民事法律关系。合伙企业的名称中应当标明"普通合伙"字样。违反《合伙企业法》规定，合伙企业未在其名称中标明"普通合伙""特殊普通合伙"字样的，由企业登记机关责令限期改正，并处以 2 000 元以上 1 万元以下的罚款。经营场所是指合伙企业从事生产经营活动的所在地，一般只有一个，即在企业登记机关登记的营业地点。经营场所的法律意义在于确定债务履行地、诉讼管辖、法律文书送达等。

（5）法律、行政法规规定的其他条件。

2. 设立程序

（1）申请人申请。

向工商行政管理部门申请设立合伙企业的申请人是全体合伙人指定的代表或者共同委托的代理人。申请设立合伙企业，应向企业登记机关提交登记申请书、合伙协议书、全体合伙人的身份证明等文件。违反《合伙企业法》规定，提交虚假文件或者采取其他欺骗手段，取得合伙企业登记的，由企业登记机关责令改正，处以 5 000 元以上 5 万元以下的罚款；情节严重的，撤销企业登记，并处以 5 万元以上 20 万元以下的罚款。

（2）工商登记。

工商行政管理部门应当自收到申请人提交所需的全部文件之日起 20 日内，作出是否登记的决定。予以登记的，发给营业执照，合伙企业的营业执照签发日期为合伙企业成立之日。不予登记的，登记机关应当给予书面答复并说明理由。合伙企业领取营业执照之前，合伙人不得以合伙企业的名义从事合伙业务。此外，合伙企业可以设立分支机构。合伙企业设立分支机构的，应当向分支机构所在地的企业登记机关申请登记，领取营业执照。设立程序可参考个人独资企业分支机构的设立程序。违反《合伙企业法》规定，未领取营业执照，而以合伙企业或者合伙企业分支机构名义从事合伙业务的，由企业登记机关责令停止，处以 5 000 元以上 5 万元以下的罚款。

3. 变更

合伙企业登记事项发生变更的，执行合伙事务的合伙人应当自作出变更决定或者发生变更事由之日起 15 日内，向企业登记机关申请办理变更登记。合伙企业登记事项发生变更时，未依照《合伙企业法》规定办理变更登记的，由企业登记机关责令限期登记；逾期不登记的，处以 2 000 元以上 2 万元以下的罚款。合伙企业登记事项发生变更，执行合伙事务的合伙人未按期申请办理变更登记的，应当赔偿由此给合伙企业、其他合伙人或者善意第三人造成的损失。

（二）普通合伙企业的财产

1. 财产的构成

依据《合伙企业法》第二十条的规定，合伙财产主要包括两部分：一是全体合伙人按照合伙协议实际缴付的出资，即合伙人出资财产；二是合伙企业成立后至解散前，以合伙企业名义取得的全部收益和依法取得的其他财产,即合伙经营积累财产。

2. 财产的性质

根据《民法通则》第三十二条的规定,合伙经营积累的财产归合伙人共有。

实践中,因合伙人的出资形式多样,不同的出资所反映的性质不完全一样。

(1)以现金或者明确以财产所有权出资的,意味着资产所有权的转移,出资人不再享有出资财产的所有权,而由全体合伙人共有。例如,合伙人以货币出资购买合伙经营所需的设备后,合伙人出资的货币所有权转移而形成对设备的共有权。

(2)以土地使用权、房屋使用权、商标使用权、专利使用权等权利出资的,出资人并不因出资行为而丧失土地使用权、房屋所有权、商标权、专利权等权利,这些出资财产的所有权或者使用权仍属于出资人,合伙企业只享有使用权和管理权。对于此类出资,在合伙人退伙或者合伙企业解散时,合伙人有权要求返还原物。

(3)对于是以所有权出资还是以使用权出资约定不明,而合伙人之间又达不成合意的,应当结合合伙存续期间的实际情况予以判断,推定为以所有权出资或者以使用权出资。

综上所述,合伙企业财产的性质统一表现为:不管是合伙人出资的财产,还是合伙经营积累的财产都归合伙人共有。

3. 财产的管理与使用

合伙企业财产依法由全体合伙人共同管理和使用,具体表现为:

(1)在合伙企业存续期间,合伙人向合伙人以外的人转让其在合伙企业中的全部或者部分财产份额时,除合伙协议另有约定外,须经其他合伙人一致同意,并且在同等条件下其他合伙人有优先受让的权利。作为合伙人以外的人依法受让合伙财产份额后,经修改合伙协议即成为合伙企业的合伙人,新的合伙人依照修改后的合伙协议享有权利、承担责任。

(2)在合伙企业存续期间,合伙人之间可以转让在合伙企业中的全部或者部分财产份额,但应通知其他合伙人。

(3)在合伙企业存续期间,合伙人以其在合伙企业中的财产份额出质的,须经其他合伙人一致同意,否则,出质行为无效,因此给善意第三人造成损失的,由行为人依法承担赔偿责任。

(4)在合伙企业存续期间,除依法退伙等法律有特别规定的外,合伙人不得请求分割合伙企业财产,也不得私自转移或者处分合伙企业财产。为了保护第三人的利益,如果合伙人私自转移或者处分合伙企业财产的,合伙企业不得以此对抗不知情的善意第三人。

(三)普通合伙企业的事务执行

1. 合伙事务执行中合伙人的权利与义务

合伙事务执行中合伙人的权利主要表现为:

(1)平等执行权与对外代表权。执行合伙事务是合伙人的权利,每一个合伙人,不管出资多少,对合伙事务享有同等的权利,都有权对外代表合伙企业,其地位是完全平等的。《合伙企业法》第二十六条第一款对此有明确的规定:"合伙人对执行合伙事务享有同等的权利。"

（2）监督权。根据《合伙企业法》第二十七条的规定，如果根据合伙协议的约定或者经过全体合伙人一致同意，由一人或者数个合伙人执行合伙事务的，则其他合伙人不再执行合伙事务。那么，不执行合伙事务的合伙人有权监督执行事务合伙人执行合伙事务的情况；执行事务合伙人应当定期向其他合伙人报告事务执行情况以及合伙企业的经营和财务状况。

（3）查阅权。合伙人为了解合伙企业的经营状况和财务状况，有权查阅合伙企业会计账簿等财务资料。

（4）异议权。合伙人分别执行合伙事务的，执行事务合伙人可以对其他合伙人执行的事务提出异议。提出异议时，应当暂停该项事务的执行；如果合伙人之间因此发生争议，应当由合伙人按照合伙企业约定的表决方式进行表决。

合伙事务执行中合伙人的义务主要表现为：

（1）忠实的义务。在合伙企业存续期间，合伙人对合伙企业和其他合伙人负有忠实的义务，合伙人不得从事对合伙企业不利的活动，其中最主要的就是合伙人不得自营或者与他人合作经营与本合伙企业相竞争的业务；未经全体合伙人同意，合伙协议也没有约定的，合伙人不得与本合伙企业进行交易。

（2）不渎职的义务。受委托执行合伙事务的合伙人在执行合伙事务时，应当勤勉、谨慎、积极行使职务。如果其不按照合伙协议或者全体合伙人的决定执行事务，其他合伙人可以决定撤销该委托。执行合伙事务的合伙人对外代表合伙组织，其执行合伙事务所产生的收益归合伙企业，所产生的费用和亏损由合伙企业承担。

2. 合伙事务的决议

合伙事务的决议与合伙事务的执行是不同的，先有决议后有执行，合伙企业事务的决议只能由合伙人依法作出，不得委托其他合伙人或者合伙人以外的人进行。

（1）决议规则。

《合伙企业法》第三十条规定："合伙人对合伙企业有关事项作出决议，按照合伙协议约定的表决方式办理。"合伙企业的表决方式可以通过合伙协议加以约定，如果合伙企业对表决方式没有约定或者约定不明，则实行一人一票并经全体合伙人过半数通过的表决方式处理。但是，《合伙企业法》对表决方式另有规定的，依照其规定。

（2）全票决事项。

全票决亦称一致决，是指须全体合伙人一致同意才能作出的有效决议，具体包括下列各项：

① 改变合伙企业名称；

② 改变合伙企业的经营范围、主要经营场所的地点；

③ 处分合伙企业的不动产；

④ 转让或者处分合伙企业的知识产权和其他财产权利；

⑤ 以合伙企业的名义为他人提供担保；

⑥ 聘任合伙人以外的人担任合伙企业的经营管理人员；

⑦ 修改或者补充合伙协议；

⑧ 合伙人向第三人转让其在合伙企业中的全部或者部分财产份额；

⑨ 吸收新的合伙人。

从以上各项可以看出，《合伙企业法》对合伙企业中须经全体一致同意方能作出决定的事项规定的范围较广，其优势在于有利于保障各合伙人之间的平等地位，防止因出资不同而使合伙人之间产生歧视；其缺陷是某些情况下可能不利于合伙企业决策的高效，进而对合伙企业的经营管理产生一定的负面影响。

3. 合伙事务的执行方式

前述的合伙人的平等权利并不意味着每一个合伙人都必须同样地执行合伙事务。事实上，合伙事务的执行可以采取灵活的方式，只要全体合伙人同意即可，具体方式包括三种：

（1）由全体合伙人共同执行。这种方式适合于合伙人数目较少的合伙企业。

（2）由全体合伙人委托数个或一个合伙人执行合伙事务。这种方式适合于人数较多的合伙企业。每一合伙人有权将其对合伙事务的执行权委托其他合伙人代理，而自己不参与合伙事务的执行。法人或者其他组织作为合伙人的，由其委派的代表执行合伙事务。

（3）经全体合伙人一致同意或者合伙协议约定，合伙企业可以聘任合伙人以外的人担任合伙企业的经营管理人员。被聘任的经营管理人员的职责包括：① 被聘任的合伙企业的经营管理人员应当在合伙企业授权范围内履行职务；② 被聘任的合伙企业的经营管理人员超越合伙企业授权范围履行职务，或者在履行职务过程中因故意或者重大过失给合伙企业造成损失的，依法承担赔偿责任。

4. 损益分配

合伙企业的利润分配方法和亏损分担方法均由合伙协议约定，并按照约定处理。如果合伙协议对利润分配或者亏损分担未作约定或者约定不明，则由合伙人协商确定；协商不成的，由各合伙人按照实际的出资比例分配利润和分担亏损。如果无法确定各合伙人的出资比例，则由各合伙人平均分配利润和分担亏损。但是，合伙协议不得约定将全部利润分配给部分合伙人，或者由部分合伙人承担全部亏损。

（四）普通合伙企业的对外关系

1. 合伙企业与善意第三人的关系

合伙人设立合伙的目的是通过合伙经营活动而赢利，而合伙的经营活动不是封闭的，必须通过市场与第三人进行相应的民事活动，达到经营目的。合伙人或者聘用的经营管理人员执行合伙企业事务受约定或者法律规定的限制，但这些限制不得对抗不知情的善意第三人。《合伙企业法》第三十七条规定："合伙企业对合伙人执行合伙事务以及对外代表合伙企业权利的限制，不得对抗善意第三人。"善意第三人是指与合伙企业存在法律行为的人，其主观上不知合伙企业内部对合伙人执行合伙事务的权利限制，包括善意取得合伙财产和善意与合伙企业设定其他法律关系的人。

2. 合伙企业债务与合伙人的关系

（1）合伙企业对其债务，应先以其全部财产进行清偿。

（2）合伙企业不能清偿到期债务的,合伙人承担无限连带责任。

（3）合伙人由于承担无限连带责任,清偿数额超过其亏损分担比例的,有权向其他合伙人追偿。

3. 合伙人债务与合伙企业的关系

（1）合伙人的债权人不得以该债权抵销其对合伙企业的债务,即债权人抵销权的禁止。

（2）合伙人的债权人不得代位行使该合伙人在合伙企业中的权利,即代位权的禁止。

（3）合伙人个人财产不足清偿其个人所负债务的,该合伙人只能以其从合伙企业中分取的收益用于清偿;债权人也可以依法请求人民法院强制执行该合伙人在合伙企业中的财产份额用于清偿,即合伙份额的强制执行。对于该合伙人的财产份额,其他合伙人有优先购买权。

（五）普通合伙企业的入伙与退伙

1. 入伙

入伙是指在合伙企业存续期间,合伙人以外的第三人加入合伙企业并取得合伙人资格的行为,应具备一定的条件与程序。

（1）全体合伙人同意。入伙需经其他合伙人的一致同意。但是,如果合伙协议对入伙的同意条件另有约定,则从其约定。

（2）入伙人与原合伙人订立书面合伙协议。协议中关于入伙人债权、债务承担的约定同样不得对抗善意第三人,但对内具有效力。

（3）入伙人取得合伙人的资格。除入伙协议另有约定外,新合伙人与原合伙人享有同等权利,承担同等责任;入伙的新合伙人对入伙前合伙企业的债务承担无限连带责任。

2. 退伙

退伙是指在合伙企业存续期间,使合伙人资格消灭的行为。

（1）退伙形式。

退伙形式分为两类。

第一类是声明退伙。声明退伙又称自愿退伙,是指合伙人基于自愿的意思表示而退伙。声明退伙又可分为单方退伙和通知退伙。

单方退伙是指当合伙协议约定了合伙的经营期限时,某一合伙人要求退伙的情形。根据《合伙企业法》第五十条的规定,如果合伙协议约定了合伙期限,则在该期限内有下列情形之一时,合伙人可以单方提出退伙:① 合伙协议约定的退伙事由出现;② 经全体合伙人同意退伙;③ 发生合伙人难以继续参加合伙企业的事由;④ 其他合伙人严重违反合伙协议约定的义务。

通知退伙是指在合伙协议未约定合伙期限的情况下的退伙。根据《合伙企业法》第四十六条的规定,合伙协议未约定合伙期限的,在不给合伙事务执行造成不利影响的前提下,合伙人可以不经其他合伙人同意而退伙,但应当提前30日通知其他合伙人。

第二类是法定退伙。法定退伙是指直接根据法律的规定而退伙。法定退伙可分为当然退伙和除名退伙。

当然退伙是指发生了某种客观情况而导致的退伙。《合伙企业法》第四十八条规定了以下客观情况：① 作为合伙人的自然人死亡或者被依法宣告死亡；② 个人丧失偿债能力；③ 作为合伙人的法人或者其他组织依法被吊销营业执照、责令关闭、撤销，或者被宣告破产；④ 法律规定或者合伙协议约定合伙人必须具有相关资格而丧失该资格；⑤ 合伙人在合伙企业中的全部财产份额被人民法院强制执行。

如果作为合伙人的自然人被依法认定为无民事行为能力或者限制民事行为能力人，并不必然导致退伙。此种情形下，若经其他合伙人一致同意，该合伙人可以依法转为有限合伙人，普通合伙企业依法转为有限合伙企业。但是，如果未能取得其他合伙人的一致同意，则该合伙人退伙。

除名退伙也称开除退伙，是指在合伙人出现法定事由的情形下，由其他合伙人决议将该合伙人除名。《合伙企业法》第四十九条规定了除名退伙的事由：① 未履行出资义务；② 因故意或者重大过失给合伙企业造成损失；③ 执行合伙事务时有不正当行为；④ 合伙协议约定的其他事项。

合伙企业作出对某一合伙人的除名决议，应当书面通知被除名人。从被除名人接到除名通知之日起除名生效，被除名人退伙。但是，被除名人对除名决议有异议的，可以自接到除名通知之日起 30 日内向人民法院起诉，通过诉讼以最终确认除名决议的效力。

（2）退伙效力。

第一，退伙人丧失合伙人身份，脱离原合伙协议约定的权利和义务关系。

第二，导致合伙财产的清理与结算。退伙时的结算应遵循如下规则：

① 合伙人退伙，其他合伙人应当与该退伙人按照退伙时的合伙企业财产状况进行结算，退还退伙人的财产份额。退伙时有未了结的合伙企业事务的，可以待该事务了结后再进行结算。

② 退伙人对给合伙企业造成的损失负有赔偿责任的，可以相应扣减其应当赔偿的数额。

③ 退伙人在合伙企业中的财产份额的退还办法由合伙协议约定或者由全体合伙人决定，可以退还货币，也可以退还实物。

④ 如果退伙时合伙企业的财产少于合伙企业债务，即资不抵债，则退伙人应当根据合伙协议的约定或者《合伙企业法》的规定分担亏损。

⑤ 退伙人退伙时，对于基于其退伙前的原因发生的合伙企业债务，仍应与其他合伙人一起承担无限连带责任。

第三，退伙并不必然导致合伙企业的解散。只有在合伙人为两人的情况下，其中一人退伙则导致合伙企业的解散。

（六）特殊的普通合伙企业

以专门知识和技能为客户提供有偿服务的专业服务机构，可以设立为特殊的普通合伙企业。特殊的普通合伙企业必须在其企业名称中标明"特殊普通合伙"字样，以区别于普通合伙企业。

特殊的普通合伙仅适用于以专门知识和技能(如法律知识与技能、医学和医疗知识与技能、会计知识与技能等)为客户提供有偿服务的机构,因为这些专门知识和技能通常只为少数的、受过专门知识教育与培训的人才所掌握,而在向客户提供专业服务时,个人的知识、技能、职业道德、经验等往往起着决定性的作用,与合伙企业本身的财产状况、声誉、经营管理方式等都没有直接和必然的联系,合伙人个人的独立性极强。所以,根据《合伙企业法》第五十七条的规定,在特殊的普通合伙企业中,一个合伙人或者数个合伙人在执业活动中因故意或者重大过失造成合伙企业债务的,应当承担无限责任或者无限连带责任,其他合伙人以其在合伙企业中的财产份额为限承担责任。这与普通合伙企业是不同的。在普通合伙企业中,合伙人即使基于故意或者重大过失而给合伙企业造成债务,在对外责任的承担上依然是由全体合伙人承担无限连带责任。当然,若特殊的普通合伙企业的合伙人并非因为故意或者重大过失而造成合伙企业债务,此种情形下与普通合伙企业一样,应当由全体合伙人承担无限连带责任。

三、有限合伙企业

有限合伙企业是指由一个以上的普通合伙人和一个以上的有限合伙人共同设立的合伙企业。

(一)有限合伙企业设立的特殊条件

(1)由2个以上50个以下合伙人设立,且至少有1个普通合伙人,法律另有规定的除外。

(2)企业名称中应当标明"有限合伙"字样。

(3)合伙协议除需记载普通合伙企业协议应当载明的事项外,还需载明以下特殊事项:① 普通合伙人和有限合伙人的姓名或者名称、住所;② 执行事务合伙人应当具备的条件和选择程序;③ 执行事务合伙人权限与违约处理办法;④ 执行事务合伙人的除名条件和更换程序;⑤ 有限合伙人入伙、退伙的条件、程序以及相关责任;⑥ 有限合伙人和普通合伙人相互转变程序。

(4)有限合伙人不得以劳务出资。这是有限合伙人与普通合伙人在出资方式上的唯一差别。

(5)有限合伙企业登记事项中应当载明有限合伙人的姓名或者名称、认缴的出资数额。

(二)有限合伙企业的事务执行

有限合伙企业的事务由普通合伙人执行。有限合伙人不执行合伙事务,也不得对外代表有限合伙企业。这是有限合伙企业与普通合伙企业的重大区别。有限合伙人的下列行为不视为执行合伙事务:

(1)参与决定普通合伙人入伙、退伙;

(2)对企业的经营管理提出建议;

(3)参与选择承办有限合伙企业审计业务的会计事务所;

（4）获取经审计的有限合伙企业财务会计报告；

（5）对涉及自身利益的情况，查阅有限合伙企业财务会计账簿等财务资料；

（6）在有限合伙企业中的利益受到侵害时，向有责任的合伙人主张权利或者提起诉讼；

（7）执行事务合伙人怠于行使权利时，督促其行使权利或者为了本企业的利益以自己的名义提起诉讼；

（8）依法为本企业提供担保。

（三）有限合伙人的特殊权利

与普通合伙人相比，除合伙协议另有约定外，有限合伙人具有以下特殊权利：

（1）有限合伙人以其认缴的出资额为限对合伙企业的债务承担责任，新入伙的有限合伙人对入伙前合伙企业的债务也是以其认缴的出资额为限承担责任；

（2）有限合伙人可以同合伙企业进行交易；

（3）有限合伙人可以自营或者同他人合作经营与本合伙企业相竞争的业务；

（4）有限合伙人可以将其在合伙企业中的财产份额出质；

（5）有限合伙人可以按照合伙协议的约定向合伙人以外的人转让其在合伙企业中的财产份额，只需提前30天通知其他合伙人即可；

（6）有限合伙人的自然人在合伙企业存续期间丧失民事行为能力的，其他合伙人不得因此要求其退伙。

（四）表见普通合伙

《合伙企业法》第七十六条规定："第三人有理由相信有限合伙人为普通合伙人并与其交易的，该有限合伙人对该笔交易承担与普通合伙人同样的责任。"但这一规定明确表见普通合伙仅适用于该特定的情形，而非从合伙人地位上完全否认有限合伙人的身份，对于其他不构成表见普通合伙的情形，有限合伙人仍旧承担有限责任。

（五）有限合伙企业与普通合伙企业的转换

（1）当有限合伙企业仅剩普通合伙人时，有限合伙企业转为普通合伙企业，并应当进行相应的变更登记。

（2）当有限合伙企业仅剩有限合伙人时，该企业不再是合伙企业，故应解散。

（3）经全体合伙人一致同意，普通合伙人可以转为有限合伙人，有限合伙人可以转为普通合伙人。有限合伙人转为普通合伙人的，对其作为有限合伙人期间合伙企业发生的债务承担无限连带责任；普通合伙人转为有限合伙人的，对其作为普通合伙人期间合伙企业发生的债务承担无限连带责任。

（4）普通合伙人被依法认定为无民事行为能力或者限制民事行为能力人的，经其他合伙人一致同意，可以依法转为有限合伙人，此时普通合伙企业转为有限合伙企业。

（5）普通合伙企业的合伙人死亡或者被宣告死亡的，其继承人根据合伙协议的约定或者经全体合伙人同意，可取得合伙人资格；继承人为无民事行为能力或者限制民事行为能力人的，经合伙人一致同意，可以依法成为有限合伙人，普通合伙企业转为有限合伙企业。

四、合伙企业的解散与清算

（一）合伙企业的解散

合伙企业的解散是指合伙企业因某些法律事实的发生而使合伙归于消灭的行为。根据《合伙企业法》的规定，合伙解散的事由包括：

（1）合伙协议约定的经营期限届满，合伙人不愿继续经营；

（2）合伙协议约定的解散事由出现；

（3）全体合伙人决定解散；

（4）合伙人已不具备法定人数满30天；

（5）合伙协议约定的合伙目的已经实现或者无法实现；

（6）依法被吊销营业执照、责令关闭或者被撤销；

（7）出现法律、行政法规规定的合伙企业解散的其他原因。

（二）合伙企业的清算

1. 确定清算人

合伙企业解散应当确定清算人，由清算人依法进行清算工作。清算人由全体合伙人担任；经全体合伙人过半数同意，可以自合伙企业解散后15日内指定一个或者数个合伙人，或者委托第三人担任清算人。

2. 通知债权人、公告

清算人确定后，应当自确定之日起10日内将合伙企业解散事项通知合伙企业的债权人，并且应当于60日内在报纸上予以公告。债权人自接到通知书之日起30日内，未接到通知书的自公告之日起45日内，向清算人申报债权。债权人申报债权时应当说明债权的有关事项，并提供证明材料。清算人应当对债权进行登记。

3. 清算与清偿

合伙企业清算期间，其企业主体资格仍然存续，但不得开展与清算无关的经营活动。

清算人在清算期间执行的职责或者事务包括：① 清算合伙企业财产，分别编制资产负债表和财产清单；② 处理与清算有关的合伙企业未了结的事务；③ 清缴所欠税款；④ 清理债权、债务；⑤ 处理合伙企业清偿债务后的剩余财产；⑥ 代表合伙企业参与民事诉讼活动。

合伙企业财产在支付清算费用后，应按下列顺序清偿：① 合伙企业所欠职工工资和劳动保险费；② 合伙企业所欠税款；③ 合伙企业的债务；④ 退还合伙人的出资。合伙企业财产按上述顺序清偿后仍有剩余的，按约定或者法定的比例在原合伙人间分配。如果合伙企业的财产不足以清偿其债务的，由原普通合伙人承担无限连带责任。

4. 注销登记

清算结束后，清算人应当编制清算报告，经全体合伙人签名、盖章后，在15日内向企业登记机关报送清算报告，申请办理合伙企业注销登记。

本章重点

1. 企业的特征、企业法的调整对象。

2. 个人独资企业的设立条件与事务管理。

3. 普通合伙企业的设立条件与事务执行中合伙人的权利与义务。

4. 有限合伙企业与普通合伙企业的相互转换。

5. 新入伙人和退伙人对入伙前、入伙后和退伙前合伙企业债务的责任承担。

本章难点

1. 投资人对受托人或者被聘用的人员职权的限制,不得对抗善意第三人。

2. 合伙企业的财产性质与管理、合伙企业的损益分配。

3. 普通合伙企业的对外关系。

4. 普通合伙企业与有限合伙企业设立与管理的不同之处。

思考题

1. 从法律方面看,何谓企业? 我国企业的法定分类有哪些?

2. 个人独资企业投资人委托或者聘用的管理事务的人员不得有哪些行为?

3. 普通合伙企业有哪些特征表现?

4. 与普通合伙人相比,有限合伙人的特殊权利有哪些?

5. 退伙的形式有哪些? 退伙有哪些效力表现?

6. 合伙企业的解散情形有哪些?

第三章

公司法

现代社会最伟大的发明,就是有限责任公司! 即使蒸汽机和电气的发明也略逊一筹。

——尼古拉斯·巴特勒

学习目标

1. 熟悉公司法的基本理论和内容体系。

2. 了解公司的概念,公司的种类,公司的财务会计要求,公司董事、监事和高级管理人员的任职资格和义务及违反公司法的法律责任。

3. 掌握有限责任公司和股份有限公司的设立程序,以及两种公司的股权转让制度。

4. 掌握一人公司的特别规定、公司法人人格否认制度、公司资本制度、股份回购规则、股东代表诉讼制度,以及公司合并、分立后民事责任的承担。

5. 能够利用公司法及相关法规判断、分析和解决公司实务中存在的问题。

基本概念

公司,有限责任公司,股份有限公司,股东,股权,注册资本,公司法人人格否认,公司的组织机构,发起设立,募集设立,上市公司,独立董事,股东代表诉讼

第一节　公司法概述

一、公司的概念

《公司法》第二条规定:"本法所称公司是指依照本法在中国境内设立的有限责任公司

和股份有限公司。"公司是企业法人,享有法人财产权,公司以其全部财产对公司的债务承担责任。有限责任公司的股东以其认缴的出资额为限对公司承担责任;股份有限公司的股东以其认购的股份为限对公司承担责任。

《公司法》是规定公司的法律地位及调整其内外部组织关系的法。《公司法》于1993年12月29日颁布,1994年7月1日起施行。《公司法》施行后经过三次修正,第三次修正后的《公司法》于2014年3月1日起实施。

二、公司的种类

按照法律的规定或者学理的标准,可以将公司分为不同的种类。

(一)有限责任公司、股份有限公司、无限公司和两合公司

以股东对公司债务承担责任的方式为标准,可以将公司分为有限责任公司、股份有限公司、无限公司和两合公司。这种划分形成了我国和大陆法系基本的公司法律形态。

有限责任公司是指股东以其出资额为限对公司债务承担有限责任,公司以其全部财产对公司债务承担责任的公司,常简称为有限公司。有限责任公司由数额不多且相对稳定的若干股东组成,根据《公司法》第二十四条的规定,有限责任公司的股东人数为50人以下。有限责任公司的筹资和经营具有封闭性,有限责任公司不得向社会公开发行股票,股东出资的转让需受法律和公司章程的限制。

有限责任公司将合伙当事人相互信任、企业设立和组织简单、活动便捷等优点,与股份有限公司的股东与公司人格分离、股东承担有限责任、股东的变动不影响企业存续等优点结合起来,成为当今最适合于中小企业组织的一种企业法律形式。

股份有限公司是指将公司全部资本划分为等额股份,股东以其所持的股份为限对公司承担有限责任,公司以其全部资产对公司的债务承担责任的公司,常简称为股份公司。股份有限公司股东人数多,公司资本需分为等额股份,可以自由转让,可以公开募股,上市公司的股份还可以在交易所上市流通。股份有限公司具有开放性的特点。股份有限公司是一种募集、积聚资本的有效手段和途径。在现代市场经济社会中,股份有限公司已成为众多大企业的组织形式,在经济中起着主导作用。

无限公司是指由两个以上的股东组成,全体股东对公司的债务承担无限连带责任的公司。无限公司在其内部和外部关系上与合伙企业相似,如德国和日本的商法规定,法律和公司章程未规定的事项可以适用有关合伙企业的法律规定。但无限公司与合伙企业也有区别,无限公司的股东通常为若干个自然人,而合伙企业的投资人却不限于自然人。

两合公司是指由一个以上的无限责任股东和一个以上的有限责任股东所组成,无限责任股东对公司债务负无限连带清偿责任,有限责任股东仅以其出资额为限对公司债务承担责任的公司。其中,无限责任股东是公司的实际经营管理者,有限责任股东则是不参与经营管理的出资者。《公司法》中没有规定无限公司和两合公司。即使在规定了这两种公司形态的国家,这类公司的数量也非常少,已经不具有普遍意义。

（二）总公司和分公司

《公司法》第十四条第一款规定:"公司可以设立分公司。设立分公司,应当向公司登记机关申请登记,领取营业执照。分公司不具有企业法人资格,其民事责任由公司承担。"按公司的管辖关系可将公司分为总公司和分公司。总公司是以自己的名义直接从事经营活动,对公司系统内的业务经营、资金调度、人事安排等具有统一的决定权。分公司是总公司在其住所地以外设立的从事经营活动的机构,属于总公司的组成部分。

分公司也需依法设立及登记,但其作为公司的一种分支机构,不具有法人资格,设立比较方便,程序简单。其特征是:第一,分公司没有独立的名称,须以总公司的名义进行活动;第二,分公司没有自己的章程和独立于总公司的组织机构,它代表或者代理总公司在一定的范围内开展活动;第三,分公司没有独立的财产,其从事活动的财产是由总公司拨付的,依法列入总公司的资产负债表;第四,分公司在经营活动中产生的债权、债务关系由总公司承担,并由总公司以其全部财产对该债务负清偿责任。银行、保险公司等具有高度信用特征和经营风险的企业通常采用设立分公司而非子公司的方式拓展业务。根据《企业名称登记管理规定》,具有三个以上分支机构的公司才可以在名称中使用"总公司"字样。

（三）母公司和子公司

《公司法》第十四条第二款规定:"公司可以设立子公司,子公司具有法人资格,依法独立承担民事责任。"按公司之间的控制与依附关系的不同可将公司分为母公司与子公司。处于控制和被依附地位的公司是母公司,处于被控制和依附地位的则是子公司。虽然母公司与子公司之间有控制与被控制的组织关系,但依照国际惯例和我国《公司法》,它们在参与外部的交易和管理关系时,都具有法人资格。

子公司有独立的名称、章程和组织机构,有法定的资本,可以自己的名义对外交往,并以公司的资产对公司债务承担有限责任。在母、子公司关系中,股权控制是唯一的控制机制。母公司是子公司的控股股东。至于何为控股股东,根据《公司法》第二百一十六条的规定,控股股东是指其出资额占有限责任公司资本总额50%以上或者其持有的股份占股份有限公司股本总额50%以上的股东;虽然出资额或者持有股份的比例不足50%,但依其出资额或者持有的股份所享有的表决权已足以对股东会、股东大会的决议产生重大影响的股东。在股权分散的上市公司实践中,持股5%的股东也可以成为控股股东。

（四）本国公司和外国公司

按公司国籍的不同可将公司分为本国公司和外国公司。凡依照中国法律在中国境内登记成立的公司,是中国公司;凡依照外国法律在中国境外登记成立的公司,则是外国公司。《公司法》第一百九十一条规定:"本法所称外国公司是指依照外国法律在中国境外设立的公司。"

根据《公司法》的规定,外国公司可以在中国境内设立分支机构。外国公司在中国境内设立的分支机构不具有中国法人资格。外国公司对其分支机构在中国境内进行经营活动承担民事责任。经批准设立的外国公司分支机构,在中国境内从事业务活动,必须遵守中国的法律,不得损害中国的社会公共利益,其合法权益受中国法律保护。外国公司撤销其在中国境内的分支机构时,必须依法清偿债务,依照《公司法》有关公司清算程序的规定进行清算。未清偿债务之前,不得将其分支机构的财产移至中国境外。

三、公司资本及其立法原则

(一)公司资本的概念

《公司法》中所称资本,通常是指公司的注册资本,是指由公司章程确定的,由股东出资形成的公司自有资产。由于公司资本实际上是由股东投入的股本形成的,所以公司资本也称总股本。资本既是公司存在和运作的基础、对债权人的基本担保,又是股东对公司享有权益的基础和表现形式。公司资本包括代表着出资者或股东权益的股本、公积金和其他未分配的盈余。

(二)公司资本的立法原则

在大陆法系传统的公司法中,公司资本的立法原则被浓缩为资本确定原则、资本维持原则和资本不变原则,即"资本三原则"。"资本三原则"的核心是确保公司资本的真实性、可靠性和稳定性,使公司拥有的属于自己的实有资产与其公示的注册资本相当,以真实反映公司的资本信用。

1. 资本确定原则

资本确定原则是指设立公司时,公司章程明确规定的资本额必须由股东认足或者缴足,公司才能成立。《公司法》第三次修正以前,要求股东必须实际缴足法律规定的最低数额的资本或者缴付一定比例的资本,公司才能成立,其目的在于防止空壳公司或者皮包公司的设立,使公司在成立之初就有必要的营运资金,并担保债务的履行。但较高的资本门槛和实缴要求为投资者制造了投资障碍,尤其是限制了"穷人创业的机会"。因此,我国在第三次修正《公司法》时,基本废止了法定最低资本制,实行认缴制,降低了创业门槛。但是法律、行政法规以及国务院决定对特定行业注册资本最低限额另有规定的,继续适用法定最低资本制。

2. 资本维持原则

资本维持原则是指法律要求公司在存续期间应当维持与其注册资本相当的资产。其目的在于保护债权人的利益和市场交易安全。例如,按照《公司法》的规定,公司成立后,股东不得抽逃出资;有限责任公司的初始股东对非货币出资财产的价值负连带责任;公司不得折价发行股票;除法律规定许可外,公司不得收购本公司的股票,也不得接受本公司的股票作质权的标的;公司在弥补亏损前不得向股东分配利润;公司必须依法提取公积金等。

3. 资本不变原则

资本不变原则是指公司的注册资本或者资本金确定以后,非依法定程序,不得任意减少或者增加。公司随意减少资本固然会损害债权人和社会的利益,而公司不必要地任意增加资本,减少了可供向股东分配的利润,也会损害股东的利益。因此,法律上为公司资本的增、减规定了一定的程序。根据《公司法》的规定,公司注册资本变动的,必须修改公司章程,并到公司登记机关进行变更登记,且增、减注册资本和修改公司章程均属股东(大)会的特别决议事项,必须经有限责任公司代表 2/3 以上表决权的股东通过或者经股份有限公司出席股东大会的股东所持 2/3 以上的表决权通过,方为有效。

四、股东

股东即股权的持有人。股东身份的取得原因主要是投资和股权转让(买卖、互易、赠与)、继承、公司合并。股东身份丧失的原因包括公司终止、股权转让、股东死亡或者终止、无记名股票丧失等原因。股东对公司的义务主要是按照发起人协议、公司章程、认股书的约定和法律规定向公司缴纳出资。股东对公司还负有诚信义务。根据《公司法》第二十条的规定,公司股东应当遵守法律、行政法规和公司章程,依法行使股东权利,不得滥用股东权利损害公司或者其他股东的利益,否则应当依法承担赔偿责任。

五、股权

(一)股权的概念

股权是指股东基于股东身份对公司享有的权利的总称。股东的出资构成公司的资本,股东丧失对其出资财产的支配权,换取对公司的股权。股权从股东的角度来看是股东对公司享有的权利,从公司的角度来看是公司对股东负有的义务。

(二)股权的内容

《公司法》第四条规定:"公司股东依法享有资产收益、参与重大决策和选择管理者等权利。"据此,股权的内容是法定的,不允许股东自己设定股权的内容。从股权的内容来看,股权主要包括资产收益权和公司经营管理权,前者体现为财产利益,包括股利分配请求权、剩余财产分配请求权等;后者不直接体现为财产利益,包括表决权、股东会或者股东大会的召集和支持权。这说明股权的内容具有综合性,并非单一性的民事权利。

(三)股权的学理分类

1. 自益权和共益权

自益权是指专为股东自己的利益而享有的权利,主要表现为如下财产权:股利分配请求权、剩余财产分配请求权、新股认购请求权、股权凭证交付请求权、股东名册变更记载请求权等。共益权是指股东为自己并兼为公司的利益而享有的权利,主要表现为如下参与公司管理权:股东会议召集请求权、提案权、出席会议权、表决权、查阅账簿权、公司决议撤销权等。

2. 单独股东权和少数股东权

单独股东权是指可由股东一人单独行使的权利,不问持股多寡。少数股东权是指至少持有一定比例股权的股东才能行使的权利,具体比例由法律或者章程规定。股东的自益权均属于单独股东权。共益权中既有单独股东权,也有少数股东权。《公司法》中的少数股东权大致包括:提议召开临时股东会议(须持股 10%,《公司法》第三十三条、第一百条)、召集和主持股东会议(须持股 10%,《公司法》第四十条、第一百零一条)、提出临时提案(须持股 3%,《公司法》第一百零二条)、提议召开董事会临时会议(须持股 10%,《公司法》第一百一十条)、提起股东代表诉讼(须连续 180 天持股 1%,《公司法》第一百五十一条)、请求解散公司(须持股 10%,《公司法》第一百八十二条)。

六、公司章程

(一)公司章程的性质

《公司法》具有公法属性,体现在公司设立、证券发行、财务会计、合并、分立、解散等方面都受到国家管制。但《公司法》本质上是私法,因此自治原则贯穿于《公司法》的全部。在公司设立与运行过程中,凡是不需要国家管制的领域,《公司法》都赋予股东对公司高度的自治权。另外《公司法》只能规定公司的普遍性问题,不可能顾及各个公司的特殊性,每个具体的公司的设立和运行必须有一套能反映本公司个性的行为规范。这种法律文件就是公司章程。公司章程是指股东关于公司设立与运行的自治性规范。设立公司必须依法制定公司章程。公司章程具有真实性、自治性和公开性的基本特征。

公司章程作为公司内部的行为规范,对公司、股东、董事、监事、高级管理人员具有约束力,但不具有普遍的效力。

(二)公司章程的内容

公司章程的内容应当具备《公司法》规定的应当载明的各项事项。根据《公司法》第二十五条的规定,有限责任公司章程应当载明下列事项:① 公司名称和住所;② 公司经营范围;③ 公司注册资本;④ 股东的姓名或者名称;⑤ 股东的出资方式、出资额和出资时间;⑥ 公司的机构及其产生办法、职权、议事规则;⑦ 公司法定代表人;⑧ 股东会会议认为需要规定的其他事项。股东应当在公司章程上签名、盖章。

根据《公司法》第八十一条的规定,股份有限公司章程应当载明下列事项:① 公司名称和住所;② 公司经营范围;③ 公司设立方式;④ 公司股份总数、每股金额和注册资本;⑤ 发起人的姓名或者名称、认购的股份数、出资方式和出资时间;⑥ 董事会的组成、职权和议事规则;⑦ 公司法定代表人;⑧ 监事会的组成、职权和议事规则;⑨ 公司利润分配办法;⑩ 公司的解散事由与清算办法;⑪ 公司的通知和公告办法;⑫ 股东大会会议认为需要规定的其他事项。

公司的经营范围由公司章程规定,并依法登记。公司可以修改公司章程,改变经营范围,但是应当办理变更登记。公司法定代表人依照公司章程的规定,由董事长、执行董事或者经理担任,并依法登记。公司法定代表人变更时,应当办理变更登记。

(三)公司章程的公示与对抗效力

公司章程通过公司登记、股东查阅复制、上市公司信息披露等方式向社会进行公示。公司章程一经向社会公开,利害关系人包括交易相对人有权在工商登记簿中查阅公司章程,从而获得对即将进行的交易的合理预期。但这并不意味着公司章程一经公示，交易相对人就负有查阅公司章程的义务，更不意味着公司章程一经公示，就推定第三人已经知悉或者应当知悉章程的内容。但在公司章程的某项内容是为了落实《公司法》中的强行性规定的场合，该内容的记载因为法律的规定而被赋予了对抗第三人的效力。例如，《公司法》第十六条规定："公司向其他企业投资或者为他人提供担保，依照公司章程的规定，由董事会或者股东会、股东大会决议；公司章程对投资或者担保的总额及单项投资或者担保的数额有限额规定的，不得超过规定的限额。公司为公司股东或者实际控制人提供担保的，必须经股东会或者股东大会决议。前款规定的股东或者受前款规定的实际控制人支配的股东，不得参加前款规定事项的表决。该项表决由出席会议的其他股东所持表决权的过半数通过。"如果公司为落实《公司法》第十六条的规定，在章程中作出具体规定，则这种规定一经通过章程的登记进行公示，就具有对抗第三人的效力。

七、公司法人人格否认

根据《公司法》第二十条第一款和第三款的规定，公司股东不得滥用公司法人独立地位和股东有限责任损害公司债权人的利益。公司股东滥用公司法人独立地位和股东有限责任来逃避债务，严重损害公司债权人利益的，应当对公司债务承担连带责任。这项制度称为公司法人人格否认制度，英国法称之为"刺破公司面纱"，日本法则称之为"透视理论"。

公司法人人格否认制度主要是为了防范股东滥用公司制度的风险，以保证交易安全，保障公司债权人利益，维护社会经济秩序。但是，债权人主张适用公司法人人格否认制度来追究公司股东的责任时，须承担举证责任，证明股东有滥用公司法人人格，严重损害公司债权人利益的行为。公司法人人格否认的结果是由滥用公司法人独立地位和股东有限责任的股东就公司债务向债权人承担连带责任，而不是所有股东一起承担连带责任。只有债权人才有权向法院主张适用公司法人人格否认制度追究股东的连带责任。

公司法人格否认是在具体个案中对公司的独立法人人格和股东有限责任的暂时否定，而非全盘、彻底、永久否定，既不涉及该公司的其他法律关系，也不影响该公司作为一个独立实体合法、继续存在。

八、公司的财务、会计

（一）公司财务、会计的基本要求

（1）公司应当依照法律、行政法规和国务院财政部门的规定建立本公司的财务、会计制度。

（2）公司应当依法编制财务会计报告。公司应当在每一会计年度终了时编制财务会计报告，并依法经会计师事务所审计。公司财务会计报告主要包括资产负债表、利润表、现金流量表等报表及附注。

（3）公司应当依法披露有关财务、会计资料。有限责任公司应当依照公司章程规定的期限将财务会计报告送交各股东。股份有限公司的财务会计报告应当在召开股东大会年会的 20 日前置备于本公司,供股东查阅;公开发行股票的股份有限公司必须公告其财务会计报告。

(4)公司除法定的会计账簿外,不得另立会计账簿。对于公司资产,不得以任何个人名义开立账户存储。

(5)公司应当依法聘用会计师事务所对财务会计报告进行审查验证。公司的财务会计报告编制完毕后必须接受法定的外部审计。外部审计具有独立性,审计者作为第三方,应独立、客观、公正地提供审计服务。公司聘用、解聘承办公司审计业务的会计师事务所,依照公司章程的规定,由股东会、股东大会或者董事会决定。公司股东会、股东大会或者董事会就解聘会计师事务所进行表决时,应当允许会计师事务所陈述意见。公司应当向聘用的会计师事务所提供真实、完整的会计凭证、会计账簿、财务会计报告及其他会计资料,不得拒绝、隐匿、谎报。

(二)公司的利润分配

1. 利润分配顺序

依照《公司法》及《中华人民共和国企业所得税法》(简称《企业所得税法》)的规定,公司当年的利润总额(税前利润)应当首先用于弥补以前年度的亏损,但不得超过法定的弥补年限;其次缴纳所得税;再次弥补在税前利润弥补亏损之后仍存在的亏损,弥补全部亏损后剩余的部分形成可分配利润。

可分配利润按照如下顺序分配:① 提取法定公积金;② 可以提取任意公积金;③ 向股东分配利润。向股东分配利润后的剩余部分称为未分配利润,是企业留待以后年度进行分配的结存利润。

依照《公司法》第一百六十六条第四款的规定,公司弥补亏损和提取公积金后所余税后利润,有限责任公司按照股东实缴的出资比例分取红利,但全体股东约定不按照出资比例分取红利的除外;股份有限公司按照股东持有的股份比例分配,但股份有限公司章程规定不按持股比例分配的除外。

股东会、股东大会或者董事会违反规定,在公司弥补亏损和提取法定公积金之前向股东分配利润的,股东必须将违反规定分配的利润退还公司。公司持有的本公司股份不得分配利润。

2. 公积金制度

公积金是公司根据法律、章程的规定,从公司盈余和其他收入中提取的,用于弥补公司亏损或者扩大公司生产经营规模的储备资金。根据公积金的来源,公积金可以分为盈余公积金和资本公积金。

盈余公积金是从公司盈余中提取的资金,又可以分为法定公积金和任意公积金。法定公积金是依法必须提取的。任意公积金则是根据章程规定或者股东(大)会的决议提取的。根据《公司法》第一百六十六条第一款和第三款的规定,公司分配当年税后利润时,应当提取利润的 10% 列入公司法定公积金。公司法定公积金累计额为公司注册资本的 50% 以上的,可以不再提取。公司从税后利润中提取法定公积金后,经股东会或者股东大会决议,还可以从税后利润中提取任意公积金。

资本公积金是指依照法律规定由盈余之外的收入项目形成的积累资金。股份有限公司以超过股票票面金额的发行价格发行股份所得的溢价款以及国务院财政部门规定列入资本公积金的其他收入,应当列为公司资本公积金。其他收入主要包括有限责任公司的股东的出资溢价、资产重估增值、接受捐赠等。

公积金可以用于弥补公司的亏损、扩大公司生产经营或者转增公司资本。但是,资本公积金不得用于弥补公司的亏损。法定公积金转增资本时,所留存的该项公积金不得少于转增前公司注册资本的 25%。

第二节　有限责任公司

一、有限责任公司的设立

(一)设立条件

按照《公司法》的规定,设立有限责任公司应当具备下列条件:

(1)股东符合法定人数。设立有限责任公司,共同出资的股东人数不得超过 50 人。

(2)有符合公司章程规定的全体股东认缴的出资额。有限责任公司的注册资本为在公司登记机关登记的全体股东认缴的出资额。法律、行政法规以及国务院决定对有限责任公司注册资本实缴、注册资本最低限额另有规定的,从其规定。

(3)股东共同制定公司章程。

(4)有公司名称,建立符合有限责任公司要求的组织机构。有限责任公司的名称必须标明"有限责任公司"或者"有限公司"字样。

(5)有公司的住所。公司主要办事机构所在地为公司的住所。

(二)设立程序

设立有限责任公司,通常包括以下几个步骤:

1.认购出资、制定公司章程

设立有限责任公司的股东应当首先认购出资并制定公司章程。由于章程中需要记载发起人的出资额,所以在制定章程时,认购出资应当已经完成。

2.申请公司名称预先核准

根据《中华人民共和国公司登记管理条例》(简称《公司登记管理条例》)第十七条的规定,设立公司应当申请名称预先核准。

3.必要的行政审批

法律、行政法规规定设立公司必须报经批准的,应当在公司登记前依法办理批准手续。批准手续并非设立有限责任公司的法定必经程序,只有当法律明确规定需要经过行政审批的,才办理申请审批手续。

4. 股东缴纳出资

在认缴制下,股东可以选择一次缴纳,也可以分期缴纳出资。股东应当按期足额缴纳公司章程中规定的各自所认缴的出资额。股东以货币出资的,应当将货币出资足额存入有限责任公司在银行开设的账户;以非货币财产出资的,应当依法办理其财产权的转移手续。股东不按照前述规定缴纳出资的,除应当向公司足额缴纳外,还应当向已按期足额缴纳出资的股东承担违约责任。

股东可以用货币出资,也可以用实物、知识产权、土地使用权等可以用货币估价并可以依法转让的非货币财产作价出资;但是,法律、行政法规规定不得作为出资的财产除外。对作为出资的非货币财产应当评估作价,核实财产,不得高估或者低估作价。法律、行政法规对评估作价有规定的,从其规定。

根据《公司注册资本登记管理规定》的规定,股东或者发起人可以将其持有的在中国境内设立的公司股权出资。债权人可以将其依法享有的对在中国境内设立的公司的债权转为公司股权。股东或者发起人不得以劳务、信用、自然人姓名、商誉、特许经营权或者设定担保的财产等作价出资。

有限责任公司成立后,发现作为设立公司出资的非货币财产的实际价额显著低于公司章程所定价额的,应当由交付该出资的股东补足其差额;公司设立时的其他股东承担连带责任。

5. 组建公司组织机构

首届公司组织机构的组建应当依法在设立登记前完成。

6. 办理设立登记手续

股东认足公司章程规定的出资后,由全体股东指定的代表或者共同委托的代理人向公司登记机关报送公司登记申请书、公司章程等文件,申请设立登记。

依法设立的公司由公司登记机关发给公司营业执照。公司营业执照签发日期为公司成立日期。公司营业执照应当载明公司的名称、住所、注册资本、经营范围、法定代表人姓名等事项。公司自成立日同时取得法人资格和营业资格,刻制印章、开立银行账户、申请纳税登记、以公司名义对外营业。

(三)股东资格的证明

出资证明书、股东名册、股东的工商登记都能证明股东在公司里的股东资格。

有限责任公司成立后,应当向股东签发出资证明书,出资证明书由公司盖章。出资证明书并不创设股权,仅仅证明股东向公司履行了出资义务。

有限责任公司应当置备股东名册,记载下列事项:① 股东的姓名或者名称及住所;② 股东的出资额;③ 出资证明书编号。记载于股东名册的股东可以依股东名册主张行使股东权利。

《公司法》第三十二条规定:"公司应当将股东的姓名或者名称向公司登记机关登记;登

记事项发生变更的,应当办理变更登记。未经登记或者变更登记的,不得对抗第三人。"未经登记的出资人称为隐名出资人,是在公司里不具有股东形式特征的实际出资人。在公司章程、出资证明书、股东名册和工商登记等书面文件上记载的是名义股东。《公司法》之所以规定"未经登记或者变更登记的,不得对抗第三人",是为了保护工商登记信息的公信力。这里的第三人不包括名义股东。

二、有限责任公司的组织机构

公司组织机构又称公司机关,是代表公司活动、行使相应职权的自然人或者自然人组成的集合体。有限责任公司的组织机构包括股东会、董事会、监事会及高级管理人员。

(一)股东会

1. 股东会的职权

有限责任公司股东会由全体股东组成,股东会是公司的权力机构,依照《公司法》和公司章程的规定行使职权。股东会是非常设机构,它以开会的形式而存在,通过会议的决议表现其职权的行使。

根据《公司法》第三十七条的规定,股东会行使下列职权:① 决定公司的经营方针和投资计划;② 选举和更换非由职工代表担任的董事、监事,决定有关董事、监事的报酬事项;③ 审议批准董事会的报告;④ 审议批准监事会或者监事的报告;⑤ 审议批准公司的年度财务预算方案、决算方案;⑥ 审议批准公司的利润分配方案和弥补亏损方案;⑦ 对公司增加或者减少注册资本作出决议;⑧ 对发行公司债券作出决议;⑨ 对公司合并、分立、解散、清算或者变更公司形式作出决议;⑩ 修改公司章程;⑪ 公司章程规定的其他职权。对前述所列事项股东以书面形式一致表示同意的,可以不召开股东会会议,而直接作出决定,并由全体股东在决定文件上签名、盖章。

从根本上说,股东会的职权是由股东会的性质所决定的,主要包括审议权和决议权两个方面。审议权是指股东会听取审议公司执行机构和其他职能机构的工作报告的职权,这一权力的基本作用是对公司其他相关机构的监督制约;决议权是指股东会对公司重大问题作出决定的职权,其基本作用是体现公司的意志,维护全体股东的利益。

2. 股东会会议的形式

有限责任公司股东会会议分为定期会议和临时会议。

定期会议召开的时间由公司章程确定,临时会议是因法定原因或者章程规定的其他原因而临时决定召开的股东会。按照《公司法》的规定,代表 1/10 以上表决权的股东、1/3 以上董事、监事会或者不设监事会的公司的监事提议召开临时股东会的,应当召开临时会议。公司章程可以规定与公司法规定不相抵触的召开临时股东会的情形。

3. 股东会会议的召集与主持

有限责任公司设立董事会的,股东会会议由董事会召集,董事长主持;董事长不能履行职务或者不履行职务的,由副董事长主持;副董事长不能履行职务或者不履行职务的,由半数以上董事共同推举一名董事主持。有限责任公司不设董事会的,股东会会议由执行董事召集和主持。董事会或者执行董事不能履行或者不履行召集股东会会议职责的,由监事会或者不设监事会的公司的监事召集和主持;监事会或者监事不召集和主持的,代表 1/10 以上表决权的股东可以自行召集和主持。

召集人召开股东会会议,应当于会议召开 15 日前通知全体股东;但是,公司章程另有规定或者全体股东另有约定的除外。

4. 股东会决议的表决

股东会对所议事项的表决是股东行使其权利的具体表现,也是股东会形成集体意思的方式。股东会会议由股东按照出资比例行使表决权,但是,公司章程另有规定的除外。除《公司法》有规定外,公司章程可以规定股东会的议事方式和表决程序。

股东会的表决事项分为一般表决事项和特别表决事项:一般表决事项的表决由公司章程规定;特别表决事项的表决按《公司法》的规定,必须经代表 2/3 以上表决权的股东通过。特别表决事项包括:修改公司章程;增加或者减少公司注册资本;关于公司分立、合并或者变更公司形式;公司解散。但是,因股权转让引发的股东姓名或者名称的更改以及持股数量的变化相应地对公司章程的该项修改不需再由股东会表决。

股东会应当对所议事项的决定作成会议记录,出席会议的股东应当在会议记录上签名。

(二)董事会

董事会既是公司的业务执行机构,也是公司的经营决策和领导机构,向股东会负责。它是常设的集体合议机构,董事会只有为常设机构,才能适应其持续和及时行使职权的需要。

1. 董事会的组成

有限责任公司的董事会由 3～13 人组成。股东人数较少或者规模较小的有限责任公司可以只设一名执行董事,不设董事会。

两个以上的国有企业或者两个以上的其他国有投资主体投资设立的有限责任公司,其董事会成员中应当有公司职工代表;其他有限责任公司董事会成员中可以有公司职工代表。董事会中的职工代表由公司职工通过职工代表大会、职工大会或者其他形式民主选举产生。

董事会设董事长一人,可以设副董事长。董事长、副董事长的产生办法由公司章程规定。

董事的任期由公司章程规定,但每届任期不得超过 3 年。董事任期届满,连选可以连任。董事任期届满未及时改选,或者董事在任期内辞职导致董事会成员低于法定人数的,在改选出的董事就任前,原董事仍应当依照法律、行政法规和公司章程的规定履行董事职务。

2. 董事会的职权

一般来说,董事会的职权主要包括三个方面:一是对公司业务的执行权;二是对公司经营决策的领导权;三是对董事和经理行为的监督权。根据《公司法》第四十七条的规定,董事会对股东会负责,行使下列职权:① 召集股东会会议,并向股东会报告工作;② 执行股东会的决议;③ 决定公司的经营计划和投资方案;④ 制订公司的年度财务预算方案、决算方案;⑤ 制订公司的利润分配方案和弥补亏损方案;⑥ 制订公司增加或者减少注册资本以及发行公司债券的方案;⑦ 制订公司合并、分立、解散或者变更公司形式的方案;⑧ 决定公司内部管理机构的设置;⑨ 决定聘任或者解聘公司经理及其报酬事项,并根据经理的提名决定聘任或者解聘公司副经理、财务负责人及其报酬事项;⑩ 制定公司的基本管理制度;⑪ 公司章程规定的其他职权。

根据《公司法》第五十条的规定,股东人数较少或者规模较小的有限责任公司,不设董事会而设执行董事的,执行董事的职权由公司章程规定。

3. 董事会会议的召集和主持

董事会会议由董事长召集和主持;董事长不能履行职务或者不履行职务的,由副董事长召集和主持;副董事长不能履行职务或者不履行职务的,由半数以上董事共同推举一名董事召集和主持。

4. 董事会决议的表决

董事会决议的表决实行一人一票。除《公司法》有规定的外,董事会的议事方式和表决程序由公司章程规定。董事会应当对所议事项的决定作成会议记录,出席会议的董事应当在会议记录上签名。

(三) 经理

按照《公司法》的规定,有限责任公司可以设经理,由董事会决定对其聘任或者解聘。股东人数较少或者规模较小的有限责任公司,不设董事会而设执行董事的,执行董事可以兼任公司经理。

经理的职权源于三个方面:法律规定、公司章程确定和董事会决议授权。根据《公司法》第四十九条的规定,经理对董事会负责,行使下列职权:① 主持公司的生产经营管理工作,组织实施董事会决议;② 组织实施公司年度经营计划和投资方案;③ 拟订公司内部管理机构设置方案;④ 拟订公司的基本管理制度;⑤ 制定公司的具体规章;⑥ 提请聘任或者解聘公司副经理、财务负责人;⑦ 决定聘任或者解聘应由董事会决定聘任或者解聘以外的管理人员;⑧ 董事会授予的其他职权。公司章程对经理职权另有规定的,从其规定。经理列席董事会会议。

关于经理的任期,《公司法》没有明确规定。但按照《公司法》的原理,经理的任期应当由董事会决定。

(四) 监事会

1. 监事会的组成

有限责任公司设监事会,其成员不得少于 3 人。股东人数较少或者规模较小的有限责任公司,可以设 1～2 名监事,不设监事会。

监事会由股东会选举产生,是传统公司立法的通例。但随着社会发展,现代公司制度越来越重视对职工利益的保护。根据《公司法》的规定,监事会应当包括股东代表和适当比例的公司职工代表,其中职工代表的比例不得低于 1/3,具体比例由公司章程规定。监事会中的职工代表由公司职工通过职工代表大会、职工大会或者其他形式民主选举产生。董事、高级管理人员不得兼任监事。

监事的任期每届为 3 年。监事任期届满，连选可以连任。监事任期届满未及时改选，或者监事在任期内辞职导致监事会成员低于法定人数的，在改选出的监事就任前，原监事仍应当依照法律、行政法规和公司章程的规定，履行监事职务。

监事会设主席一人，由全体监事过半数选举产生。

2. 监事会的职权

根据《公司法》第五十三条、第五十四条的规定，监事会、不设监事会的公司的监事行使下列职权：① 检查公司财务；② 对董事、高级管理人员执行公司职务的行为进行监督，对违反法律、行政法规、公司章程或者股东会决议的董事、高级管理人员提出罢免的建议；③ 当董事、高级管理人员的行为损害公司的利益时，要求董事、高级管理人员予以纠正；④ 提议召开临时股东会会议，在董事会不履行《公司法》规定的召集和主持股东会会议职责时召集和主持股东会会议；⑤ 向股东会会议提出提案；⑥ 依照《公司法》的规定，对董事、高级管理人员提起诉讼；⑦ 公司章程规定的其他职权。监事可以列席董事会会议，并对董事会决议事项提出质询或者建议。监事会、不设监事会的公司的监事发现公司经营情况异常，可以进行调查；必要时，可以聘请会计师事务所等协助其工作，费用由公司承担。

监事会的以上职权可概括为以下四方面的权限：第一，监督权，包括对公司经营活动的监督和对董事、高级管理人员执行公司职务的行为的监督；第二，建议罢免权，这是保障监事会对董事和高级管理人员有效行使其他监督职能的重要手段；第三，调查咨询权，监事会有权对公司经营业务、财务事项等展开调查，并可列席董事会会议对董事会决议事项提出质询或者建议；第四，代表公司诉讼权，董事、高级管理人员执行公司职务时违反法律、行政法规或者公司章程的规定给公司造成损失的，股东提出书面请求的，监事会应依职权向人民法院提起诉讼。

3. 监事会会议的召集和主持

监事会会议分为年会和临时会议。监事会每年度至少召开一次会议，监事可以提议召开临时监事会会议。监事会会议由监事会主席召集和主持；监事会主席不能履行职务或者不履行职务的，由半数以上监事共同推举一名监事召集和主持。

4. 监事会决议的表决

监事会的议事方式和表决程序，除《公司法》有规定的外，由公司章程规定。监事会决议应当经半数以上监事通过。

监事会应当将所议事项的决定作成会议记录，出席会议的监事应当在会议记录上签名。

三、一人有限责任公司

《公司法》允许设立一人有限责任公司，体现了法律对现实经济生活需要的承认。所谓一人有限责任公司，是指只有一个自然人股东或者一个法人股东的有限责任公司，简称一人公司。根据《公司法》第五十七条的规定，《公司法》对一人公司有特别规定的，应当优先适用;《公司法》对一人公司没有规定的,适用《公司法》对有限责任公司的一般规定以及其他有关规定。

(一)一人公司设立的特别规定

1. 投资主体资格

按照《公司法》的规定,能够投资设立一人公司的,既可以是自然人,也可以是法人。

《公司法》第五十八条规定:"一个自然人只能投资设立一个一人有限责任公司。该一人有限责任公司不能投资设立新的一人有限责任公司。"该条规定形成了对一人公司投资主体两个方面的限制:其一,一个自然人只能设立一个一人公司,即已是一人公司的股东不得成为另一个一人公司的投资人或者股东;其二,虽然一人公司是法人,但它不能成为另一个一人公司的投资主体,即它不具有投资设立一人公司的主体资格。

2. 公司章程

虽然一人公司只有一名股东,但该股东与其设立的公司仍是两个不同的法律主体。公司章程是公司法律人格存在的法律基础。因此,股东在设立一人公司时,必须先制定公司章程,然后才能依据公司章程来设立公司,而公司也才能根据公司章程而成立。

股东在制定公司章程时,必须遵循《公司法》和其他有关法律、行政法规的规定,并在公司章程上签署自己的姓名。

此外,《公司法》还规定,一人公司应当在公司登记中注明自然人独资或者法人独资,并在公司营业执照中载明。

(二)一人公司组织机构的特别规定

依照《公司法》的规定,股东会是由全体股东组成的一种议事、表决机构。对只有一名股东的一人有限责任公司来说,没有"议事、表决"之必要,公司权力机构职能只能由公司的股东一人行使。由于一人公司的股东一人就能行使公司权力机构的职能,这就很容易使股东一人的意思混同于公司法人的意思。为了避免这种现象的发生,根据《公司法》第六十一条的规定,一人公司不设股东会,股东在行使公司权力机构职权作出决定时,应当采用书面形式,并由股东签名后置备于公司。这一书面文件在通常情况下就是区分股东意思与公司意思的主要依据。

(三)一人公司财务会计的专门规定

公司资产的独立是公司独立法律人格的要求,也是公司对外信用的基础。如何保证公司的资产独立是构建一人公司制度的核心问题。为此,《公司法》作了两个方面的专门规定。

第一,一人公司应当在每一会计年度终了时编制财务会计报告,并经会计师事务所审计。《公司法》将公司的外部审计作为一人公司财产制度的法定组成部分,意在加强对一人公司财产管理的监督制约。

第二,一人公司的股东不能证明公司财产独立于股东自己的财产的,应当对公司债务承担连带责任。《公司法》赋予股东对公司财产独立的举证责任,意在加强股东保证公司财产独立的责任心。事实上,这是公司法人人格否认在一人公司的体现。值得注意的是,一人公司在适用公司法人人格否认时,应当采用举证责任倒置。

四、国有独资公司

国有独资公司是指国家单独出资、由国务院或者地方人民政府授权本级人民政府国有资产监督管理机构履行出资人职责的有限责任公司。国有独资公司与其他种类公司的区别不仅仅在于投资主体的单一性,而且在于投资主体身份的特殊性。对国家来说,如何将国家投资的财产管理运作好是公司立法更为直接关心的问题。《公司法》及其他相关法规对国有独资公司的特别规定主要集中在公司的组织机构方面。

国有独资公司不设股东会,而由国有资产监督管理机构行使股东会职权。国有资产监督管理机构可以授权公司董事会行使股东会的部分职权,决定公司的重大事项,但公司的合并、分立、解散、增加或者减少注册资本和发行公司债券必须由国有资产监督管理机构决定。其中,重要的国有独资公司合并、分立、解散、申请破产的,应当由国有资产监督管理机构审核后,报本级人民政府批准。

国有独资公司设董事会,其董事会有更为广泛的职权。国有独资公司董事会除行使一般有限责任公司董事会的基本职权外,还可经国有资产监督管理机构的授权,享有除股东会特别决议事项职权以外的其他职权。按照《公司法》的规定,国有独资公司的董事会成员中应当有公司职工代表,由公司职工代表大会选举产生,非职工董事由国有资产监督管理机构委派。董事会董事每届任期不得超过 3 年。董事会设董事长一人,可以设副董事长。董事长、副董事长由国有资产监督管理机构从董事会成员中指定。

国有独资公司设经理,由董事会聘任或者解聘。经国有资产监督管理机构同意,董事会成员可以兼任经理。经理享有与其他有限责任公司经理相同的职权。国有独资公司的董事长、副董事长、董事、高级管理人员未经国有资产监督管理机构同意,不得在其他有限责任公司、股份有限公司或者其他经济组织兼职。

监事会是国有独资公司必设的监督机构。其成员不得少于 5 人,其中职工代表的比例不得低于 1/3,具体比例由公司章程规定。非职工监事由国有资产监督管理机构委派,职工代表监事由公司职工代表大会选举产生。监事会主席由国有资产监督管理机构从监事会成员中指定。

五、有限责任公司的股权转让

有限责任公司的股权转让按其转让方式的不同,可以分为普通股权转让和股权回购两大类。

(一)普通股权转让

1. 内部转让

《公司法》第七十一条第一款规定:"有限责任公司的股东之间可以相互转让其全部或

者部分股权。"第四款规定:"公司章程对股权转让另有规定的,从其规定。"根据这两款规定,只要股东之间达成股权转让协议,即发生股权转让的效力,但是公司章程对股权内部转让另有规定的,只要章程规定不违反法律规定,就应当优先适用。例如,公司章程规定董事股东的股权在一定期限内不得转让;一个股东转让股权,另两个股东都要购买时,如果公司章程规定此时由转让人决定,或者按比例购买,或者抓阄决定,就应当适用章程的规定。但是如果公司章程剥夺股东的转让权,这样的约定就因违反《公司法》的规定而无效。

2. 对外转让

《公司法》第七十一条第二款、第三款规定:"股东向股东以外的人转让股权,应当经其他股东过半数同意。股东应就其股权转让事项书面通知其他股东并征求同意,其他股东自接到书面通知之日起满 30 日未答复的,视为同意转让。其他股东半数以上不同意转让的,不同意的股东应当购买该转让的股权;不购买的,视为同意转让。经股东同意转让的股权,在同等条件下,其他股东有优先购买权。两个以上股东主张行使优先购买权的,协商确定各自的购买比例;协商不成的,按照转让时各自的出资比例行使优先购买权。"第四款规定:"公司章程对股权转让另有规定的,从其规定。"根据这三款规定,公司章程对股权对外转让另有规定的,只要不违法法律规定,就应当优先适用。只有章程没有其他规定时,才适用第二款、第三款的规定。《公司法》对股权对外转让进行比较严格的规制,并且赋予其他股东优先购买权,是为了保护有限责任公司的封闭性和股东的稳定性,不破坏股东之间的相互信任。此处的"同等条件"包括转让标的、转让价格、支付方式、支付时间等。

3. 强制执行转让股权

《公司法》第七十二条明确规定:"人民法院依照法律规定的强制执行程序转让股东的股权时,应当通知公司及全体股东,其他股东在同等条件下有优先购买权。其他股东自人民法院通知之日起满 20 日不行使优先购买权的,视为放弃优先购买权。"对于强制执行的股权转让,涉及债权人的利益保护和人民法院生效判决的法律效力,因此,第七十二条的规定是强制性法律规范,公司章程的规定与此相抵触的无效。

4. 股权转让的变更记载与登记

股东股权合法转让生效后,公司应当注销原股东的出资证明书,向新股东签发出资证明书,并相应修改公司章程和股东名册中有关股东及其出资额的记载。对公司章程的该项修改不需再由股东会表决。按照《公司法》第三十二条的规定,股东的姓名或者名称及其出资额等登记事项发生变更的,公司应当办理变更登记。未经变更登记的,不得对抗第三人。

(二)股权回购

公司对股东的股权回购实质上是股东向公司转让其股权,其后果是股东退股。根据资本充实原则的要求,公司一般不得回购本公司股东的股权,换言之,股东不得将其股权转让给本公司;但是,在法律许可的情况下,股东可以向本公司转让其股权。

根据《公司法》第七十四条的规定,有下列情形之一的,对股东会该项决议投反对票的股东可以请求公司按照合理的价格收购其股权:① 公司连续 5 年不向股东分配利润,而公司该 5 年连续赢利,并且符合《公司法》规定的分配利润条件的;② 公司合并、分立、转让主要财产的;③ 公司章程规定的营业期限届满或者章程规定的其他解散事由出现,股东会会议通过决议修改章程使公司存续的。

自股东会会议决议通过之日起 60 日内,股东与公司不能达成股权收购协议的,股东可以自股东会会议决议通过之日起 90 日内向人民法院提起诉讼。

公司回购股东的股权后,应当对出让人的出资证明书和股东名册的记载作相应处理。涉及公司资本减少的,应当按照《公司法》的规定,办理注册资本变更登记手续。

第三节　股份有限公司

一、股份有限公司的设立

(一)设立条件

按照《公司法》第七十六条的规定,设立股份有限公司应当具备下列条件:

(1)发起人符合法定人数。设立股份有限公司应当有 2 人以上 200 人以下为发起人,其中须有半数以上的发起人在中国境内有住所。

(2)有符合公司章程规定的全体发起人认购的股本总额或者募集的实收股本总额。股份有限公司采取发起设立方式设立的,注册资本为在公司登记机关登记的全体发起人认购的股本总额。在发起人认购的股份缴足前,不得向他人募集股份。股份有限公司采取募集方式设立的,注册资本为在公司登记机关登记的实收股本总额。法律、行政法规以及国务院决定对股份有限公司注册资本实缴、注册资本最低限额另有规定的,从其规定。

(3)股份发行、筹办事项符合法律规定。发起人在设立公司过程中,应当按照《公司法》及相关法律规定的要求和程序发行股份,募集资本,筹办各项设立公司的事务。

(4)发起人制定公司章程,采用募集方式设立的经创立大会通过。

(5)有公司名称,建立符合股份有限公司要求的组织机构。设立的股份有限公司必须在公司名称中标明"股份有限公司"或者"股份公司"字样。建立的公司组织机构应当符合《公司法》的规定。

(6)有公司住所。公司以其主要办事机构所在地为住所。

(二)设立方式

股份有限公司的设立可以采取发起设立或者募集设立的方式。

1. 发起设立

发起设立是指由发起人认购公司应发行的全部股份,而不向他人招募资本的公司设立方式。

发起设立有三个特点:第一,封闭性。发起设立由发起人认购公司全部股份,不需要公开信息,有利于保守公司秘密。第二,灵活性。发起设立对第三人的影响不大,法律无须严格规制,发起人的设立行为有了灵活的空间。第三,简便性。发起人将公司资本认足后公司即可成立,程序简便、成本低。

2. 募集设立

募集设立是指由发起人认购公司应发行股份的一部分,其余股份向社会公开募集或者向特定对象募集的公司设立方式。

与发起设立方式相比较,募集设立方式具有如下特点:第一,公开性。募集设立要向社会或者在一定范围内发行股份,就必须依照法律规定公开设立中的公司的相关信息。第二,规范性。由于募集股份涉及发起人之外的其他人的利益,发起人必须依法办理必要的审批手续、发布招股说明书、公开信息、在法定期限内召开创立大会等。募集设立的程序必须严格按照法律规范进行。第三,复杂性。募集设立较之发起设立,具有程序复杂、时间长和成本高的特点。

(三)发起设立的程序

采取发起设立方式设立股份有限公司的,一般要经过以下几个步骤:

(1)发起人订立协议。

设立股份有限公司,发起人首先应当签订发起人协议,明确各自在公司设立过程中的权利和义务。发起人地位的确定和发起人之间权利、义务关系的明晰有利于发起程序的稳定和有序,以保证公司设立的良好质量。发起人协议的效力只能限于公司设立阶段,公司成立即意味着协议因其目的实现而终止。

(2)制定公司章程。

(3)办理必要的行政审批。

行政审批不是设立股份有限公司的必经程序,但是,按照其他相关法律规定需要经行政审批才能设立的股份有限公司就必须办理相关的行政审批手续。

(4)发起人认购出资。

以发起设立方式设立股份有限公司的,发起人应当书面认足公司章程规定其认购的股份,并按照公司章程规定缴纳出资。以非货币财产出资的,应当依法办理其财产权的转移手续。发起人不依照前述规定缴纳出资的,应当按照发起人协议承担违约责任。出资形式和有限责任公司出资形式相同。

(5)成立公司组织机构。

发起人首次缴纳出资后,应当选举董事会和监事会。公司的组织机构应当按照《公司法》和公司章程的要求设置。董事会的董事和监事会的监事由全体发起人选举产生。

(6)办理设立登记手续。

股份有限公司的设立登记申请由董事会向公司登记机关提出。在申请公司设立登记前,董事会应当聘请依法设定的验资机构进行验资,由验资机构出具验资证明。

董事会应当按照《公司法》和登记管理行政法规的要求报送公司章程、由依法设定的验资机构出具的验资证明以及法律、行政法规规定的其他文件,申请设立登记。公司登记管理机关对不符合《公司法》规定条件的,不予登记;对符合《公司法》规定条件的予以登记,发给营业执照。公司领取营业执照之日即公司成立之日。

（四）募集设立的程序

（1）发起人订立协议。

发起人协议对募集设立来说更具有特别重要的意义。因为募集设立的程序要比发起设立复杂而漫长。发起人订立协议有利于稳定发起人之间的关系，以确保发起程序的正常进行。

（2）发起人制定公司章程。

（3）办理必要的行政审批。

（4）发起人认购股份。

以募集设立方式设立股份有限公司的，发起人认购的股份不得少于公司股份总数的35%，但是，法律、行政法规另有规定的，从其规定。根据《公司法》的规定，发起人必须认购一定比例的股份，其意义在于加强发起人设立公司的责任感，不允许发起人单纯地用他人资产设立公司，减少或者避免认股人的投资风险。

（5）募集股份。

发起人向社会公开募集股份，应当经国务院证券监督管理机构的核准，必须公告招股说明书，并制作认股书。由认股人填写认购股数、金额、住所，并签名、盖章。认股人按照所认购股数缴纳股款。发起人向社会公开募集股份，应当由依法设立的证券公司承销，签订承销协议，并同银行签订代收股款协议。代收股款的银行应当按照协议代收和保存股款，向缴纳股款的认股人出具收款单据，并负有向有关部门出具收款证明的义务。

发行股份的股款缴足后，必须经依法设立的验资机构验资并出具证明。

（6）召开创立大会。

发起人应当自股款缴足之日起30日内主持召开公司创立大会。创立大会由发起人、认股人组成。发起人召开创立大会，应当在大会召开15日前将会议日期通知各认股人或者予以公告。创立大会应有代表股份总数过半数的发起人、认股人出席，方可举行。

创立大会行使下列职权：① 审议发起人关于公司筹办情况的报告；② 通过公司章程；③ 选举董事会成员；④ 选举监事会成员；⑤ 对公司的设立费用进行审核；⑥ 对发起人用于抵作股款的财产的作价进行审核；⑦ 发生不可抗力或者经营条件发生重大变化直接影响公司设立的，可以作出不设立公司的决议。创立大会对以上所列事项作出决议，必须经出席会议的认股人所持表决权过半数通过。

发行的股份超过招股说明书规定的截止期限尚未募足的，或者发行股份的股款缴足后，发起人在30日内未召开创立大会的，认股人可以按照所缴股款并加算银行同期存款利息，要求发起人返还。

发起人、认股人缴纳股款或者交付抵作股款的出资后，除未按期募足股份、发起人未按期召开创立大会或者创立大会决议不设立公司的情形外，不得抽回其股本。

（7）向登记机关申请设立登记。

董事会应当于创立大会结束后30日内，向公司登记机关申请设立登记。公司登记机关对不符合《公司法》规定条件的，不予登记；对符合《公司法》规定条件的，予以登记，发给营业执照。公司营业执照签发日期为公司成立日期。公司成立后,应当进行公告。

(五)发起人的责任

股份有限公司成立后,发起人未按照公司章程的规定缴足出资的,应当补缴;其他发起人承担连带责任。股份有限公司成立后,发现作为设立公司出资的非货币财产的实际价额显著低于公司章程所定价额的,应当由交付该出资的发起人补足其差额;其他发起人承担连带责任。

根据《公司法》第九十四条的规定,股份有限公司的发起人应当承担下列责任:① 公司不能成立时,对设立行为所产生的债务和费用负连带责任;② 公司不能成立时,对认股人已缴纳的股款,负返还股款并加算银行同期存款利息的连带责任;③ 在公司设立过程中,由于发起人的过失致使公司利益受到损害的,应当对公司承担赔偿责任。

二、股份有限公司的组织机构

(一)股东大会

《公司法》第九十八条规定:"股份有限公司股东大会由全体股东组成。股东大会是公司的权力机构,依照本法行使职权。"股东大会是非常设机构,它以开会的形式而存在,通过会议的决议表现其职权的行使。股东大会的职权与有限责任公司股东会的职权相同。

1. 股东大会会议的形式

股东大会分为年会和临时会议。

年会是指按照《公司法》和公司章程规定,必须召开的股东大会会议。根据《公司法》第一百条的规定,股东大会应当每年召开一次年会。

临时会议是指因特别原因而随时召开的股东大会。法律规定临时会议是为了保障股东大会职权在特殊情况下得以正常行使。按照《公司法》第一百条的规定,股份公司应当召开临时会议的情形有:① 董事人数不足《公司法》规定人数或者公司章程所定人数的2/3时;② 公司未弥补的亏损达实收股本总额的1/3时;③ 单独或者合计持有公司10%以上股份的股东请求时;④ 董事会认为必要时;⑤ 监事会提议召开时;⑥ 公司章程规定的其他情形。上述情形只要其中之一的事由出现,就应当在2个月内召开股东大会临时会议。

2. 股东大会会议的召集与主持

股东大会会议由董事会召集,董事长主持;董事长不能履行职务或者不履行职务的,由副董事长主持;副董事长不能履行职务或者不履行职务的,由半数以上董事共同推举一名董事主持。董事会不能履行或者不履行召集股东大会会议职责的,监事会应当及时召集和主持;监事会不召集和主持的,连续90日以上单独或者合计持有公司10%以上股份的股东可以自行召集和主持。《公司法》设定持股时间和持股比例两方面限制,是为了股东大会会议召开有一定的股东意志基础,同时也显示了这一程序性制度的严肃性。

召开股东大会会议,应当将会议召开的时间、地点和审议的事项于会议召开20日前通知各股东;临时股东大会应当于会议召开15日前通知各股东;发行无记名股票的,应当于会议召开 30 日前公告会议召开的时间、地点和审议事项。

股东具有提案权。当董事会召开股东大会会议,会议决议的方案未能反映股东意志时,赋予股东的提案权是保持股东在股东大会会议上充分行使其表决权的重要措施。单独或者合计持有公司 3% 以上股份的股东可以在股东大会召开 10 日前提出临时提案并书面提交董事会;董事会应当在收到提案后 2 日内通知其他股东,并将该临时提案提交股东大会审议。临时提案的内容应当属于股东大会职权范围,并有明确议题和具体决议事项。

股东大会不得对上述会议通知中未列明的事项作出决议。

3. 股东大会决议的表决

股东的表决权是股东作为股份的权利主体行使的股份权利,其实质是股份的表决权。每一股份享有一份表决权,股东拥有多少股份即有多少表决权。当然,股东拥有的股份应当是具有表决权的股份,如果拥有的是不具有表决权的股份,就没有表决权。判别股东是否具有表决资格的唯一标准就是看股东是否拥有有表决权的股份。每一股份具有等量价值,与公司有相同属性和等量的利益关系。因此,每一股份应当具有平等的表决权。

正是基于每一股份的平等表决原则,形成了股东大会"一股一票"而不是"一人一票"的表决制度。按照《公司法》第一百零三条的规定,股东"所持每一股份有一表决权",作为"一股一票表决权"原则的例外,"公司持有的本公司股份没有表决权"。这是因为如果公司持有的本公司股份享有表决权,那么控制公司的股东就会利用这些股份的表决权为自己谋取利益,这对其他股东来说是不公平的。

股东进行表决既可以亲自出席表决,也可以选择代理表决。《公司法》第一百零六条规定:"股东可以委托代理人出席股东大会会议,代理人应当向公司提交股东授权委托书,并在授权范围内行使表决权。"

股东大会的表决事项分为一般表决事项和特别表决事项。根据《公司法》第一百零三条的规定,股东大会的一般表决事项必须经出席会议的股东所持表决权过半数通过。但是,股东大会作出修改公司章程、增加或者减少注册资本的决议,以及公司合并、分立、解散或者变更公司形式的决议,必须经出席会议的股东所持表决权的 2/3 以上通过。

《公司法》和公司章程规定公司转让、受让重大资产或者对外提供担保等事项必须经股东大会作出决议的,董事会应当及时召集股东大会会议,由股东大会就上述事项进行表决。

股东大会应当将所议事项的决定作成会议记录,主持人、出席会议的董事应当在会议记录上签名。会议记录应当与出席股东的签名册及代理出席的委托书一并保存。

4. 直接投票制与累积投票制

直接投票制是股东大会通过决议时通用的表决方式,是指在针对一项议案行使表决权时,股东只能将其表决票数一次性直接投在该议案上。在直接投票制下,股份有限公司选举一个董事需要通过一项决议,这样大股东由于票数过半,推荐的董事候选人将全部当选,而小股东推荐的董事候选人都不能当选。

为了避免大股东把持董事会的局面,《公司法》第一百零五条第一款规定:"股东大会选举董事、监事,可以依照公司章程的规定或者股东大会的决议,实行累积投票制。"累积投票制是指股东大会选举董事或者监事时,每一股份拥有与应选董事或者监事人数相同的表决权,股东拥有的表决权可以集中使用的一种投票表决制度。累积投票制的表决方式有利于中小股东选举出自己中意的董事,从而更有效地维护自己的合法权益。

(二)董事会

1. 董事会的组成

与有限责任公司不同的是,董事会是股份有限公司的必设机构。董事会由全体董事组成,《公司法》规定了最低人数和最高人数限额,其成员为5～19人,具体人数由公司章程确定。

组成董事会的董事一般由股东大会选举产生。但是,在公司成立时,以发起设立方式设立的,董事由发起人选举产生;以募集方式设立的,董事由创立大会选举产生。董事会成员中可以有公司职工代表,职工代表由公司职工通过职工代表大会、职工大会或者其他形式民主选举产生。

董事长是董事会的法定构成人员。根据《公司法》的规定,董事会设董事长一人,可以设副董事长。公司设副董事长的,应当在公司章程中载明。董事长和副董事长由董事会以全体董事的过半数选举产生。

董事任期及董事会职权的规定与有限责任公司的规定相同。

2. 董事会会议的召开

股份有限公司董事会的召集人和主持人的确定方法与有限责任公司的规定相同。与有限责任公司不同的是,股份有限公司的董事会会议分为法定会议和临时会议。

法定会议也称普通董事会会议,应当按照《公司法》规定的要求和公司章程确定的具体时间定期召开。根据《公司法》的规定,股份有限公司的董事会每年至少召开两次,每次应当于会议召开10日前通知全体董事和监事。

临时会议是董事会根据需要临时召开的会议。根据《公司法》的规定,代表1/10以上表决权的股东、1/3以上董事或者监事,可以提议召开董事会临时会议。股东、董事或者监事依法要求召开临时董事会的,董事长应当自接到提议后10天内,召集和主持董事会。

根据《公司法》第一百一十一条的规定,董事会会议应有过半数的董事出席方可举行。董事会作出决议,必须经全体董事的过半数通过。董事会决议的表决实行一人一票。

董事会会议应当由董事本人出席;董事因故不能出席,可以书面委托其他董事代为出席,委托书中应载明授权范围。这一规定表明,只有本公司董事才能成为有效的受托人出席董事会。

董事会应当将会议所议事项的决定作成会议记录,出席会议的董事应当在会议记录上签名。董事应当对董事会的决议承担责任。根据《公司法》的规定,董事会的决议违反法律、行政法规或者公司章程、股东大会决议,致使公司遭受严重损失的,参与决议的董事对公司负赔偿责任。但经证明在表决时曾表明异议并记载于会议记录的,该董事可以免除责任。由此可见,完整记录董事会会议的过程和所议事项以及表决的情况极为重要,尤其是对董事所持有的不同意见更应当认真记载。

（三）经理

经理是指由董事会聘任或者解聘,在董事会领导下主持公司日常经营管理工作,执行公司具体事务的机构。《公司法》第一百一十四条规定:"公司董事会可以决定由董事会成员兼任经理。"董事可以兼任经理,这是由两者都具有执行公司事务职能的性质所决定的。经理作为董事可以参与董事会决策,有利于董事会与经理之间的工作联系,提高工作效率。

经理的职权与有限责任公司经理的相同。

（四）监事会

与有限责任公司不同的是,监事会是股份有限公司的必设机构。其成员不得少于3人,具体人数由公司章程确定,一般应为单数。监事会应当包括股东代表和适当比例的公司职工代表,其中职工代表的比例不得低于1/3,具体比例由公司章程规定。监事会中的股东代表监事由股东大会依法选举产生;职工代表监事由公司职工通过职工代表大会、职工大会或者其他形式民主选举产生。董事、高级管理人员不得兼任监事。

监事会设主席一人,可以设副主席。监事会主席和副主席由全体监事过半数选举产生。监事会主席召集和主持监事会会议;监事会主席不能履行职务或者不履行职务的,由监事会副主席召集和主持监事会会议;监事会副主席不能履行职务或者不履行职务的,由半数以上监事共同推举一名监事召集和主持监事会会议。

监事的任期及监事会的职权与有限责任公司的规定相同。

根据《公司法》一百一十九条的规定,股份有限公司监事会每6个月至少召开一次会议。监事可以提议召开临时监事会会议。监事会的议事方式和表决程序,除《公司法》有规定的以外,由公司章程规定。监事会决议应当经半数以上监事通过。

监事会应当将所议事项的决定作成会议记录,出席会议的监事应当在会议记录上签名。

（五）上市公司组织机构的特别规定

1. 上市公司的概念

上市公司是指其股票在证券交易所上市交易的股份有限公司。上市公司面向社会公开发行股票,其投资者众多,且多处于流动状态,即公司具有极强的社会性,其管理和运作具有公开性。这种社会性和公开性特征使其明显有别于不上市的其他公司。

2. 上市公司组织机构的特别规定

（1）上市公司股东大会的特别表决事项。

为了保持公司的稳定发展,维护资本市场的良好秩序,《公司法》第一百二十一条对上市公司特别增设了一项股东大会的特别表决事项,即上市公司在1年内购买、出售重大资产或者担保金额超过公司资产总额30%的,应当由股东大会作出决议,并经出席会议的股东所持表决权的2/3以上通过。

（2）上市公司董事表决权排除的特别规定。

根据《公司法》第一百二十四条的规定，上市公司董事与董事会会议决议事项所涉及的企业有关联关系的，不得对该项决议行使表决权，也不得代理其他董事行使表决权。该董事会会议由过半数的无关联关系董事出席即可举行，董事会会议所作决议须经无关联关系董事过半数通过。出席董事会的无关联关系董事人数不足3人的，应当将该事项提交上市公司股东大会审议。这是为了防止上市公司的董事滥用其在公司重要机构中的优势地位，保护公司和股东的利益，保障董事会尽可能的公正与合理。

以上规定中的关联关系是指公司控股股东、实际控制人、董事、监事、高级管理人员与其直接或者间接控制的企业之间的关系，以及可能导致公司利益转移的其他关系。但是，国家控股的企业之间不仅因为同受国家控股而具有关联关系。

（3）独立董事。

上市公司设立独立董事。独立董事是指既不是公司股东，又不在公司担任除董事外的其他职务，并与其受聘的上市公司及其主要股东不存在可能妨碍其进行独立客观判断的关系的董事。独立董事除应履行董事的一般职责外，主要职责在于对控股股东及其选任的上市公司的董事、高级管理人员，以及其与公司进行的关联交易等进行监督。

（4）董事会秘书。

上市公司设董事会秘书，负责公司股东大会和董事会会议的筹备、文件保管以及公司股东资料的管理，办理信息披露事务等事宜。

三、股份的发行与转让

（一）股份的种类

股份是股份有限公司资本的基本构成单位，是股东权利的依据。按不同的标准，可对股份作多种不同的分类。这里仅介绍其中两种。

1. 记名股和无记名股

按照股票上是否记载股东姓名或者名称，可将股份分为记名股和无记名股。在股票上记载股东姓名或者名称的是记名股，否则是无记名股。公司向发起人、法人发行的股票应当为记名股票。公司发行记名股的，还应当置备股东名册。记名股票被盗、遗失或者灭失，股东可以依照公示催告程序，请求人民法院宣告该股票失效。人民法院宣告该股票失效后，股东可以向公司申请补发股票。

记名股和无记名股的转让方式不同。记名股票由股东以背书方式或者法律、行政法规规定的其他方式转让，转让后由公司将受让人的姓名或者名称及住所记载于股东名册，股票遗失时，可通过公示催告程序弥补损失。而对于无记名股票的转让，由股东将该股票交付给受让人后即发生转让的效力，方便快捷得多。

记名股和无记名股也可以互相转换。随着计算机技术的普及，我国上市公司的股票发行和交易都实现了无纸化，股票的买卖过程完全通过计算机网络来完成。股票的无纸化发行和交易使上市公司的股票都是记名的形式，但同时具有无记名股票转让简便的优点。

2. 普通股和优先股

按照股份有无特别利益或者风险，可将股份分为普通股和优先股。

普通股是公司最一般、最普遍的股份。普通股的数额与股份所代表的权利和利益数额完全对等，一份普通股代表一份表决权，可获一份股利。优先股股东比普通股股东优先获得某种利益。根据股东优先获得的利益内容不同，可将优先股分为盈余分配优先股、剩余财产分派优先股和表决权优先股。一般所称的优先股是指盈余分配优先股。优先股股东一般无表决权。

（二）股票

股票是股份的表现形式，是股份有限公司向股东签发的证明其享有股份权利的有价证券。股票具有如下特征：

1. 股票是表明股东身份的证券

股票作为股份的表现形式，表明了股票的所有人（股东）与公司的关系，并以此表明股东对公司享有权利。

2. 股票是有价证券

股票的价值在于其代表的股份的价值。有价证券代表的权利与证券本身不可分离，证券转移，则权利也发生转移。

3. 股票是流通证券

除法定事由外，股票可以在资本市场通过交付或者背书依法流通。有限责任公司的出资证明书不是流通证券和有价证券，它只能证明股东向公司履行了出资义务的事实。有限责任公司的股东转让股权后，由公司注销原股东的出资证明书，向新股东签发出资证明书，而不是通过对原股东的出资证明书进行交付或者背书来完成的。

4. 股票是要式证券

股票的制作必须按照法律规定的要求进行。根据《公司法》第一百二十八条的规定，股票采用纸面形式或者国务院证券监督管理机构规定的其他形式，股票应当载明下列主要事项：① 公司名称；② 公司成立的日期；③ 股票种类、票面金额及代表的股份数；④ 股票的编号。股票由法定代表人签名，公司盖章。发起人的股票应当标明发起人股票字样。

（三）股份的发行

1. 股份发行的类别

股份发行是指股份有限公司为募集资本出售股份的法律行为。发行股份既是设立股份有限公司时筹集资本的基本方法，也是股份有限公司在经营中扩充资本的有效途径。

（1）设立发行和新股发行。将股份发行分为设立发行和新股发行，是《公司法》中最基本的分类。设立发行是在股份有限公司设立过程中发行股份，其目的是为了股份有限公司的成立。设立发行的股份由发起人全部认购或者由发起人和认股人分别依法认购。设立发行的股份圆满出售，是股份有限公司得以成立的基础。新股发行是公司成立后在经营过程中以不同方式或者因不同目的再次发行股份,通常是为了扩张公司的资本。

（2）公开发行和定向发行。公开发行是向社会公众发行股份。定向发行是向特定范围的人发行股份。定向发行的范围一般是公司的股东或者职工。公开发行的条件和要求比定向发行的要严格。

（3）溢价发行、平价发行和折价发行。《公司法》第一百二十七条规定:"股票发行价格可以按票面金额,也可以超过票面金额,但不得低于票面金额。"

2.股份发行的原则

根据《公司法》第一百二十六条的规定,股份的发行实行公平、公正的原则,必须同股同权、同股同利。

股份公司发行股份必须遵循公平原则。对于同次发行的股票,每股的发行条件和价格应当相同。对于任何单位或者个人所认购的股份,每股应当支付相同价额。切实保障发行的股份同股同权、同股同利。

（四）股份的转让

股东持有的股份可以依法转让。股东转让其股份,应当在依法设立的证券交易场所进行或者按照国务院规定的其他方式进行。股份的自由转让具有重要意义。对公司来说,股东股份的自由转让使投资人的投资得以及时变现,从而解除了股东对公司投资不能变现的后顾之忧;对股东本人来说,有利于股东通过股份的转移,使投资风险分散。但是,股东对所持股份的自由转让并不意味着法律对股份的转移没有任何限制。对股份转让的限制主要有以下几个方面:

（1）发起人所持有的本公司股份自公司成立之日起1年内不得转让。公司公开发行股份前已发行的股份自公司股票在证券交易所上市交易之日起1年内不得转让。

（2）公司董事、监事、高级管理人员应当向公司申报所持有的本公司的股份及其变动情况,在任职期间每年转让的股份不得超过其所持有本公司股份总数的25%;所持有本公司股份自公司股票上市交易之日起1年内不得转让。上述人员离职后半年内,不得转让其所持有的本公司股份。公司章程可以对公司董事、监事、高级管理人员转让其所持有的本公司股份作出其他限制性规定。

（3）公司原则上不得收购本公司股份。只有在法定情形下可以依法回购本公司股本。为了防止变相违规收购本公司股份,公司不得接受本公司的股票作为质押权的标的。

（五）股份的回购

立法上通常不允许股份有限公司回购股份。这是因为:首先,公司回购股份势必导致本公司资本的减少,这与公司资本维持原则不相符;其次,公司回购股份是公司持有本公司自己的股份,这将为公司运用本公司内幕消息进行股票炒作提供方便和机会,不利于证券市场的稳定,也有违证券交易的公平原则;最后,公司回购股份混淆了公司与股东的法律地位,容易导致董事或者经理或者其他能够控制公司的人员利用公司所持的股份损害公司及股东的利益。

但是,股份回购对公司来说往往又是难以避免的,股份回购不仅是公司缩减注册资本、消除与持有本公司股份的公司合并时的虚置股份的基本方式,而且还有其他积极意义:其一,公司通过股份回购,提高股份价格来抵御收购,股份回购是反收购的措施之一;其二,公司通过股份回购,可以改善公司资本结构;其三,公司可以利用股份回购来建立员工持股制度和股票期权制度,以调动公司管理人员和员工的积极性;其四,通过股份回购可以适度调整分配方式。

根据《公司法》第一百四十二条第一款的规定,公司不得收购本公司股份,但是,有下列情形之一的除外:① 减少公司注册资本;② 与持有本公司股份的其他公司合并;③ 将股份奖励给本公司职工;④ 股东因对股东大会作出的公司合并、分立决议持异议,要求公司收购其股份。按照《公司法》的规定,公司因不同原因回购股份的,应按不同的程序和要求进行回购。

第一,公司因减少公司注册资本收购本公司股份的,应当经股东大会决议后进行回购,并自收购之日起 10 日内注销。

第二,公司因为与持有本公司股份的其他公司合并而回购本公司股份的,应当经股东大会决议后回购,并在 6 个月内转让或者注销回购的股份。

第三,公司因为要将股份奖励给本公司职工而回购本公司股份的,应当经股东大会决议后进行回购,并且收购的本公司股份不得超过本公司已发行股份总额的 5%。公司因此而收购股份的资金应当从公司的税后利润中支出,所收购的股份应当在 1 年内转让给职工。

第四,股东因对股东大会作出的公司合并、分立决议持异议,要求公司收购其股份的,公司回购的股份应当在 6 个月内转让或者注销。

第四节 董事、监事和高级管理人员的任职资格和义务

一、董事、监事和高级管理人员的任职资格

董事、监事和高级管理人员在公司经营管理和业务活动中享有重要职权,其行使职权的情况如何,在很大程度上决定了公司盛衰兴败的命运。这些掌管公司经营大权的人们的道德品质和业务能力对他们行使职权的水平和由此产生的结果有着至关重要的影响。对个体的董事、监事和高级管理人员的道德品质,法律是无法衡量的。《公司法》只能从法律关系的角度和相关职务的性质出发,对董事、监事和高级管理人员任职资格作出最基本的、具有普遍意义的规定。

根据《公司法》第一百四十六条第一款的规定,有下列情形之一的,不得担任公司的董事、监事和高级管理人员:① 无民事行为能力或者限制民事行为能力;② 因贪污、贿赂、侵占财产、挪用财产或者破坏社会主义市场经济秩序,被判处刑罚,执行期满未逾 5 年,或者因犯罪被剥夺政治权利,执行期满未逾 5 年;③ 担任破产清算的公司、企业的董事或者厂长、经理,对该公司、企业的破产负有个人责任的,自该公司、企业破产清算完结之日起未逾 3 年;④ 担任因违法被吊销营业执照、责令关闭的公司、企业的法定代表人,并负有个人责任的,

自该公司、企业被吊销营业执照之日起未逾 3 年；⑤ 个人所负数额较大的债务到期未清偿。公司违反前述规定选举、委派董事、监事或者聘任高级管理人员的，该选举、委派或者聘任无效。董事、监事和高级管理人员在任职期间出现《公司法》所规定的禁止任职情形的，公司应当解除其职务。

此外，根据《公司法》的规定，董事、经理和公司财务负责人不得兼任监事。监事的职责是对公司的经营和财务进行监督，因而与董事、经理和财务负责人间存在着利益冲突，应不允许其交叉兼任。

二、董事、监事和高级管理人员的义务

董事、监事和高级管理人员应当遵守法律、行政法规和公司章程，对公司负有忠实义务和勤勉义务。这是关于管理层诚信义务的基本规定。在委托－代理理论框架下，董事是股东的代理人和公司的管理者，高级管理人员是负责具体经营活动的管理者，都需要对公司承担诚信义务。监事只是经营活动的监督者而非直接管理者，因此监事的诚信义务与董事和高级管理人员有所不同。其中，高级管理人员是指公司的经理、副经理、财务负责人，上市公司董事会秘书和公司章程规定的其他人员。

（一）忠实义务

忠实义务是指管理层竭尽忠诚地履行职务，为公司的最佳利益和适当目的行事，当公司利益与自身利益存在冲突时，不得将自身利益置于公司利益之上的义务。忠实义务表现为董事、监事、高级管理人员应当承担的不作为义务。

（1）公司的控股股东、实际控制人、董事、监事、高级管理人员不得利用其关联关系损害公司利益。违反前述规定，给公司造成损失的，应当承担赔偿责任。（《公司法》第二十一条）

（2）董事、监事、高级管理人员不得从本公司直接或者通过子公司取得借款。（《公司法》第一百一十五条）

（3）公司应当定期向股东披露董事、监事、高级管理人员从公司获得报酬的情况。（《公司法》第一百一十六条）

（4）董事、监事、高级管理人员不得利用职权收受贿赂或者其他非法收入，不得侵占公司的财产。（《公司法》第一百四十七条）

（5）董事、高级管理人员不得有下列行为：① 挪用公司资金；② 将公司资金以其个人名义或者以其他个人名义开立账户存储；③ 违反公司章程的规定，未经股东会、股东大会或者董事会同意，将公司资金借贷给他人或者以公司财产为他人提供担保；④ 违反公司章程的规定或者未经股东会、股东大会同意，与本公司订立合同或者进行交易；⑤ 未经股东会或者股东大会同意，利用职务便利为自己或者他人谋取属于公司的商业机会，自营或者为他人经营与所任职公司同类的业务；⑥ 接受他人与公司交易的佣金归为己有；⑦ 擅自披露公司秘密，即董事和高级管理人员除依照法律规定或者经股东会同意外，不得擅自披露公司秘密；⑧ 违反对公司忠实义务的其他行为。董事、高级管理人员违反实施前述八种行为所得的收入应当归公司所有。（《公司法》第一百四十八条）

（6）董事、高级管理人员应当如实向监事会或者不设监事会的有限责任公司的监事提供有关情况和资料，不得妨碍监事会或者监事行使职权。（《公司法》第一百五十条）

（二）勤勉义务

勤勉义务是指董事、监事和高级管理人员以一个合理的谨慎的人在相似情形下所应当表现的谨慎、勤勉和技能，为公司的利益最大化而努力工作的义务。董事、监事和高级管理人员的勤勉义务，《公司法》难以规定其具体内容，国外立法对此的规定也都较为模糊。判断董事、监事和高级管理人员是否履行了勤勉义务，可从两方面考察：第一，义务人是否尽到了其应当尽到的注意内容。在这里，既要从常人能力和正常情况考虑，又要以必要的专业技能和职业准则相要求。第二，义务人有无重大过失。如果前一方面侧重于对义务人主观方面考察的话，那么后一方面则是侧重于对义务人客观结果方面的考察。

董事、监事、高级管理人员执行公司职务时违反法律、行政法规或者公司章程的规定，给公司造成损失的，应当承担赔偿责任。（《公司法》第一百四十九条）

三、股东代表诉讼

股东代表诉讼是指公司的董事、监事和高级管理人员或者他人侵犯公司合法权益，给公司造成损失，而公司又怠于行使起诉权时，符合条件的股东可以以自己的名义向法院提起损害赔偿诉讼，以维护公司利益。起诉权本属于公司，只有公司拒绝行使起诉权时，才派生股东的起诉权。

根据《公司法》第一百五十一条的规定，董事、高级管理人员执行公司职务时违反法律、行政法规或者公司章程规定，给公司造成损失的，有限责任公司的股东、股份有限公司连续180日以上单独或者合计持有公司1%以上股份的股东，可书面请求监事会或者不设监事会的有限责任公司的监事向人民法院提起诉讼；监事有以上情形的，前述股东可书面请求董事会或者执行董事向人民法院提起诉讼。

监事会、不设监事会的有限责任公司的监事，或者董事会、执行董事收到书面请求后拒绝提起诉讼，或者自收到请求之日起30日内未提起诉讼，或者情况紧急、不立即提起诉讼将会使公司利益受到难以弥补的损害的，前述股东有权为公司的利益以自己的名义直接向人民法院提起诉讼。

《公司法》同时还规定，他人侵犯公司合法权益，给公司造成损失的，前述股东也可依照以上规定向人民法院提起诉讼。

如果股东代表诉讼的原告胜诉，则意味着公司是受益人；如果股东代表诉讼的原告败诉，则自然应当承担败诉的责任，由败诉股东补偿相关主体因诉讼而受到的损失。

四、股东直接诉讼

股东直接诉讼是指股东在自身权利受到公司、其他股东、管理层侵害时，以自己的名义直接提起诉讼。

我国立法中有关股东直接诉讼的规定很多，被告主要有股东、高级管理人员和公司三

类,分别对应的典型条款是:

（1）公司股东应当遵守法律、行政法规和公司章程,依法行使股东权利,不得滥用股东权利损害公司或者其他股东的利益。公司股东滥用股东权利给公司或者其他股东造成损失的,应当依法承担赔偿责任。（《公司法》第二十条）

（2）董事、高级管理人员违反法律、行政法规或者公司章程的规定,损害股东利益的,股东可以向人民法院提起诉讼。（《公司法》第一百五十二条）

（3）发行人、上市公司公告的招股说明书、公司债券募集办法、财务会计报告、上市报告文件、年度报告、中期报告、临时报告以及其他信息披露资料,有虚假记载、误导性陈述或者重大遗漏,致使投资者在证券交易中遭受损失的,发行人、上市公司应当承担赔偿责任;发行人、上市公司的董事、监事、高级管理人员和其他直接责任人员以及保荐人、承销的证券公司,应当与发行人、上市公司承担连带赔偿责任,但是能够证明自己没有过错的除外;发行人、上市公司的控股股东、实际控制人有过错的,应当与发行人、上市公司承担连带赔偿责任。[《中华人民共和国证券法》（简称《证券法》）第六十九条]

第五节　公司的合并、分立、解散与清算

一、公司的合并

公司合并是指两个以上的公司依照法定程序变为一个公司的行为。其形式有两种:一是吸收合并;二是新设合并。吸收合并是指一个公司吸收其他公司加入本公司,被吸收的公司解散。新设合并是指两个以上公司合并设立一个新的公司,合并各方解散。公司合并时,合并各方的债权、债务应当由合并后存续的公司或者新设的公司承继。

公司合并,应当由合并各方签订合并协议,并编制资产负债表及财产清单。公司应当自作出合并决议之日起 10 日内通知债权人,并于 30 日内在报纸上公告。债权人自接到通知书之日起 30 日内,未接到通知书的自公告之日起 45 日内,可以要求公司清偿债务或者提供相应的担保。

二、公司的分立

公司分立是指一个公司依法分为两个以上的公司。公司分立的形式有两种:一是公司以其部分财产另设一个或者数个新的公司,原公司续存;二是公司以其全部财产分别归入两个以上的新公司,原公司解散。公司分立前的债务由分立后的公司承担连带责任。但是,公司在分立前与债权人就债务清偿达成的书面协议另有约定的除外。

公司分立与公司合并的要求基本一样,应当编制资产负债表及财产清单。公司应当自作出分立决议之日起 10 日内通知债权人,并于 30 日内在报纸上公告。

三、公司的解散

根据《公司法》第一百八十条的规定,公司解散的原因有五种情形:① 公司章程规定的

营业期限届满或者公司章程规定的其他解散事由出现；② 股东会或者股东大会决议解散；③ 因公司合并或者分立需要解散；④ 依法被吊销营业执照、责令关闭或者被撤销；⑤ 人民法院依法予以解散。

公司有上述第①项情形的，可以通过修改公司章程而存续。公司依照规定修改公司章程的，有限责任公司须经持有 2/3 以上表决权的股东通过，股份有限公司须经出席股东大会会议的股东所持表决权的 2/3 以上通过。

根据《公司法》第一百八十三条的规定，公司经营管理发生严重困难，继续存续会使股东利益受到重大损失，通过其他途径不能解决的，持有公司全部股东表决权 10% 以上的股东可以请求人民法院解散公司。

公司被依法宣告破产的，依照有关企业破产的法律实施破产清算。

四、公司的清算

1. 清算组的成立

公司解散时，除因合并或者分立者外，应当依法进行清算。根据《公司法》的规定，公司应当在解散事由出现之日起 15 日内成立清算组，开始清算。

有限责任公司的清算组由股东组成，股份有限公司的清算组由董事或者股东大会确定的人员组成。逾期不成立清算组进行清算的，债权人可以申请人民法院指定有关人员组成清算组进行清算。人民法院应当受理该申请，并及时组织清算组进行清算。

2. 清算组的职权

清算组在清算期间全权处理公司经济事务和民事诉讼活动，行使下列职权：① 清理公司财产，分别编制资产负债表和财产清单；② 通知、公告债权人申报债权；③ 处理与清算有关的公司未了结的业务；④ 清缴所欠税款以及清算过程中产生的税款；⑤ 清理债权、债务；⑥ 处理公司清偿债务后的剩余财产；⑦ 代表公司参与民事诉讼活动。

3. 清偿债务分配剩余财产或者申请破产宣告

清算期间公司存续，但不得开展与清算无关的经营活动。

（1）清偿债务，分配剩余财产。

清算组对公司资产、债权、债务进行清理。清算组在清理公司财产、编制资产负债表和财产清单后，应当制定清算方案，并报股东会、股东大会或者人民法院确认。

公司财产在分别支付清算费用、职工工资、社会保险费用和法定补偿金，缴纳所欠税款，清偿公司债务后的剩余财产，有限责任公司按照股东的出资比例分配，股份有限公司按照股东持有的股份比例分配。公司财产在未依照前述规定清偿前，不得分配给股东。

（2）申请破产宣告。

清算组在清理公司财产、编制资产负债表和财产清单后，发现公司财产不足清偿债务的，应当依法向人民法院申请宣告破产。公司经人民法院裁定宣告破产后，清算组应当将清算事务移交给人民法院。

4. 清算终结

公司按法定程序清算结束后,清算组应当制作清算报告,报股东会、股东大会或者人民法院确认,并报送公司登记机关,申请注销公司登记,公告公司终止。

本章重点

1. 公司财务会计的基本要求,公积金的使用规定。

2. 有限责任公司与股份有限公司的设立条件与程序。

3. 有限责任公司与股份有限公司的组织机构的人员组成、职权、议事规则。

4. 有限责任公司的股权转让。

5. 股份有限公司的股份发行与转让。

6. 上市公司机关决议的特别规定。

7. 董事、监事和高级管理人员的任职资格和义务。

8. 公司的解散与清算。

本章难点

1. 公司法人人格否认制度。

2. 有限责任公司与股份有限公司的异同。

3. 一人公司和国有独资公司在设立、组织机构、财务会计方面的特殊规定。

4. 有限责任公司与股份有限公司股权和股份的回购。

5. 股份有限公司股份转让的限制规定。

6. 股东代表诉讼制度。

7. 公司合并、分立时的债务处理。

思考题

1. 公司的类型有哪些?《公司法》所指的公司是哪些?

2. 公司的利润分配顺序是什么?

3. 有限责任公司与股份有限公司的不同点主要表现在哪些方面?

4. 有限责任公司与股份有限公司股东会、董事会、监事会、经理的职权分别是什么?

5. 有限责任公司向非股东转让股权的条件与程序是什么?

6. 股份有限公司的公司章程应载明的事项有哪些?

7. 股份有限公司发起设立与募集设立的程序分别是什么?

8. 什么情况下不得担任公司的董事、监事和高级管理人员?

9. 董事、监事和高级管理人员的义务主要有哪些?

10. 公司清算组的职权有哪些?

第四章

企业破产法

学习目标

1. 了解破产与企业破产法的概念,掌握破产原因。

2. 了解管理人的任职资格,掌握破产申请人的类型、破产申请受理裁定的法律效力、管理人的职责。

3. 掌握债务人财产的构成、破产费用的构成、共益债务的构成和清偿次序。

4. 掌握可申报的债权和无须申报的债权。

5. 掌握债权人会议的职权、决议方式、债权人委员会的职权。

6. 了解重整计划的制定、批准和执行、和解协议的通过、破产清算的程序和破产清偿顺序。

7. 掌握破产抵销权、撤销权和别除权。

基本概念

破产,重整,和解,破产清算,债务人财产,取回权,破产抵销权,破产费用,共益债务,债权人会议,重整计划草案,和解协议,破产宣告,别除权

第一节　企业破产法概述

一、破产与企业破产法的概念

（一）破产的概念

破产通常是指对丧失清偿能力的债务人,在法院的审理与监督之下,强制清算其全部财产,公平清偿全体债权人的破产清算法律制度。但现代破产法律制度除包括破产清算法律制度外,还包括以避免债务人破产清算为目的的和解制度和重整制度。

（二）企业破产法的概念和适用范围

狭义的企业破产法仅指《中华人民共和国企业破产法》(简称《企业破产法》)。

广义的企业破产法除包括《企业破产法》之外,还包括最高人民法院先后制定的《最高人民法院关于审理企业破产案件指定管理人的规定》《最高人民法院关于审理企业破产案件确定管理人报酬的规定》和《最高人民法院关于〈中华人民共和国企业破产法〉施行时尚未审结的企业破产案件适用法律若干问题的规定》等司法解释,以及其他有关破产的法律、法规、行政规章、司法解释和散见于其他立法中的调整破产关系的法律规范,如《中华人民共和国商业银行法》(简称《商业银行法》)及《保险法》《公司法》《合伙企业法》等立法中有关破产的规定。

企业破产法的适用范围为所有的具有法人资格的企业。《企业破产法》附则中对国有企业、金融机构和非法人组织的破产有特别规定。

我国境内的破产程序对债务人在我国境外的财产发生效力。对于外国法院作出的发生法律效力的破产案件的判决、裁定,按照我国缔结或者参加的国际条约或者互惠原则处理。

二、破产原因

破产原因也称破产界限,是指认定债务人丧失清偿能力,债务人或者债权人可以提出破产申请,法院据以启动破产程序的法律事实。狭义的破产原因仅指破产清算程序启动的原因,广义的破产原因还包括和解程序与重整程序的启动原因。

破产程序启动的原因共有三个:第一,债务人不能清偿到期债务,并且资产不足以清偿全部债务;第二,债务人不能清偿到期债务,并且明显缺乏清偿能力的;第三,有明显丧失清偿能力的可能。不同的破产程序所适用的破产原因有所不同。其中,具备前两种原因之一的,可以启动破产清算程序或者和解程序。具备三种原因中任何一个的,都可以启动重整程序。宽泛的重整原因可以较早地启动重整程序,有利于及时解决债务人的财务困境,较好地体现了现代企业破产法的破产预防理念。

所谓"不能清偿到期债务",其含义是"债务人已全面停止偿付到期债务,而且没有充足的现金流量偿付正常营业过程中到期的现有债务"。无力偿债的认定不以债权人已经提出清偿请求为必要条件。

所谓"资产不足以清偿全部债务",主要是指企业法人的资产负债表上全部资产之和小于其对外的全部债务。

第二节　破产申请与受理

一、破产申请的提出

（一）破产申请的意义

破产申请是指破产申请人请求法院受理破产案件的意思表示。提出破产申请并不是破产程序开始的标志，而是破产程序开始的前提。破产申请应当向债务人住所地的基层或者中级人民法院提出。

（二）破产申请人

《企业破产法》规定了五种主体享有破产申请权，这五种主体可以提出的破产申请的种类和应当具备的破产原因不完全相同。

1. 债务人

债务人具备本章第一节所述破产原因中前两种破产原因之一的，可以向人民法院提出重整、和解或者破产清算三种申请；具备第三种破产原因的，债务人只能提出重整申请。

2. 债权人

对债权人而言，由于证明债务人资不抵债几乎是不可能的，所以《企业破产法》允许债权人在债务人不能清偿到期债务时，可以向人民法院提出对债务人进行重整或者破产清算的申请。

3. 清算责任人

企业法人已解散但未清算或者未清算完毕，资产不足以清偿债务的，依法负有清算责任的人应当向人民法院申请破产清算。

4. 出资人

债权人申请对债务人进行破产清算的，在人民法院受理破产申请后、宣告债务人破产前，出资额占债务人注册资本 1/10 以上的出资人可以向人民法院申请重整。

5. 国务院金融监督管理机构

商业银行、证券公司、保险公司等金融机构具备破产原因的，国务院金融监督管理机构可以向人民法院提出对该金融机构进行重整或者破产清算的申请。

（三）破产申请的形式

提出破产申请，应当采用书面形式，即提交"破产申请书和有关证据"。"破产申请书"采用法院规定的统一格式。"有关证据"是指破产申请书所列事项的真实性证明，如用于证明申请人身份真实性的文件以及用于证明申请事实和理由的文件。

人民法院受理破产申请前，申请人可以请求撤回申请。《企业破产法》采取的是受理开始主义,即法院收到破产申请之时,程序尚未开始;只有当法院对破产申请作出受理裁定时,程序才告开始。

二、破产申请的受理

(一)破产申请受理的程序

破产申请的受理是指人民法院在收到破产案件申请后,认为申请符合法定条件而予以接受,并由此开始破产程序的司法行为。破产申请受理的程序主要包括受理期间的审查、裁定受理或者不受理破产申请、裁定驳回申请、通知和公告债权人等。

人民法院在受理破产案件时,应当根据法律对当事人的申请进行审查,主要采取形式审查的方法。审查的内容主要在以下几个方面:① 债务人的"适格性",即债务人具有破产能力,符合《企业破产法》的适用范围;② 法院具有管辖权;③ 申请人依法应当提交的材料是否齐备;④ 申请人能够初步证明存在破产原因。人民法院经审查认为破产申请符合法定条件的,应当裁定受理破产申请,破产程序开始。

如果是债权人提出破产申请的,人民法院应当自收到申请之日起 5 日内通知债务人。债务人对债权人提出的破产申请有异议的,应当自收到人民法院的通知之日起 7 日内向人民法院提出。人民法院应当自异议期满之日起 10 日内裁定是否受理。在除此之外的其他情况下,人民法院都应当自收到破产申请之日起 15 日内裁定是否受理。有特殊情况需要延长前面两种受理期限的,经上一级人民法院批准,可以延长 15 日。因此,特殊情况下,从法院收到破产申请到作出受理裁定的最长时间,债权人提出申请的为 37 日,债务人或者清算责任人提出申请的为 30 日。

人民法院受理破产申请的,应当自裁定作出之日起 5 日内送达申请人。债权人提出申请的,人民法院应当自裁定作出之日起 5 日内送达债务人。债务人应当自裁定送达之日起 15 日内,向人民法院提交财产状况说明、债务清册、债权清册、有关财务会计报告以及职工工资的支付和社会保险费用的缴纳情况。

人民法院裁定不受理破产申请的,应当自裁定作出之日起 5 日内送达申请人并说明理由。申请人对裁定不服的,可以自裁定送达之日起 10 日内向上一级人民法院提起上诉。人民法院受理破产申请后至破产宣告前,经审查发现债务人不具备破产原因的,可以裁定驳回申请。申请人对裁定不服的,可以自裁定送达之日起 10 日内向上一级人民法院提起上诉。

人民法院裁定受理破产申请的,应当同时指定管理人。这对实现债务人财产的及时保全是十分必要的,以防止债务人有充分的机会转移、私分或者浪费企业财产,以及隐匿、销毁或者篡改企业账目来掩盖罪行。

人民法院应当自裁定受理破产申请之日起 25 日内通知已知债权人,并予以公告。通知和公告应当载明下列事项:① 申请人、被申请人的名称或者姓名;② 人民法院受理破产申请的时间;③ 申报债权的期限、地点和注意事项;④ 管理人的名称或者姓名及其处理事务的地址;⑤ 债务人的债务人或者财产持有人应当向管理人清偿债务或者交付财产的要求;⑥ 第一次债权人会议召开的时间和地点;⑦ 人民法院认为应当通知和公告的其他事项。

（二）破产申请受理裁定的法律效力

1. 程序方面的效力

《企业破产法》对破产申请受理后原有法律程序作出一些特殊调整，其目的是为破产程序的进行创造必要和宽松的法律环境，主要包括以下几个方面：

（1）保全措施解除和执行程序中止。

人民法院受理破产申请后，有关债务人财产的保全措施应当解除，执行程序应当中止。

（2）民事诉讼或者仲裁的中止和继续。

人民法院受理破产申请后，已经开始而尚未终结的有关债务人的民事诉讼或者仲裁应当中止，在管理人接管债务人的财产后，该诉讼或者仲裁继续进行。

（3）破产程序开始后的民事诉讼的专属管辖。

人民法院受理破产申请后，有关债务人的民事诉讼只能向受理破产申请的人民法院提起。据此，受理法院形成了有关债务人的民事诉讼的专属管辖。

2. 实体方面的效力

（1）债务人有关人员的义务。

自人民法院受理破产申请的裁定送达债务人之日起至破产程序终结之日，债务人的有关人员承担下列义务：① 妥善保管其占有和管理的财产、印章和账簿、文书等资料；② 根据人民法院、管理人的要求进行工作，并如实回答询问；③ 列席债权人会议并如实回答债权人的询问；④ 未经人民法院许可，不得离开住所地；⑤ 不得新任其他企业的董事、监事、高级管理人员。有关人员是指企业的法定代表人，经人民法院决定，可以包括企业的财务管理人员和其他经营管理人员。

（2）个别清偿无效。

人民法院受理破产申请后，债务人对个别债权人的债务清偿无效。

（3）向管理人给付。

人民法院受理破产申请后，债务人的债务人或者财产持有人应当向管理人清偿债务或者交付财产。债务人的债务人或者财产持有人故意违反前述规定向债务人清偿债务或者交付财产，使债权人受到损失的，不免除其清偿债务或者交付财产的义务。

（4）待履行双务合同的处理。

人民法院受理破产申请后，管理人对破产申请受理前成立而债务人和对方当事人均未履行完毕的合同有权决定解除或者继续履行，并通知对方当事人。管理人自破产申请受理之日起 2 个月内未通知对方当事人，或者自收到对方当事人催告之日起 30 日内未答复的，视为解除合同。管理人决定继续履行合同的，对方当事人应当履行；但是，对方当事人有权要求管理人提供担保。管理人不提供担保的，视为解除合同。

三、管理人

管理人由人民法院指定。债权人会议认为管理人不能依法、公正执行职务或者有其他不能胜任职务情形的，可以申请人民法院予以更换。管理人依照《企业破产法》规定执行职务,向人民法院报告工作,并接受债权人会议和债权人委员会的监督。管理人应当列席债权人会议,向债权人会议报告职务执行情况,并回答询问。指定管理人和确定管理人报酬的办法参见《最高人民法院关于审理企业破产案件指定管理人的规定》和《最高人民法院关于审理企业破产案件确定管理人报酬的规定》。

（一）管理人的任职资格

管理人可以由有关部门、机构的人员组成的清算组或者依法设立的律师事务所、会计师事务所、破产清算事务所等社会中介机构担任。清算组是指在破产程序开始前已经依照其他法律成立的清算组。人民法院根据债务人的实际情况,可以在征询有关社会中介机构的意见后,指定该机构具备相关专业知识并取得执业资格的人员担任管理人。个人担任管理人的,应当参加执业责任保险。

有下列情形之一的,不得担任管理人:① 因故意犯罪受过刑事处罚;② 曾被吊销相关专业执业证书;③ 与本案有利害关系;④ 人民法院认为不宜担任管理人的其他情形。

（二）管理人的职责

《企业破产法》规定的管理人职责范围涵盖了破产清算、重整与和解三个程序中的职责,包括:① 接管债务人的财产、印章和账簿、文书等资料;② 调查债务人财产状况,制作财产状况报告;③ 决定债务人的内部管理事务;④ 决定债务人的日常开支和其他必要开支;⑤ 在第一次债权人会议召开之前,决定继续或者停止债务人的营业;⑥ 管理和处分债务人的财产;⑦ 代表债务人参加诉讼、仲裁或者其他法律程序;⑧ 提议召开债权人会议;⑨ 人民法院认为管理人应当履行的其他职责。

（三）管理人的监督

管理人依照《企业破产法》的规定执行职务,向人民法院报告工作,并接受债权人会议和债权人委员会的监督。管理人应当列席债权人会议,向债权人会议报告职务执行情况,并回答询问。

管理人应当勤勉尽责,忠实执行职务。

根据《企业破产法》第六十九条的规定,管理人实施下列行为,应当及时报告债权人委员会:① 涉及土地、房屋等不动产权益的转让;② 探矿权、采矿权、知识产权等财产权的转让;③ 全部库存或者营业的转让;④ 借款;⑤ 设定财产担保;⑥ 债权和有价证券的转让;⑦ 履行债务人和对方当事人均未履行完毕的合同;⑧ 放弃权利;⑨ 担保物的取回;⑩ 对债权人利益有重大影响的其他财产处分行为。未设立债权人委员会的,管理人实施前述行为应当及时报告人民法院。

在第一次债权人会议召开之前,管理人决定继续或者停止债务人的营业或者有《企业破产法》第六十九条规定十种财产处分行为之一的,应当经人民法院许可。管理人经人民法院许可,可以聘用必要的工作人员。管理人没有正当理由不得辞去职务。管理人辞去职务应当经人民法院许可。

四、债务人财产

(一)债务人财产的概念

破产申请受理时属于债务人的全部财产,以及破产申请受理后至破产程序终结前债务人取得的财产,为债务人财产。

所谓破产申请受理时属于债务人的财产,主要包括以下情形:① 有形财产、无形财产、货币和有价证券、投资权益和债权,其中无形财产包括土地使用权、知识产权、专有技术、特许经营权等;② 未成为担保物的财产和已成为担保物的财产;③ 位于中国境内和境外的财产。

所谓破产申请受理后至破产程序终结前债务人取得的财产,主要包括以下情形:① 程序开始后债务人财产的增值,包括孳息、经营收益和其他所得,如租金、利息、销售利润、股票红利、不动产升值、新投资、退税等;② 程序开始后收回的财产,如追收的债款、追回的被侵占财产、接受返还的财产、因错误执行而获得执行回转的财产等;③ 债务人的出资人在尚未完全履行出资义务的情况下补交的出资。

在破产宣告以前,债务人的财产管理都服从于债务清理和企业拯救这两个目的。只有在破产宣告以后,债务人财产才成为以清算分配为目的的破产财产。

(二)属于债务人财产的财产

1. 管理人追回的财产

(1)管理人行使撤销权追回的财产。

撤销权是指管理人对债务人在破产申请受理前的法定期间内进行的欺诈债权人或者损害对全体债权人公平清偿的行为,有申请法院予以撤销的权利。撤销权的设立是为防止债务人在丧失清偿能力的情况下,通过无偿转让、非正常交易或者偏袒性清偿债务等方法损害全体或者多数债权人的利益,破坏《企业破产法》的公平清偿原则。

人民法院受理破产申请前 1 年内,涉及债务人财产的下列行为,管理人有权请求人民法院予以撤销:① 无偿转让财产的;② 以明显不合理的价格进行交易的;③ 对没有财产担保的债务提供财产担保的;④ 对未到期的债务提前清偿的;⑤ 放弃债权的。

人民法院受理破产申请前 6 个月内,债务人不能清偿到期债务,并且资产不足以清偿全部债务或者明显缺乏清偿能力,仍对个别债权人进行清偿的,管理人有权请求人民法院予以撤销。但是,个别清偿使债务人财产受益的除外。

(2)因债务人的无效行为追回的财产。

涉及债务人财产的下列行为无效:① 为逃避债务而隐匿、转移财产的;② 虚构债务或者承认不真实的债务的。因债务人的无效行为而取得的债务人的财产,管理人有权追回。

(3)从债务人的出资人处追缴的出资。

人民法院受理破产申请后,债务人的出资人尚未完全履行出资义务的,管理人应当要求该出资人缴纳所认缴的出资,而不受出资期限的限制。

(4)从债务人的董事、监事和高级管理人员处追回的财产。

债务人的董事、监事和高级管理人员利用职权从企业获取的非正常收入和侵占的企业财产,管理人应当追回。

2. 管理人通过清偿债务或者另行提供担保而收回的担保物

根据《企业破产法》的规定,人民法院受理破产申请后,管理人可以通过清偿债务或者提供为债权人接受的担保,取回质物、留置物。债务清偿或者替代担保,在质物或者留置物的价值低于被担保的债权额时,以该质物或者留置物当时的市场价值为限。这一规定有助于在充分保护别除权人合法权益的前提下,管理人通过收回方式使别除权标的物能够被用于继续营业或者破产财产整体变卖,预防标的物因种种原因而贬值的可能性。因为这种清偿属于个别优先清偿,它是对债权人通过别除权标的物可能获得的清偿利益的补偿。显然,这种补偿不应超过债权人的可得清偿利益的范围。

(三)不属于债务人财产的财产

1. 取回权的标的物

《企业破产法》中的取回权分为一般取回权与特别取回权。

(1)一般取回权的标的物。

人民法院受理破产申请后,债务人占有的不属于债务人的财产,该财产的权利人可以通过管理人取回。但是,《企业破产法》另有规定的除外。

一般取回权的行使通常只限于取回原物。如果在破产案件受理前,原物已被债务人卖出或者灭失,权利人的取回权消灭,只能以物价即直接损失额作为破产债权要求清偿,但可构成代位权利的除外。根据《最高人民法院关于适用〈中华人民共和国企业破产法〉若干问题的规定(二)》第三十二条第一款的规定,债务人占有的他人财产毁损、灭失,因此获得的保险金、赔偿金、代偿物尚未交付给债务人,或者代偿物虽已交付给债务人,但能与债务人财产予以区分,权利人主张取回就此获得的保险金、赔偿金、代偿物的,人民法院应予支持。

(2)特别取回权的标的物。

人民法院受理破产申请时,出卖人已将买卖标的物向作为买受人的债务人发运,债务人尚未收到且未付清全部价款的,出卖人可以取回在运途中的标的物。但是,管理人可以支付全部价款,请求出卖人交付标的物。特别取回权仅限于出卖人行使。

2. 被抵销的债权

债权人在破产申请受理前对债务人负有债务的,可以向管理人主张抵销。但是,有下列情形之一的,不得抵销:

(1)债务人的债务人在破产申请受理后取得他人对债务人的债权的。

(2)债权人已知债务人有不能清偿到期债务或者破产申请的事实,对债务人负担债务的;但是,债权人因为法律规定或者有破产申请1年前所发生的原因而负担债务的除外。

(3)债务人的债务人已知债务人有不能清偿到期债务或者破产申请的事实,对债务人取得债权的;但是,债务人的债务人因为法律规定或者有破产申请1年前所发生的原因而取得债权的除外。

五、破产费用和共益债务

（一）破产费用

破产费用是指为了破产程序的进行,管理、变价和分配破产财产而发生的,必须从债务人财产中优先支付的常规性支出。人民法院受理破产申请后发生的下列费用为破产费用：① 破产案件的诉讼费用；② 管理、变价和分配债务人财产的费用；③ 管理人执行职务的费用、报酬和聘用工作人员的费用。

（二）共益债务

共益债务是指人民法院受理破产申请后,为了全体债权人的共同利益以及破产程序的顺利进行而发生的债务。人民法院受理破产申请后发生的下列债务为共益债务：① 因管理人或者债务人请求对方当事人履行双方均未履行完毕的合同所产生的债务；② 债务人财产受无因管理所产生的债务；③ 因债务人不当得利所产生的债务；④ 为债务人继续营业而应支付的劳动报酬和社会保险费用,以及由此产生的其他债务；⑤ 管理人或者相关人员执行职务致人损害所产生的债务；⑥ 债务人财产致人损害所产生的债务。

（三）破产费用和共益债务的清偿

破产费用和共益债务由债务人财产随时清偿。债务人财产不足以清偿所有破产费用和共益债务的,先行清偿破产费用。债务人财产不足以清偿所有破产费用或者共益债务的,按照比例清偿。债务人财产不足以清偿破产费用的,管理人应当提请人民法院终结破产程序。人民法院应当自收到请求之日起 15 日内裁定终结破产程序,并予以公告。

六、破产债权的申报

根据《企业破产法》第一百零七条第二款的规定,人民法院受理破产申请时债权人对债务人享有的债权称为破产债权。可以申报的债权应当成立于破产程序开始前,包括所有有财产担保的债权和无财产担保的债权。

（一）可以申报的特殊破产债权

根据《企业破产法》的规定,下列财产请求权可成为破产债权：

（1）未到期债权。未到期的债权在破产申请受理时视为到期。

（2）或有债权。附条件、附期限的债权和诉讼、仲裁未决的债权,债权人可以申报。附利息的债权自破产申请受理时起停止计息。

（3）连带债权。连带债权人可以由其中一人代表全体连带债权人申报债权,也可以共同申报债权。申报的债权是连带债权的,应当说明。

（4）保证人、连带债务人的代位求偿权。债务人的保证人或者其他连带债务人已经代替债务人清偿债务的,以其对债务人的求偿权申报债权；尚未代替债务人清偿债务的,除债权人已经向管理人申报全部债权的外,以其对债务人的将来求偿权申报债权。

（5）连带债务的债权人。连带债务人数人被裁定适用《企业破产法》规定的程序的,其债权人有权就全部债权分别在各破产案件中申报债权。

（6）合同解除的损害赔偿请求权。管理人或者债务人依照《企业破产法》规定解除合同的，对方当事人以因合同解除所产生的损害赔偿请求权申报债权。

（7）善意受托人的请求权。债务人是委托合同的委托人，被裁定适用《企业破产法》规定的程序，受托人不知该事实，继续处理委托事务的，受托人以由此产生的请求权申报债权。

（8）票据付款人的请求权。债务人是票据的出票人，被裁定适用《企业破产法》规定的程序，该票据的付款人继续付款或者承兑的，付款人以由此产生的请求权申报债权。

（二）无须申报的破产债权

职工债权不属于商事债权，而是劳动关系上的债权，具有优先受偿权利，在破产企业会计账目中也有明确记载，所以可以不以申报债权为受偿条件。《企业破产法》第四十八条第二款规定："债务人所欠职工的工资和医疗、伤残补助、抚恤费用，所欠的应当划入职工个人账户的基本养老保险、基本医疗保险费用，以及法律、行政法规规定应当支付给职工的补偿金，不必申报，由管理人调查后列出清单并予以公示。职工对清单记载有异议的，可以要求管理人更正；管理人不予更正的，职工可以向人民法院提起诉讼。"据此，职工债权属于免申报的特殊债权，这有助于更好地维护职工权益。

（三）破产债权申报的内容和期限

债权人申报破产债权时，应当书面说明破产债权的数额和有无财产担保，并提交有关证据。主要证据有：

（1）债权证明，即证明债权的真实性、有效性的文件，如合同、借据、法院判决等。

（2）债权人、申报人身份证明。

（3）担保证明。申报的破产债权有财产担保的，应当提交证明财产担保的证据。

人民法院受理破产申请后，应当确定债权人申报债权的期限。债权申报期限自人民法院发布受理破产申请公告之日起计算，最短不得少于 30 日，最长不得超过 3 个月。具体时间由人民法院根据案件的债权人人数和种类、涉及债权人的地域范围等具体情况酌定。债权人应当在人民法院确定的债权申报期限内向管理人申报债权。债权人未依照《企业破产法》规定申报债权的，不得参加破产程序行使权利。

在人民法院确定的债权申报期限内，债权人未申报债权的，可以在破产财产最后分配前补充申报；但是，此前已进行的分配，不再对其补充分配。为审查和确认补充申报债权的费用，由补充申报人承担。债权人未依照《企业破产法》规定申报债权的，不得依照《企业破产法》规定的程序行使权利。

管理人收到债权申报材料后，应当登记造册，对申报的债权进行审查，并编制债权表。债权表和债权申报材料由管理人保存，供利害关系人查阅。管理人编制的债权表应当提交第一次债权人会议核查。债务人、债权人对债权表记载的债权无异议的，由人民法院裁定确认。债务人、债权人对债权表记载的债权有异议的，可以向受理破产申请的人民法院提起诉讼。

七、债权人会议

破产程序应当给予全体债权人参与破产程序并表达其意志的机会,但破产程序的顺利进行又要求统一债权人的意志和行为,不能允许债权人在破产程序中单独行动。因此,需要设置一个既能使所有债权人充分表达意见,又能作出统一意思表示,保证财产公平分配的机构,这就是债权人会议。债权人会议仅为决议机关,其所作出的相关决议一般由管理人负责执行。

(一)债权人会议的成员

(1)《企业破产法》第五十九条第一款规定:"依法申报债权的债权人为债权人会议的成员,有权参加债权人会议,享有表决权。"这就是说,不论对债务人享有的债权有无财产担保,还是保证人等有无代位求偿权,也不论债权数额是否确定,除法律另有规定外,债权人均可成为债权人会议的成员,在债权人会议上表达意志。债权人可以委托代理人出席债权人会议,行使表决权。代理人出席债权人会议,应当向人民法院或者债权人会议主席提交债权人的授权委托书。

(2)债权尚未确定的债权人,除人民法院能够为其行使表决权而临时确定债权额的外,不得行使表决权。在破产程序中,可能存在一些权利尚未确定的债权,如诉讼或者仲裁未决的债权、附条件的债权、将来求偿权等。这些债权人虽然也属于债权人会议的成员,但在债权人会议上是否享有表决权及代表债权数额多少,便需要法院裁量解决。

(3)对债务人的特定财产享有担保权的债权人,未放弃优先受偿权利的,对"通过和解协议"和"通过破产财产的分配方案"两个事项不享有表决权。别除权人是债权人会议成员,但其债权就担保财产享有优先受偿权,不受破产程序限制,这两个事项与其利益无关,故其不应享有表决权。

(4)债权人会议应当有债务人的职工和工会的代表参加,并对有关事项发表意见。"有关事项"主要是指:核查债权时职工债权清单的确认;债务人继续营业时的职工待遇;重整计划中的职工债权清偿方案;破产财产分配方案中的职工债权清偿方案;债务人财产管理方案、变价方案中涉及职工利益的问题。在其他情况下,因职工债权人处于最优先的清偿地位,破产程序的进行与分配不影响其实际利益,故不应享有表决权。另外,根据《企业破产法》的规定,债权人会议通过决议的标准之一是人数标准,即由出席会议的有表决权的债权人的过半数通过。由于职工债权人人数众多,他们不同意的议案就很难达到同意人数过半数的要求,这将构成对债权人会议决议的实质否决权,损害其他债权人的利益,因此职工债权人也不应该视为债权人会议成员。

为保证债权人会议的顺利进行,债权人会议设主席一人,由人民法院从有表决权的债权人中指定。债权人会议主席主持债权人会议。

(二)债权人会议的职权

债权人会议的职权包括:① 核查债权;② 申请人民法院更换管理人,审查管理人的费用和报酬;③ 监督管理人;④ 选任和更换债权人委员会成员;⑤ 决定继续或者停止债务人的营业；⑥ 通过重整计划；⑦ 通过和解协议；⑧ 通过债务人财产的管理方案；⑨ 通过破产财产的变价方案；⑩ 通过破产财产的分配方案；⑪ 人民法院认为应当由债权人会议行使的其他职权。债权人会议应当将所议事项的决议作成会议记录。

第一次债权人会议由人民法院召集，自债权申报期限届满之日起 15 日内召开。以后的债权人会议在人民法院认为必要时，或者管理人、债权人委员会、占债权总额 1/4 以上的债权人向债权人会议主席提议时召开。召开债权人会议，管理人应当提前 15 日通知已知的债权人。

（三）债权人会议的决议

1. 债权人会议决议的表决方式

债权人会议的决议由出席会议的有表决权的债权人过半数通过，并且其所代表的债权额占无财产担保债权总额的 1/2 以上。但是，《企业破产法》另有规定的除外。这里所说的"另有规定"，是指《企业破产法》第八十四条关于通过重整计划的规定和第九十七条关于通过和解协议草案的规定。

2. 债权人会议决议的效力

债权人会议的决议对全体债权人均有约束力。一旦决议依法定程序获得通过，各债权人不论是否出席会议，不论是否参加表决，也不论是否投票赞成，都当然地受到决议的约束。

3. 对受损害债权人的司法救济

债权人认为债权人会议的决议违反法律规定，损害其利益的，可以自债权人会议作出决议之日起 15 日内，请求人民法院裁定撤销该决议，责令债权人会议依法重新作出决议。这里所说的"违反法律规定"，应当包括违反实体法和程序法。常见的情况有：决议内容违法；决议程序违法；会议程序违法；因其他违法情事导致产生决议的程序不公，或者导致债权人合法权益受到损害。

4. 决议未通过的补救

（1）对于债务人财产的管理方案和破产财产的变价方案，债权人会议表决未通过的，由人民法院裁定。人民法院的裁定可以在债权人会议上宣布或者另行通知债权人。债权人对人民法院的裁定不服的，可以自裁定宣布之日或者收到通知之日起 15 日内向该人民法院申请复议。复议期间不停止裁定的执行。

（2）对于破产财产分配方案，债权人会议表决未通过的，应当再次表决；再次表决仍未通过的，由人民法院裁定。人民法院的裁定可以在债权人会议上宣布或者另行通知债权人。债权额占无财产担保债权总额 1/2 以上的债权人对人民法院的裁定不服的，可以自裁定宣布之日或者收到通知之日起 15 日内向该人民法院申请复议。复议期间不停止裁定的执行。

（四）债权人委员会

债权人会议可以决定设立债权人委员会。债权人委员会由债权人会议选任的债权人代表和一名债务人的职工代表或者工会代表组成。债权人委员会成员不得超过 9 人。债权人委员会成员应当经人民法院书面决定认可。债权人委员会是债权人会议的常设代表机关，向债权人会议而不是人民法院负责，在其决定与债权人会议的决议不一致的时候，应当服从债权人会议的决议。

债权人委员会行使下列职权：① 监督债务人财产的管理和处分；② 监督破产财产分配；③ 提议召开债权人会议；④ 债权人会议委托的其他职权。

债权人委员会执行职务时，有权要求管理人、债务人的有关人员对其职权范围内的事务作出说明或者提供有关文件。管理人、债务人的有关人员违反《企业破产法》规定拒绝接受监督的，债权人委员会有权就监督事项请求人民法院作出决定；人民法院应当在 5 日内作出决定。

管理人实施下列行为，应当及时报告债权人委员会：① 涉及土地、房屋等不动产权益的转让；② 探矿权、采矿权、知识产权等财产权的转让；③ 全部库存或者营业的转让；④ 借款；⑤ 设定财产担保；⑥ 债权和有价证券的转让；⑦ 履行债务人和对方当事人均未履行完毕的合同；⑧ 放弃权利；⑨ 担保物取回；⑩ 对债权人利益有重大影响的其他财产处分行为。未设立债权人委员会的，管理人实施前述规定的行为应当及时报告人民法院。

第三节　重整制度

重整制度是指对已经发生破产原因但又有再建希望的企业，在法院主持下，通过各方利害关系人的参与，强制调整各方法律关系，进行企业营业重组与债务清理，以挽救企业、避免破产的再建型债务清理法律制度。我国重整制度的适用范围为企业法人，由于其程序复杂、费用高、耗时长，故实践中主要适用于大型企业，中小型企业则往往采用更为简化的和解程序。

一、重整申请和重整期间

（一）重整程序的启动

债务人或者债权人可以依照《企业破产法》规定，直接向人民法院申请对债务人进行重整。债权人申请对债务人进行破产清算的，在人民法院受理破产申请后、宣告债务人破产前，债务人或者出资额占债务人注册资本 1/10 以上的出资人，可以向人民法院申请重整。

人民法院经审查认为重整申请符合《企业破产法》规定的，应当裁定许可债务人进行重整并予以公告。

（二）重整期间

自人民法院裁定债务人重整之日起至重整程序终止，为重整期间。除具备法定原因提前终止重整程序的外，重整期间包括两个阶段：

（1）重整计划制定阶段，即从人民法院裁定债务人重整之日起，到债务人或者管理人向人民法院和债权人会议提交重整计划草案时止。这一期间通常为 6 个月，但有正当理由的，经债务人或者管理人请求，人民法院可以裁定延期 3 个月。

（2）重整计划通过阶段，即从重整计划草案提交时起，到债权人会议表决后人民法院裁定批准或不批准重整计划并终止重整程序，或者依据表决未通过的事实裁定终止重整程序时止，这一期间没有法定期限。

（三）重整期间债务人财产和营业事务的管理

在重整期间，经债务人申请，人民法院批准，债务人可以在管理人的监督下自行管理财产和营业事务。已接管债务人财产和营业事务的管理人应当向债务人移交财产和营业事务，《企业破产法》规定的管理人的职权由债务人行使。管理人负责管理财产和营业事务的，可以聘任债务人的经营管理人员负责营业事务。

（四）重整期间营业保护措施

在重整期间，为保护债务人的营业能够继续进行，有必要对其债权人、担保物权人、出资人等利害关系人的权利行使作出一些特殊规定。

1. 对担保物权行使的限制

在重整期间，对债务人的特定财产享有的担保权暂停行使。但是，担保物有损坏或者价值明显减少的可能，足以危害担保权人权利的，担保权人可以向人民法院请求恢复行使担保权。

2. 新借款的超优先权

在重整期间，债务人或者管理人为继续营业而借款的，可以为该借款设定担保。由于这种担保设定于债务人的无担保财产之上，故其权利人实际上取得了一种优先于破产费用和共益债务的"超优先权"。

3. 取回权必须依照合同行使

债务人合法占有的他人财产，该财产的权利人在重整期间要求取回的，应当符合事先约定的条件。例如，债务人租赁的厂房、设备、交通运输工具等生产资料，如果租期未到，则出租人不得在重整期间要求取回。

4. 对出资人和管理层权利的限制

在重整期间，债务人的出资人不得请求投资收益分配。在重整期间，债务人的董事、监事、高级管理人员不得向第三人转让其持有的债务人的股权。但是，在某些情况下，如果股权转让有积极作用，如吸引到新投资者，经人民法院同意，管理层可以转让其持有的债务人的股权。

（五）重整期间宣告债务人破产的情形

在重整期间，有下列情形之一的，经管理人或者利害关系人请求，人民法院应当裁定终止重整程序，并宣告债务人破产：① 债务人的经营状况和财产状况继续恶化，缺乏挽救的可能性；② 债务人有欺诈、恶意减少债务人财产或者其他显著不利于债权人的行为；③ 由于债务人的行为致使管理人无法执行职务。

二、重整计划的制定和批准

(一)重整计划的制定

重整计划草案虽名为计划,但实际上是一个协议草案,是债务人或者管理人向债权人等发出的要约,经过债权人会议讨论通过后,形成一个关于债务清偿及其他重整事务的契约。重整计划既是当事人寻求债务解决的和解协议,也是他们争取企业复苏的行动纲领。

债务人自行管理财产和营业事务的,由债务人制作重整计划草案。管理人负责管理财产和营业事务的,由管理人制作重整计划草案。债务人或者管理人应当自人民法院裁定债务人重整之日起6个月内,同时向人民法院和债权人会议提交重整计划草案。期限届满,经债务人或者管理人请求,有正当理由的,人民法院可以裁定延期3个月。债务人或者管理人未按期提出重整计划草案的,人民法院应当裁定终止重整程序,并宣告债务人破产。

重整计划草案应当包括七项内容:① 债务人的经营方案;② 债权分类;③ 债权调整方案;④ 债权受偿方案;⑤ 重整计划的执行期限;⑥ 重整计划执行的监督期限;⑦ 有利于债务人重整的其他方案。

重整计划不得规定减免债务人欠缴的职工债权以外的社会保险费用,该项费用的债权人不参加重整计划草案的表决。职工债权的内容参见本章第二节关于"无须申报的破产债权"部分。

(二)重整计划草案的表决

1. 债权人分组

由于重整可能涉及各方利害关系人的利益,不同的重整措施对不同性质的债权或者股权的影响也不同,因此重整立法一般都要求对重整计划草案进行分组表决。

各类债权的债权人依照下列债权分类:① 对债务人的特定财产享有担保权的债权;② 债务人所欠职工的工资和医疗、伤残补助、抚恤费用,所欠的应当划入职工个人账户的基本养老保险、基本医疗保险费用,以及法律、行政法规规定应当支付给职工的补偿金(即职工债权);③ 债务人所欠税款;④ 普通债权;⑤ 人民法院在必要时可以决定在普通债权组中设小额债权组;⑥ 重整计划草案涉及出资人权益调整事项的,应当设出资人组,对该事项进行表决。债务人的出资人代表可以列席讨论重整计划草案的债权人会议。

2. 重整计划草案的表决和审查批准

人民法院应当自收到重整计划草案之日起30日内召开债权人会议,对重整计划草案进行表决。

出席会议的同一表决组的债权人过半数同意重整计划草案,并且其所代表的债权额占该组债权总额的2/3以上的,即为该组通过重整计划草案。债务人或者管理人应当向债权人会议就重整计划草案作出说明,并回答询问。

各表决组均通过重整计划草案时,重整计划即为通过。自重整计划通过之日起10日内,债务人或者管理人应当向人民法院提出批准重整计划的申请。人民法院经审查认为符合

《企业破产法》规定的,应当自收到申请之日起 30 日内裁定批准,终止重整程序,并予以公告。

3. 重整计划草案的二次表决和强制批准

部分表决组未通过重整计划草案的,债务人或者管理人可以同未通过重整计划草案的表决组协商。该表决组可以在协商后再表决一次。双方协商的结果不得损害其他表决组的利益。

未通过重整计划草案的表决组拒绝再次表决或者再次表决仍未通过重整计划草案,但重整计划草案符合下列条件的,债务人或者管理人可以申请人民法院批准重整计划草案:① 按照重整计划草案,对债务人的特定财产享有担保权的债权就该特定财产将获得全额清偿,其因延期清偿所受的损失将得到公平补偿,并且其担保权未受到实质性损害,或者该表决组已经通过重整计划草案;② 按照重整计划草案,职工债权和税收债权将获得全额清偿,或者相应表决组已经通过重整计划草案;③ 按照重整计划草案,普通债权所获得的清偿比例,不低于其在重整计划草案被提请批准时依照破产清算程序所能获得的清偿比例,或者该表决组已经通过重整计划草案;④ 重整计划草案对出资人权益的调整公平、公正,或者出资人组已经通过重整计划草案;⑤ 重整计划草案公平对待同一表决组的成员,并且所规定的债权清偿顺序不违反破产财产分配顺序的规定;⑥ 债务人的经营方案具有可行性。

人民法院经审查认为重整计划草案符合前述规定的,应当自收到申请之日起 30 日内裁定批准,终止重整程序,并予以公告。

4. 重整计划草案未获得通过且未被强制批准的,裁定终止重整程序,并宣告债务人破产

重整计划草案未获得通过,且未依照《企业破产法》第八十七条的规定获得批准,或者已通过的重整计划未获得批准的,人民法院应当裁定终止重整程序,并宣告债务人破产。

三、重整计划的执行

(一)重整计划的执行和监督

重整计划由债务人负责执行。人民法院裁定批准重整计划后,已接管财产和营业事务的管理人应当向债务人移交财产和营业事务。

自人民法院裁定批准重整计划之日起,在重整计划规定的监督期内,由管理人监督重整计划的执行。在监督期内,债务人应当向管理人报告重整计划执行情况和债务人财务状况。监督期届满时,管理人应当向人民法院提交监督报告。自监督报告提交之日起,管理人的监督职责终止。管理人向人民法院提交的监督报告,重整计划的利害关系人有权查阅。经管理人申请,人民法院可以裁定延长重整计划执行的监督期限。

(二)重整计划的约束力

经人民法院裁定批准的重整计划,对债务人和全体债权人均有约束力。这意味着未申报债权的、未参加表决的和对表决中投反对票的债权人都必须受经批准的重整计划的约束。

债权人未依照《企业破产法》规定申报债权的,在重整计划执行期间不得行使权利;在

重整计划执行完毕后,可以按照重整计划规定的同类债权的清偿条件行使权利。这意味着未申报债权只有在已申报债权按照重整计划获得清偿以后才能获得清偿,而且其获得的清偿不得高于同类债权在重整计划中的清偿比例。

债权人对债务人的保证人和其他连带债务人所享有的权利,不受重整计划的影响。债权人设立担保之本意,就是为使债务人的保证人和其他连带债务人在债务人无力清偿,尤其是破产之时承担责任。如果因债权人在重整计划中不得已而减免债务人的部分债务,便相应减轻保证人和其他连带债务人的责任,就与担保设立的宗旨相违背。因此,债务人的保证人和其他连带债务人不能享受重整计划对债务人债务减免或者延期清偿的利益,仍须按原合同规定履行。债权人依重整计划从债务人处受偿后,仍有权要求债务人的保证人和其他连带债务人对重整计划减免的部分承担责任。因此,无论该债权人是否参加重整计划的清偿,均可就其未由重整计划获得的清偿向债务人的保证人或者其他连带债务人要求清偿。

(三)重整计划的执行终止

债务人不能执行或者不执行重整计划的,人民法院经管理人或者利害关系人请求,应当裁定终止重整计划的执行,并宣告债务人破产。人民法院裁定终止重整计划执行的,债权人在重整计划中作出的债权调整的承诺失去效力。债权人因执行重整计划所受的清偿仍然有效,债权未受清偿的部分作为破产债权,但他只有在其他同顺位债权人同自己所受的清偿达到同一比例时,才能继续接受分配。另外,人民法院裁定终止重整计划的执行,并宣告债务人破产的,为重整计划的执行提供的担保继续有效。

按照重整计划减免的债务,自重整计划执行完毕时起,债务人不再承担清偿责任。

第四节　和解制度

一、和解制度概述

和解是指发生破产原因的债务人与债权人会议之间就债务人延期清偿债务、减少债务数额等事项达成和解协议,经法院认可后终止破产程序、避免破产的法律制度。和解制度存在一些缺陷,其挽救债务人的效果明显不如重整程序。《企业破产法》在设置重整程序后,为给当事人提供更多的避免破产的方式与机会,仍在立法中设置了和解制度。

二、和解制度与重整制度的区别

作为破产程序中的两种预防破产的制度,和解制度与重整制度必然具有许多相同或者交叉的地方,如两者都是为避免债务人破产而设置,两者都必须以法院的准许为成立条件,两者如果获得成功都会在客观上使债务人免受破产清算和使债权人减少损失等。同时,和解制度与重整制度也存在种种不同,其区别主要表现在以下几个方面:

1. 调整措施不同

和解制度仅调整企业的外部债务关系,和解协议能否达成主要取决于债权人。债权人所关心的只是和解是否能够得到比破产清算更高的清偿率,至于企业的存亡与否,并不是其第一位要考虑的问题。而重整制度中的挽救措施多样,除减免债务、延期履行外,还包括债转股、资产重组等多种形式,法院还可以依职权强制批准债权人会议未通过的整顿计划草案。

2. 目的不同

和解制度只是消极地避免企业破产,而不是通过具体的程序或者制度设计积极地实现企业的重建与复兴。和解制度难以探求和诊治企业陷入困境的真正原因,而仅能通过减少、延缓偿还债务暂时渡过困境。重整制度的目的就在于积极拯救濒临破产或者具有破产可能性的企业。虽然重整计划草案也要取得债权人会议的通过,但是重整制度的设计目的在于发现企业陷入困境的原因,改进企业经营管理,以拯救债务人企业。

3. 效力不同

和解制度不限制担保物权的行使,导致企业资产实质被空心化,往往令和解的美好愿望落空。重整制度则不同,只要依法进入重整程序,其效力及于所有的债权人,包括担保物权人,担保物权的行使或者债权的受偿必须按照重整计划的安排进行。此外,重整程序的效力优于破产清算程序与和解程序。因此在和解、清算以及重整申请并存时,法院应当首先考虑是否受理重整申请;重整程序一经启动,破产清算程序必须中止。

4. 适用对象不同

和解协议生效后,破产程序对债务人财产的约束终结,债务人重新恢复对财产的支配权,债权人的利益往往难以得到充分的保护。因此,和解协议是很难达成的,仅适合规模较小、拯救难度较低的企业。而重整程序对各方利害关系人的权益保护比较完善,有较健全的法律制度,是一种力度较大但费用较高的企业拯救制度,适合规模较大、困境较严重的企业。

三、和解的程序

债务人可以依照《企业破产法》的规定,直接向人民法院申请和解;也可以在人民法院受理破产申请后、宣告债务人破产前,向人民法院申请和解。债务人申请和解,应当提出和解协议草案。

人民法院经审查认为和解申请符合《企业破产法》规定的,应当裁定和解,予以公告,并召集债权人会议讨论和解协议草案。对债务人的特定财产享有担保权的权利人,自人民法院裁定和解之日起可以行使权利。

债权人会议通过和解协议的决议,由出席会议的有表决权的债权人过半数同意,并且其所代表的债权额占无财产担保债权总额的2/3以上。债权人会议通过和解协议的,由人民法院裁定认可,终止和解程序,并予以公告。管理人应当向债务人移交财产和营业事务,并向人民法院提交执行职务的报告。经债权人会议表决未获得通过,或者已经债权人会议通过的和解协议未获得人民法院认可的,人民法院应当裁定终止和解程序,并宣告债务人破产。

四、和解协议的效力

1. 和解协议对债务人与全体和解债权人均有约束力

经人民法院裁定认可的和解协议,对债务人与全体和解债权人均有约束力。和解债权人是指人民法院受理破产申请时对债务人享有无财产担保债权的人,也就是受和解协议约束的债权人。不论债权人是否申报债权,也不论债权人是否出席债权人会议并参与和解协议的表决,亦不论债权人对和解协议草案是否表示赞成,所有无财产担保的债权人均为和解债权人,受和解协议的约束。

和解债权人未依照《企业破产法》规定申报债权的,在和解协议执行期间不得行使权利;在和解协议执行完毕后,可以按照和解协议规定的清偿条件行使权利。和解协议对债务人和债权人的约束还表现在债务人应当按照和解协议规定的条件清偿债务。

2. 和解协议对债务人的保证人与其他连带债务人的约束力

和解债权人对债务人的保证人与其他连带债务人所享有的权利,不受和解协议的影响。这与重整程序中的相关规定相同。和解债权人对债务人所作出的债务减免清偿或者延期偿还让步的,效力不及于债务人的保证人或者连带债务人,他们仍应按原来债务的约定或者法定责任承担保证或者连带责任。

五、和解协议的终止

1. 和解协议被裁定无效

根据《企业破产法》第一百零三条的规定,因债务人的欺诈或者其他违法行为而成立的和解协议,人民法院应当裁定无效,并宣告债务人破产。因此被宣告破产的,和解债权人因执行和解协议所受的清偿,在其他债权人所受清偿同等比例的范围内,不予返还。

2. 和解协议被裁定终止执行

债务人不能执行或者不执行和解协议的,人民法院经和解债权人请求,应当裁定终止和解协议的执行,并宣告债务人破产。人民法院裁定终止和解协议执行的,和解债权人在和解协议中作出的债权调整的承诺失去效力。和解债权人因执行和解协议所受的清偿仍然有效,和解债权未受清偿的部分作为破产债权。该和解债权人只有在其他债权人同自己所受的清偿达到同一比例时,才能继续接受分配。人民法院裁定终止和解协议的执行,并宣告债务人破产的,为和解协议的执行提供的担保继续有效。

3. 债务人与全体债权人自行和解

人民法院受理破产申请后,债务人与全体债权人就债权、债务的处理自行达成协议的,可以请求人民法院裁定认可,并终结破产程序。法庭外达成的和解协议经人民法院裁定认可的,与经由债权人会议表决通过后人民法院裁定认可的和解协议具有同等效力。其以后的执行或者终止执行适用相同的法律规则。承认庭外和解体现了对当事人意思自治的尊重,也体现了立法者鼓励和解与重视企业拯救的政策。而且,允许当事人自行和解也有利于节省司法资源。

按照和解协议减免的债务,自和解协议执行完毕时起,债务人不再承担清偿责任。

第五节　破产清算制度

破产清算是《企业破产法》三大程序中的一种,也是处理债务纠纷的最终手段。在早期的破产法中只有破产清算程序,后来出现了和解、重整等挽救企业使其免于破产的程序制度。在实践中大多数企业均要通过破产清算程序解决债务纠纷。

一、破产宣告

破产宣告是指法院依据当事人的申请或者法定职权裁定宣布债务人破产以清偿债务的活动。破产宣告是一种司法行为,标志着破产案件无可逆转地进入清算程序。债务人被宣告破产后,在破产程序中的有关称谓也发生相应变化,债务人称为破产人,债务人财产称为破产财产,人民法院受理破产申请时对债务人享有的债权称为破产债权。这些特殊称谓是对破产清算程序目标的特别宣示,即破产人以其全部破产财产对全体破产债权为清偿。人民法院宣告债务人破产的,应当自裁定作出之日起 5 日内送达债务人和管理人,自裁定作出之日起 10 日内通知已知债权人,并予以公告。

破产宣告前,有下列情形之一的,人民法院应当裁定终结破产程序,并予以公告:① 第三人为债务人提供足额担保或者为债务人清偿全部到期债务的;② 债务人已清偿全部到期债务的。

二、别除权

1. 别除权的概念

《企业破产法》第一百零九条规定:"对破产人的特定财产享有担保权的权利人,对该特定财产享有优先受偿的权利。"这种优先受偿的权利也被称为别除权。

2. 别除权的特征

(1)就权利主体来看,别除权人是对破产人的特定财产享有法定或者约定担保权的债权人。别除权的构成有两种情况:一是破产人是主债务人,同时也是担保人;二是破产人是担保人,但不是主债务人。虽然担保债权人的债权在破产程序中可以构成别除权,但因破产人不是主债务人,在担保物价款不足以清偿担保债额时,余债不得作为普通破产债权向破产人要求清偿,只能向原主债务人求偿。

(2)就权利的标的物来看,别除权是对破产人特定财产行使的权利,而普通破产债权以及产生于破产申请受理后的破产费用、共益债务则是针对无担保的非特定破产财产行使权利。据此,即便是在债务人的无担保财产不足以清偿破产费用和共益债务的情况下,也不得从担保财产中清偿与其无关的费用。

(3)别除权的行使方式是不依破产程序而个别优先受偿。这不同于破产费用、共益债务从债务人无担保财产中的优先随时清偿,更不同于普通破产债权因性质不同而在清偿顺序上有先后之分。别除权是针对特定财产行使的,不受破产清算与和解程序限制。但是,在重整程序中,别除权的优先受偿权受到限制,以免因担保物的执行而影响重整程序挽救企业功能之发挥。

此外,根据《企业破产法》第一百三十二条的规定,《企业破产法》公布前所欠职工债权在无担保破产财产不足以清偿的情况下,可以就别除权之标的财产优先于别除权人受偿。所以,在上述情况下,别除权人的优先受偿权将受到限制,必须在预留下对职工债权的清偿财产后,才能行使优先受偿权。

三、破产财产的变价和分配

(一)破产财产的变价和分配方式

破产财产的变价是指管理人将非金钱的破产财产通过合法方式加以出让,使之转化为金钱形态,以便于清算分配的过程。作为金钱分配原则的例外,《企业破产法》允许采用实物分配。实践中,破产财产的分配方式主要有货币分配方式、实物分配方式和债权分配方式等。

管理人应当及时拟订破产财产变价方案,提交债权人会议讨论。管理人应当按照债权人会议通过的或者人民法院裁定的破产财产变价方案,适时变价出售破产财产。变价出售破产财产应当通过拍卖进行。但是,债权人会议另有决议的除外。破产企业可以全部或者部分变价出售。企业变价出售时,可以将其中的无形资产和其他财产单独变价出售。按照国家规定不能拍卖或者限制转让的财产,应当按照国家规定的方式处理。

(二)破产清偿顺序

破产清偿顺序是指以破产财产清偿破产债权的法定顺位。前一顺位的债权得到全部清偿后,尚有剩余财产的,再进行后一顺位债权的清偿;破产财产不足从清偿同一顺位债权的,在该顺位内按比例清偿;剩余财产分配完毕后,无论是否还有未获分配的下一顺序债权,破产分配均告结束。

根据《企业破产法》第一百一十三条的规定,破产财产在优先清偿破产费用和共益债务后,依照下列顺序清偿:

(1)破产人所欠职工的工资和医疗、伤残补助、抚恤费用,所欠的应当划入职工个人账户的基本养老保险、基本医疗保险费用,以及法律、行政法规规定应当支付给职工的补偿金。破产企业的董事、监事和高级管理人员的工资按照该企业职工的平均工资计算。

(2)破产人欠缴的除前项规定以外的社会保险费用和破产人所欠税款。

(3)普通破产债权。破产财产不足以清偿同一顺序的清偿要求的,按照比例分配。

(三)破产财产分配方案的拟订

管理人在完成破产财产的清理、变价等各项工作的基础上,应根据可供分配的破产财产数额、应参加破产分配的各项破产债权的数额以及法定的分配顺序等及时拟订破产财产分配方案,提交债权人会议讨论。债权人会议通过破产财产分配方案后,由管理人将该方案提请人民法院裁定认可。人民法院对破产财产分配方案的真实性、准确性和合法性进行审查后裁定认可的,破产分配方案生效。

破产财产分配方案应当载明下列事项:① 参加破产财产分配的债权人名称或者姓名、住所;② 参加破产财产分配的债权额;③ 可供分配的破产财产数额;④ 破产财产分配的顺序、比例及数额;⑤ 实施破产财产分配的方法。

(四)破产财产分配方案的执行

生效的破产财产分配方案由管理人负责执行。法院裁定认可破产财产分配方案后,管理人应当及时通知债权人受领分配的时间、地点及受领手续,并发布分配公告。管理人按照破产财产分配方案实施多次分配的,应当公告本次分配的财产额和债权额。管理人实施最后分配的,应当在公告中指明,并载明对附条件债权的提存额的分配事项。

(五)破产财产分配额的提存

破产财产分配额的提存是指管理人在执行破产分配时因为存在某种法律上或者事实上的障碍,依法将给付标的物交给提存机关或者人民法院指定的机构,以留待进一步处理的制度。

1.附条件债权分配额的提存

对于附生效条件或者解除条件的债权,管理人应当将其分配额提存。管理人对提存的分配额,在最后分配公告日,生效条件未成就或者解除条件成就的,应当分配给其他债权人;在最后分配公告日,生效条件成就或者解除条件未成就的,应当交付给债权人。

2.未受领的破产财产分配额

债权人未受领的破产财产分配额,管理人应当提存。债权人自最后分配公告之日起满2个月仍不领取的,视为放弃受领分配的权利,管理人或者人民法院应当将提存的分配额分配给其他债权人。

3.因诉讼、仲裁未决债权分配额的提存

破产财产分配时,对于诉讼或者仲裁未决的债权,管理人应当将其分配额提存。自破产程序终结之日起满2年仍不能受领分配的,人民法院应当将提存的分配额分配给其他债权人。

四、破产程序的终结

(一)破产程序终结的裁定

破产人无财产可供分配的,管理人应当请求人民法院裁定终结破产程序。管理人在最后分配完结后,应当及时向人民法院提交破产财产分配报告,并提请人民法院裁定终结破产程序。人民法院应当自收到管理人终结破产程序的请求之日起15日内作出是否终结破产程序的裁定。裁定终结的,应当予以公告。

（二）破产程序终结后的事项

1. 办理注销登记

管理人应当自破产程序终结之日起 10 日内，持人民法院终结破产程序的裁定，向破产人的原登记机关办理注销登记。

2. 管理人终止执行职务

管理人于办理注销登记完毕的次日终止执行职务。但是，存在诉讼或者仲裁未决情况的除外。

3. 新发现财产的追加分配

破产程序终结后新发现破产人有应当供分配的财产的，按照追加分配程序办理。自破产程序因破产不足以支付破产费用或者共益债务而终结或者因破产财产分配完毕而终结之日起 2 年内，有下列情形之一的，债权人可以请求人民法院按照破产财产分配方案进行追加分配：① 发现应当行使撤销权追回的财产（《企业破产法》第三十一条、第三十二条）、因债务人的破产无效行为而应当追回的财产（《企业破产法》第三十三条）或者应当从债务人的董事、监事和高级管理人员追回的财产（《企业破产法》第三十六条）；② 发现破产人有应当供分配的其他财产的。如果虽然发现新的财产，但财产数量不足以支付分配费用的，就不再进行追加分配，由人民法院将其上交国库。

4. 连带债务的存续

破产人的保证人和其他连带债务人，在破产程序终结后，对债权人依照破产清算程序未受清偿的债权依法继续承担清偿责任。

本章重点

1. 企业破产法的适用范围与破产原因。

2. 破产申请受理的法律效力。

3. 管理人的任职资格与职责。

4. 债务人财产与债权人债权的计算。

5. 债权人会议的成员、职权和决议。

6. 重整计划的制定、批准和执行，和解协议的效力，破产清偿顺序。

7. 破产程序终结的理由。

本章难点

1. 对破产界限的理解。

2. 破产过程中破产抵销权、取回权、撤销权和别除权的行使。

3. 破产费用和共益债务的清偿。

4. 债务人财产与债权人债权的计算。

5. 重整计划草案的表决，和解程序。

6. 破产的清算与清偿。

思考题

1. 破产申请人有哪些?
2. 破产申请受理时有哪些实体方面的法律效力?
3. 管理人在破产程序中的主要职责表现有哪些?
4. 管理人实施哪些行为时应向债权人委员会报告?
5. 哪些费用属于破产费用和共益债务?
6. 哪些债权是属于可以申报的债权?
7. 债权人会议和债权人委员会的职权分别有哪些?
8. 重整计划草案应包括哪些内容?
9. 重整制度与和解制度有哪些方面的区别?
10. 破产清偿顺序是什么?

第五章

合同法

言不信者,行不果。

——墨子

学习目标

1. 了解合同的种类,理解和掌握合同的特征、合同法的调整范围与基本原则。
2. 熟悉合同的表现形式及主要条款,掌握合同订立的过程与合同效力的认定依据。
3. 理解与掌握合同履行的规则、合同履行抗辩权、代位权和撤销权的行使条件。
4. 正确理解合同变更与转让的性质和要件,掌握合同终止的各类情形。
5. 掌握违约责任的归责原则与承担违约责任的形式。
6. 了解常用有名合同的特征与相关规定。

基本概念

合同,合同法,合同的订立,要约,承诺,合同的成立,缔约过失责任,代位权,撤销权,合同变更,合同转让,合同终止,合同解除,违约责任,有名合同,诺成合同,要式合同

第一节　合同法概述

一、合同的概念和种类

(一)合同的概念

广义的合同是指任何以确定权利与义务为内容的协议。按照这种理解,它的种类除民法中的合同之外,还包括行政法中的行政合同、国际法中的国家合同等。显然,广义的合同

概念实际上包括所有法律部门中的合同关系,如财产关系、人身权中的身份关系、行政关系、劳动关系,其所规制的法律关系也不具有同质性。

狭义的合同是指平等主体之间设立、变更、终止民事权利义务关系的协议。我国立法采用狭义的合同概念。《民法通则》第八十五条规定:"合同是当事人之间设立、变更、终止民事关系的协议。"《合同法》第二条规定:"本法所称合同是平等主体的自然人、法人、其他组织之间设立、变更、终止民事权利义务关系的协议。婚姻、收养、监护等有关身份关系的协议,适用其他法律的规定。"

(二)合同的法律特征

1.合同是一种民事法律行为

民事法律行为是指民事主体实施的能够引起民事权利义务的产生、变更、终止的合法行为,据此合同是一种民事法律行为。合同当事人所作出的意思表示必须是合法的,合同才具有法律的约束力,并受到国家法律的保护。如果当事人作出了违法的意思表示,即使达成协议,也不能产生合同效力。

2.合同以设立、变更或者终止民事权利义务关系为目的

民事法律行为是指以达到行为人预期的民事法律后果为目的的行为。就合同而言,这种预期的民事法律后果就是设立、变更、终止民事权利义务关系。只要当事人达成的协议依法成立并生效,就会对当事人产生法律约束力,当事人也应当依照合同享受权利和履行义务。

3.合同是当事人协商一致的结果

任何合同都必须是订约当事人意思表示一致的产物,必须包括以下要素:第一,必须有两个或者两个以上当事人;第二,双方或者多方当事人须作意思表示;第三,各个意思表示是一致的;第四,当事人必须在平等、自愿基础上进行协商,形成合意。

(三)合同的种类

合同分类标准的确定及对合同作出不同的科学分类,能揭示出合同本身具有的特性。常见的合同分类有以下几种。

1.根据当事人之间是否互负义务,合同可分为双务合同和单务合同

双务合同是指当事人双方互负给付义务的合同,如买卖、租赁、承揽、运输等合同。在双务合同中当事人双方互负权利与义务,即一方当事人享有的权利是另一方当事人所负义务,反之亦然。单务合同是指合同当事人仅一方负担给付义务。如赠与合同,只有赠与人有给付义务,受赠人享有受领赠与物的权利。

2.根据当事人双方是否获得利益,合同可分为有偿合同和无偿合同

有偿合同是指一方通过履行合同规定的义务而给对方某些利益,对方要得到该利益就必须为此支付相应代价的合同。有偿合同是商品交换最典型的法律形式,在实践中,绝大多数反映交易关系的合同是有偿的。无偿合同是指一方付给对方某种利益,对方取得该利益

并不支付任何报酬的合同,如赠与合同。但有些合同虽可不支付任何报酬,但也要承担义务,如借用合同,借用人便负有正当使用和按期返还的义务。

3. 根据合同的成立是否以必须交付标的物为条件,合同可分为诺成合同和实践合同

诺成合同是指当事人一方的意思表示一旦为对方同意即能产生法律效果的合同。其特点在于:当事人双方意思表示一致时合同即告成立。绝大多数合同都在双方形成合意时成立,都是诺成合同。实践合同是指除当事人双方意思表示一致以外,尚需交付标的物才能成立的合同。通常自然人之间的借款合同、保管合同等都是实践合同。《合同法》第二百一十条、第三百六十七条分别规定:"自然人之间的借款合同,自贷款人提供借款时生效。""保管合同自保管物交付时成立,但当事人另有约定的除外。"

4. 根据合同是否应以一定的形式为要件,合同可分为要式合同和不要式合同

要式合同是指必须依据法律规定的方式而成立的合同。对于一些重要的交易,法律常常要求当事人必须采取特定的方式订立合同。例如,《合同法》第四十四条第二款规定:"法律、行政法规规定应当办理批准、登记等手续生效的,依照其规定。"又如,依照《合同法》有关规定,非自然人之间的贷款合同、租赁期限在 6 个月以上的租赁合同、融资租赁合同、建设工程合同、技术开发合同、技术转让合同等都应当采取书面形式。如果当事人不依法采用一定形式,则已成立的合同不能生效。不要式合同是指当事人订立的合同依法并不需要采取特定的形式。合同除法律有特别规定以外均为不要式合同,根据合同自由原则,当事人有权选择合同形式。

5. 根据法律上是否规定了一定合同的名称,合同可分为有名合同和无名合同

有名合同又称典型合同,是指法律上已经确认了一定的名称及规则的合同。有名合同包括《合同法》规定的 15 类合同和其他法律规定的有名合同,如保险合同、中外合资经营企业合同等。目前各国合同立法都在扩大有名合同的范围,这是为了进一步规范合同关系,而不是干预当事人的合同自由。无名合同又称非典型合同,是指法律上尚未确定一定的名称与规则的合同,如旅游合同、借用合同、还款合同等。根据合同自由原则,只要不违背法律的禁止性规范和社会公共利益,当事人可以自由订立无名合同。对于无名合同,《合同法》第一百二十四条规定:"本法分则或者其他法律没有明文规定的合同,适用本法总则的规定,并可以参照本法分则或者其他法律最相类似的规定。"

6. 根据两个合同相互间的主从关系,合同可分为主合同和从合同

主合同是指不依赖其他合同而独立存在的合同。反之,必须以其他合同的存在为前提,自身不能独立存在的合同就是从合同或者称作附属合同。例如,借款合同为主合同,为保证借款合同履行而订立的保证合同、抵押合同、质押合同等担保合同就是从合同。主、从合同是相对而言的,没有主合同就没有从合同。主合同无效,从合同亦无效,但从合同无效,不能使主合同当然无效。

7. 根据标的特征及转移方式,合同可分为财产转让合同、使用合同和劳务合同

财产转让合同是指以转移特定财产为特征的一类合同,如买卖、赠与合同。使用合同

是指以许可他人使用权利为特征的一类合同,如租赁合同、借贷合同、知识产权许可合同等。劳务合同是指以提供劳务为特征的一类合同,如承揽合同、运输合同等。

此外,还可根据合同效力把合同分为有效合同、无效合同、可撤销合同与效力待定合同;按照合同的订立是否根据指令性计划,分为计划合同与非计划合同;按照合同的合法性,分为合法合同与违法合同;根据合同效果在缔约时是否确定,分为确定合同与射幸合同(如保险合同、押赌合同、有奖销售合同等)等。

二、合同法的调整范围

根据《合同法》第二条、第一百二十三条、第一百二十四条、第一百二十六条及分则有关条款的规定,合同法调整范围包括各类反映财产关系或者平等交易关系的民事合同,具体包括:

(1)《合同法》分则确认的 15 类有名合同。

(2)单行法中的有关合同。

单行法中的有关合同常见的有:《物权法》及《中华人民共和国担保法》(简称《担保法》)、《中华人民共和国海商法》(简称《海商法》)等法律所确认的抵押合同、质押合同、土地使用权出让和转让合同、保证合同、海上运输合同等。《合同法》第一百二十三条规定:"其他法律对合同另有规定的,依照其规定。"根据该规定,单行法中调整的合同应当首先适用单行法的规定,单行法没有规定的,应当适用《合同法》中的规定。

(3)无名合同。

(4)涉外合同。

《合同法》第一百二十六条规定:"涉外合同的当事人可以选择处理合同争议所适用的法律,但法律另有规定的除外。涉外合同的当事人没有选择的,适用与合同有最密切联系的国家的法律。在中华人民共和国境内履行的中外合资经营企业合同、中外合作经营企业合同、中外合作勘探开发自然资源合同,适用中华人民共和国法律。"

同时,应强调的是《合同法》调整的是平等主体间的民事协议,但不适用于下列合同:

(1)有关身份关系的协议。例如,婚姻、收养、监护、赡养、继承等身份关系的协议不适用《合同法》,其适用于《中华人民共和国婚姻法》(简称《婚姻法》)、《中华人民共和国收养法》(简称《收养法》)、《中华人民共和国继承法》(简称《继承法》)及《民法总则》等。

(2)法人、其他组织内部的管理关系的协议。例如,企业内部实行生产责任,由工厂及工厂的车间与工人之间建立责任制合同,当事人之间是管理与被管理的关系,不是平等主体之间的关系,不适用《合同法》。

(3)政府依法维护经济秩序的管理活动的协议。政府该管理活动属于行政管理关系,适用有关行政管理的法律。例如,财政拨款、征用、征购、工业化达标责任、计划生育、环境保护、综合治理等协议等是政府行使行政管理职权,属于行政关系,适用有关行政法。

三、合同法遵循的基本原则

我国合同法的基本原则是合同法所特有的、表现于全部合同法律规范并适用于合同立法、守法、执法和司法活动的根据和法律准则。

（一）平等原则

1. 合同当事人法律地位平等

自然人只要有生命，依法具备相应的民事权利能力和民事行为能力；组织或者代理人只要依法取得市场主体资格，不论他们的所有制性质如何、规模大小、有无主管部门、隶属关系如何、机关级别高低、个人职位贵贱，他们都可以平等主体资格进入合同关系。合同当事人的地位平等，依法享有自愿订立合同的权利。一方不得将自己的意志强加给另一方，任何单位和个人不得非法干预。

2. 当事人在某一合同关系中权利与义务对等

除不附义务的赠与合同外，当事人没有无义务的权利和无权利的义务。一方在从对方得到利益的同时，要付给对方相应的代价。

3. 交易机会平等

平等原则所要求的平等是法律地位上的平等，而非经济地位的平等或者经济实力的平等，是交易机会的平等而非交易结果的平等。

4. 平等地受法律保护

不论合同主体是自然人、法人还是其他组织，只要合同权益合法，都应平等地给予保护。

（二）自愿原则

自愿原则又称自由原则，是指当事人在订立、变更和终止合同时，要以各自的真实意思来表示自己意愿的原则。自愿原则与平等原则密切相连，由于当事人的地位平等，不同的当事人在意志上是独立的，任何一方当事人不受他方当事人意志的支配。该原则要求当事人在设立、变更和终止合同时充分表达自己的真实意志，同时也给了当事人依法自愿订立合同的权利。

（三）公平原则

公平即利益均衡，既是社会公德的要求，同时也是价值规律的要求和体现。它是作为一种价值判断标准来衡量合同主体之间的物质利益关系，追求社会关系的公正合理的境界。公平原则有三层含义。

（1）当事人应当公平地确定双方的权利和义务。

（2）在合同履行的过程中公平地处理具体问题。例如，在债务人提前履行全部或者部分债务的情况下，如果债务人上述行为损害了债权人的利益，则债权人有权拒绝接受；而如果该行为不损害债权人利益，则债权人是应当接受的，但因此而给债权人增加的费用应当由债务人承担。

（3）公平地确定合同的违约责任。例如,根据《合同法》第一百一十七条～第一百一十九条的规定,合同因不可抗力而不能履行的,根据不可抗力的影响,不能履约的一方可以部分或者全部免除责任(但法律另有规定的除外),但该方当事人有义务及时通知对方以减轻可能给对方造成的损失。当事人一方违约后,对方当事人应当采用适当的措施防止损失的扩大,如果没有采取适当措施致使损失扩大的,后者不得就扩大的损失要求赔偿,但为防止损失扩大而支出的合理费用应当由违约方承担。

（四）诚实信用原则

诚实信用原则是在市场经济活动中形成的道德规则的法律化,起源于罗马法,几乎是大陆法系各国民法中的唯一通用原则。它要求人们在市场活动中讲究信用,恪守诺言,诚实不欺,不规避法律或者曲解合同约定,在不损害国家利益、社会利益和他人利益的前提下追求自己的利益。在合同关系中,诚实信用原则包括以下内容:

（1）当事人必须以诚实、善意的内心状态对待另一方当事人。在订立合同时,应依法陈述应当陈述事项,不得隐瞒事实真相,以假充真,以次充好。对于是否承担某项义务,应慎重考虑,不可自不量力,随意签订合同。同业必须实行正当竞争,反对垄断。

（2）当事人应当依诚实信用方式行使权利。权利人应当尊重另一方当事人的利益,以善意方式行使权利并获得利益,不得滥用合同权利,损害他人利益和社会公共利益。

（3）当事人应当依诚实信用的方式履行义务。

（五）守法原则

守法原则又称合法原则,或称合法与公序良俗原则。《合同法》第七条规定:"当事人订立、履行合同,应当遵守法律、行政法规,尊重社会公德,不得扰乱社会经济秩序,损害社会公共利益。"根据这一规定,守法原则的内容包括:任何单位和个人不得利用合同进行违法行为,牟取非法利益;在合同运行中,合同的主体资格、合同的内容、合同的形式和订立合同的程序应当合法,合同的转让、变更、解除、担保等必须合法,不得违背社会公德、社会经济秩序、社会公共利益等公序良俗。社会公德是人们在长期的社会生活中形成的公共道德,如提倡顾全大局、互助友爱、扶贫济困等美德;社会公共利益是全社会的共同利益,如维护经济秩序、爱护公共财物、保护自然资源与环境、维护国家安全等。公序良俗涵盖面广,可以弥补法律、法规不尽完善之处,也是国家对合同行为进行干预的最根本尺度。

第二节　合同的订立

合同的订立是指两个或者两个以上的当事人依法就合同内容经过协商一致达成协议的法律行为。订立合同是确定当事人之间权利和义务关系的过程,是合同得以履行的前提,直接涉及合同当事人能否达到其订约目的。通过订立合同,国民经济各部门、各地区、各环节、各企业可以有机联系起来,促进国民经济的发展。对企业生产经营者来说,订立合同为企业制定计划、安排采购、组织企业协作,以及搞好产、销、运活动奠定了基础。合同也是判断当事人之间纠纷责任的依据。自然人、法人、非法人组织及委托代理人订立合同时,其主体资格必须符合法律的相关规定。《合同法》第九条规定:"当事人订立合同,应当具有相应的民事权利能力和民事行为能力。当事人依法可以委托代理人订立合同。"

一、合同的表现形式

合同的表现形式是指体现合同内容的明确当事人权利和义务的方式,它是双方当事人意思表示一致的外在表现,是合同的载体。只有通过合同的形式,才能证明合同的客观存在,合同的内容也才能为人所知晓。《合同法》第十条规定:"当事人订立合同,有书面形式、口头形式和其他形式。法律、行政法规规定采用书面形式的,应当采用书面形式。当事人约定采用书面形式的,应当采用书面形式。"

(一)书面形式

书面形式是指一切可以有形地表现所载内容的形式。它通过文字凭据确定当事人之间的权利和义务关系,这样有利于当事人履行,并且发生纠纷时便于举证和分清责任。合同的书面形式可分为以下三类。

1. 合同书

合同书或者书面合同是当事人双方对合同有关内容协商一致,以某种文字、符号书写,并由双方签字(或者同时盖章)的最常用的合同文本。合同书有多种形式,有政府有关部门制定的示范文本、国际上或者行业协会制定的标准文本,也有营业者提供的营业格式合同文本,还有大量的双方当事人自己签订的非格式合同文本。

2. 信件

信件是指载有合同条款的文书,是当事人双方通过书信交往而积累下来的文件。信件有平信、挂号信以及特快专递等形式。

3. 数据电文

数据电文是指经电子、光学或者类似手段生成、储存、传递的信息。数据电文包括电报、电传、传真、电子数据交换(EDI)和电子邮件(E-mail)。通过计算机网络系统订立的合同称为电子合同或者电子商务合同。《合同法》将电子邮件和电子数据交换列入书面形式的规定,是借鉴国际上合同立法的经验。从根本上讲,这有利于促进电子商务的发展,也有助于当事人意识到电子合同的后果,从而认真订约和履约。电子文件与一般纸面文件所不同的是其容易被删除、篡改且不留痕迹,这就需要采取一定的措施有效地保管和保存电子信息,并通过一定的认证机构对电子信息的记录予以保存和证实。所以电子合同形式所载的内容必须"可以调取以备日后查用",否则就不能达到法律承认其作为书面形式的目的。联合国国际贸易法委员会的电子商业示范法对数据电文的规定就是"包括但不限于"电报、电传、传真、电子数据交换和电子邮件,表明数据电文随着社会的发展尚可有其他形式。

（二）口头形式

口头形式是指合同当事人用语言来体现合同内容的形式,包括面谈、电话接洽、录音表述等。口头形式合同简便易行,但一旦发生争议难以举证,不易分清责任。重大交易一般不宜采用此种形式。

（三）其他形式

除书面形式和口头形式外,合同还可使用其他形式,常见的有推定形式和沉默形式。

推定形式是指当事人未用语言、文字表达其意思,而是以积极行为表达于外部,使人推定其意思表示的作为形式。《合同法》在这方面作了两类规定,其一是第三十六条规定:"法律、行政法规规定或者当事人约定采用书面形式订立合同,当事人未采用书面形式但一方已经履行主要义务,对方接受的,该合同成立。"其二是第三十七条规定:"采用合同书形式订立合同,在签字或者盖章之前,当事人一方已经履行主要义务,对方接受的,该合同成立。"例如,某男士走进一家小超市拿了一瓶矿泉水,按标价掏出1元钱递给售货员,售货员接过钱后把水和收据交付该男士,即可推定该买卖合同成立。

沉默形式是指既无语言与文字,又无行为的不作为形式。在一般情况下,当事人保持沉默是无任何法律意义的,只有在法律规定或者当事人双方有约定的情况下,才可以赋予当事人的不作为以一定意思表示,产生相应的法律效果。这种效果多是消极的,如根据《合同法》第四十七条、第四十八条的规定,相对人(第三人)催告限制行为能力的法定代理人或者无权代理中的被代理人追认的,法定代理人或者被代理人未作表示的,视为拒绝。但也有产生积极法律效果的情形,如根据《民法通则》第六十六条第一款的规定,本人知道他人以本人名义实施民事行为而不作否认表示的,视为同意;根据《合同法》第一百七十一条的规定,试用期满买受人未作表示的,视为购买。

二、合同条款

合同条款是合同条件的表现和固定化,是确定合同当事人权利和义务的根据。从法律文书而言,合同内容是指合同的各项条款。故合同条款应当明确、肯定、完整,条款之间不能相互矛盾。

（一）合同主要条款

根据《合同法》第十二条的规定,合同一般包括以下条款。

1. 当事人的名称或者姓名和住所

当事人是法人和其他组织的,要写经核准登记的单位全称。当事人是自然人的,其姓名应当与公安机关颁发的身份证上的姓名相一致。法人和其他组织的住所是指主要办事机构所在地。自然人的住所是指自然人长期生活和活动的主要场所。

2. 标的

标的是指合同当事人双方的权利和义务所共同指向的对象,即合同法律关系的客体。

合同对有形财物的名称、型号、规格、品种、等级、花色等都要约定得细致、准确、清楚,防止差错;对不易确定的无形财产、劳务、工作成果等更要尽可能地叙述准确、明白。总之,要使标的物特定化。订立合同中还应当注意各种语言、方言以及习惯称谓的差异,避免不必要的麻烦和纠纷。例如,某公司因生产需要急需订购一批精干麻,但是与对方签合同时把型号写成了苎麻的型号,验货时才如梦初醒。

3. 数量

数量是指标的在量方面的限度,是以数字和计量单位来衡量的尺度。在合同中应当明确规定标的数量及其计量单位、计量方法、计量工具。对于某些产品,必要时应当在合同中写明有关主管部门颁发的交货数量的正负尾差、合理磅差和在途自然减(增)量规定及计算方法;对于机电设备,必要时应当在合同中明确规定随主机的辅机、附件、配套的产品、易损耗备品、配件和安装修理工具等;对于成套供应的产品,应当提出成套供应清单。

4. 质量

质量主要是指标的的具体特征。合同中要规定对产品负责的条件和期限;明确产品质量和包装质量等的验收标准,有国家强制性标准或者行业强制性标准的,不得低于国家强制性标准或者行业强制性标准;对于实行抽样检验质量的产品,合同中应当注明采用的抽样标准或者抽样方法和比例;有些产品在商定技术条件后需要封存样品的应当由当事人双方共同封存,分别保管,作为检验依据。

5. 价款或者报酬

价款或者报酬统称价金,是接受标的一方当事人向另一方支付的货币。该条款是合同法律关系中当事人双方权利和义务的量化体现,是合同的必备条款。价金除法律另有规定外,应用人民币计算和支付。涉外合同用何种货币支付必须在合同中写明,以防因汇率变化发生争议。

6. 履行期限、地点和方式

履行期限是指合同双方当事人履行义务和实现权利的时间界限。在订立合同履行期限条款时,必须具体明确,文字表述准确,不应使用容易引起歧义的字句。例如,语句"交货期限为 15 天左右""货到后 3 个月内付款"等履行起来都很模糊。

履行地点是指当事人一方按照合同约定履行义务,另一方接受履行的地方。履行地点关系到合同能否按时履行、有关费用的承付、当事人的责任承担及人民法院对合同争议的管辖权,由此可见该条款的重要性。因此在订立合同时,应当对履行地点作出明确的规定。例如,合同中规定交货地点"沈阳",这还不够,如果是铁路代运,还应当规定是"沈阳北站"还是"沈阳南站",或者企业自备专用线。

履行方式是指当事人采用什么方法来履行合同规定的义务。履行方式可分为时间方式和行为方式。时间方式是指合同是一次性履行完毕,还是分期分批或者滚动履行。行为方式是指当事人交付标的物的方法,包括交付货物方式(自提、送货、代运等)、实施行为方式、移交工作成果方式及验收方式。履行方式还包括价款或者报酬的支付方式、结算方式等。

7. 违约责任

违约责任是指当事人违反合同义务,依法应承担的责任。条款应当明确违约责任承担方式及赔偿范围、免责条件和具体情由,有利于双方严肃认真地签订和履行合同,以保护当事人合法权益。

8. 解决争议的方法

解决争议的方法是指为处理争执纠纷而采取的方式、程序。可约定选择协商、调解、仲裁或者诉讼等方式处理争议。

除以上八个条款外,在签订合同时,根据法律规定或者按合同性质必须具备的特有条款也必须写入。例如,对于与金融机构之间的借款合同,按有关法规要求在合同中必须明确规定贷款用途。

(二)合同条款的种类

根据合同条款的地位和作用,合同条款主要有以下几类。

1. 必备条款和非必备条款

所谓必备条款,是指根据合同的性质和当事人的特别约定所必须具备的条款,缺少这些条款将影响合同的成立,如合同当事人名称或者姓名、标的、数量;非必备条款又称普通条款,是指即使合同不具备这些条款也不影响合同的成立,如有关履行期限、价款或者报酬、质量等,在缺少这些条款的情况下,可以根据《合同法》第六十一条、第六十二条的规定填补漏洞。

2. 格式条款和非格式条款

格式条款是指当事人为了重复使用而预先拟定,并在订立合同时未与对方协商的条款。非格式条款是指当事人在订立合同时与对方协商的条款。《合同法》第三十九条、第四十条、第四十一条对其作了相应规定,其中重要的有:采用格式条款订立合同的,提供格式条款的一方应当遵循公平原则确定当事人之间的权利和义务;提供格式条款的一方免除其责任、加重对方责任、排除对方主要权利的,该条款无效;对格式条款有两种以上解释的,应当作出不利于提供格式条款一方的解释;格式条款和非格式条款不一致的,应当采用非格式条款。

3. 实体条款和程序条款

凡是规定当事人在合同中所享有的实体权利和义务内容的条款都是实体条款。例如,有关合同标的、数量、质量的规定等都是实体条款。程序条款主要是指当事人在合同中规定的履行合同义务的程序及解决合同争议的条款。

4. 有责条款和免责条款

有责条款是指当事人在合同中约定的,其违约合同应承担的责任条款,即违约条款。免责条款是指当事人在合同中约定的,免除或者限制其未来责任的条款。

三、合同订立的过程

《合同法》第十三条规定:"当事人订立合同,采取要约、承诺方式。"《合同法》对要约、承诺加以规范,是借鉴国际上的一般作法,有利于促进合同的订立与保护当事人的权利和义务,标志着我国合同立法的进一步完善。

(一)要约

要约是指希望和他人订立合同的意思表示,通常又称报价、发价、发盘或者出盘等。发出要约的当事人称为要约人,要约所指向的对方当事人称为受要约人。

1. 要约的有效要件

要约通常都有特定的形式和内容,一项要约要发生法律效力,则必须具有特定的有效要件。根据《合同法》的规定与合同实务,要约应同时具备以下四要件才有效:

(1)要约必须是具有订约能力的特定人的意思表示。一项要约除应由有订立合同资格和履行能力的当事人发出外,还应让人们能够确定发出要约的是谁。只有这样,受要约人才能对之承诺。

(2)要约内容必须具体确定。要约应具备足以使合同成立的基本条件,即要约内容必须包含要约所希望订立合同的基本条款。要约的法律意义在于:受要约人一旦承诺,合同即告成立。至于具备哪些内容才算要约内容具体确定,不同性质的合同有不同要求,应当根据具体情况确定。

(3)要约必须向希望与之缔结合同的相对人发出。要约的相对人可以是特定人,也可以是不特定的人。要约原则上应向特定的相对人发出,但在某些特定情况下允许向不特定的人发出。若向不特定人发出要约,必须具备两个要件:一是必须明确表示其作出的建议是一项要约,如在广告中注明"本广告构成要约"等;二是必须明确承担向多人发出要约的责任,如果在向数人作出承诺而要约人无履约能力,要约人应对其要约产生的后果承担责任。

(4)表明经受要约人承诺,要约人即受该意思表示约束。要约是订立合同的必经程序,这就要求:其一,要约人必须具有缔结合同的目的;其二,有与受要约人订立合同的义务,要约于送达受要约人时生效,要约人受其约束,在一定条件下不得撤销、变更或者限制其要约;其三,要约向特定人发出而且标的指向特定物时,要约人不得再向第三人发出要约或者订立合同;其四,受要约人一旦承诺,要约人有义务接受受要约人的承诺,不得拒绝。

2. 要约与要约邀请的区别

要约邀请又称要约引诱或者询盘,是希望他人向自己发出要约的意思表示。要约邀请的目的是让对方对自己发出要约,是订立合同的一种预备行为,在性质上是一种事实行为,并不产生任何法律效果。因此,要约邀请本身不具有法律意义。在合同理论上,要约与要约邀请的区别主要有四点:

(1)目的不同。要约以订立合同为直接目的,要约邀请只是诱使他人向自己发出要约。

(2)内容不同。要约必须包含能够使合同得以成立的必要条款;要约邀请的内容仅仅是订立合同的建议,通常不包含合同主要条款,即使他人同意,也无法使合同成立。

（3）对象不同。要约一般向特定对象发出；要约邀请的对象可以是特定的，也可以是不特定的。

（4）方式不同。要约一般采用对话方式、信函方式等；要约邀请一般借助报刊、广播、电视发出。

3. 要约的生效时间

要约的生效时间因要约形式的不同而异。口头形式的要约，自受要约人了解要约时发生效力。书面形式的要约，其发生法律效力的时间有发出主义、到达主义及了解主义等不同学说。发出主义主张要约于要约人向受要约人发出时即发生效力，不管受要约人是否收到。到达主义主张要约必须到达受要约人时才发生法律效力。了解主义主张要约到达受要约人并被其了解时才发生法律效力。我国和大陆法系法律一样采用到达主义，英美法系通常采用发出主义。《合同法》第十六条规定："要约到达受要约人时生效。采用数据电文形式订立合同，收件人指定特定系统接收数据电文的，该数据电文进入该特定系统的时间，视为到达时间；未指定特定系统的，该数据电文进入收件人的任何系统的首次时间，视为到达时间。"

4. 要约的撤回和撤销

要约的撤回是指在要约生效前，要约人使其不发生法律效力的意思表示。《合同法》规定要约到达受要约人时生效，口头形式要约在被受要约人了解时就已生效，要约的撤回只适用于书面形式的要约，并且撤回要约的通知应当在要约到达受要约人之前或者与要约同时到达受要约人时撤回才发生效力。

要约的撤销是指在要约生效后，要约人使其丧失法律效力的意思表示。撤销可以是全部内容的撤销，也可以是部分内容的变更。撤销要约的通知应当在受要约人发出承诺通知之前到达受要约人。《合同法》规定以下情况除外：第一，要约人确定了承诺期限或者以其他形式明示要约不可撤销的；第二，受要约人有理由认为要约不是可撤销的，并已经为履行合同作了准备工作。该规定是对要约人撤销要约的限制。如果受要约人在收到要约后，基于对要约的依赖，已为准备承诺支付了一定的费用，在要约撤销后应有权要求要约人给以适当补偿。

5. 要约的失效

要约的失效是指要约丧失法律效力。根据《合同法》第二十条的规定，要约失效的原因主要有：① 拒绝要约的通知到达要约人；② 要约人依法撤销要约；③ 承诺期限满后，受要约人未作出承诺；④ 受要约人对要约的内容作出实质性变更。其中，当受要约人对要约的实质内容作出限制、更改或者扩张，从而会形成反要约或者新要约，表明受要约人已拒绝要约，要约失效，同时也向要约人提出了一项反要约。

（二）承诺

承诺又称收盘，是受要约人同意要约的意思表示。承诺一经作出，并送达要约人，合同即告成立，要约人有义务接受承诺，并受该意思表示的约束。

1. 承诺的生效要件

承诺应同时具备以下四要件,才能产生合同成立的法律效力,缺少任何一个要件都将形成一个新要约:

(1)承诺必须由受要约人作出。要约中的受要约人是要约人选定的交易相对人,受要约人进行承诺的权利是要约人赋予的,只有受要约人才具备承诺的资格,如果第三人对要约人作了所谓的"承诺",只能视为对要约人发出了要约。

(2)承诺必须向要约人作出。承诺是对要约的同意,因此只有向要约人作出承诺才能导致合同的订立。如果对要约人以外的其他人作出承诺,则只能视为对其他人发出要约。

(3)承诺的内容应当和要约的内容一致。这是承诺最核心的要件,承诺必须是对要约完全的、单纯的同意,因为如果受要约人想与要约人订立合同,必须在内容上与要约的内容一致,否则要约人就可拒绝受要约人而使合同不能成立。有关合同标的、数量、质量、价款或者报酬、履行期限、履行地点和方式、违约责任和解决争议方法等的变更,是对要约内容的实质性变更。承诺对要约的内容作出实质性变更的,视为新要约。对要约的内容作出非实质性变更的,除要约人及时表示反对以外,该承诺有效,合同的内容以承诺的内容为准。但如果要约人事先声明要约的任何内容都不得改变,则受约人更改要约的非实质性内容也会产生拒绝要约的效果。

(4)承诺应当在要约确定的期限内到达要约人。

承诺的期限应当由要约人在要约中规定,明确了承诺期限的,承诺人的承诺只有在要约确定的期限内到达要约人,才能视为有效的承诺。此处所说的承诺期限,应当理解为承诺人发出承诺的通知以后实际到达要约人的期限。例如,要约人在要约中规定,10天内作出答复,指的是在10天内承诺人或者受要约人发出的承诺通知到达要约人的手中。

要约没有确定承诺期限的,承诺应当依照下列规定到达:① 要约以对话方式作出的,应当即时作出承诺的意思表示,但当事人另有约定的除外;② 要约以非对话方式作出的,应当在合理期限内到达要约人。这里所指的"合理期限"可分为三个阶段:一是要约到达受要约人所需的时间;二是承诺所必需的时间;三是承诺的通知到达要约人所必需的时间。合理期限就是三个阶段所需时间之和。

2. 承诺期的起算

要约以电报或者信件作出的,承诺期限自信件载明的日期或者电报交发之日开始计算。信件未载明日期的,自投寄该信件的邮戳日期开始计算。要约以电话、传真等快速通信方式作出的,承诺期限自要约到达受要约人时开始计算。

但在实践中,有时受要约人没有迟发承诺通知,但因传递、传达等非承诺人自身原因致使承诺超过承诺期限到达要约人,承诺的效力又该如何确定呢?《合同法》第二十九条规定:"受要约人在承诺期限内发出承诺,按照通常情形能够及时到达要约人,但因其他原因承诺到达要约人时超过承诺期限的,除要约人及时通知受要约人因承诺超过期限不接受该承诺的以外,该承诺有效。"这种规定符合法律上过错原则的精神,有利于交易达成。

3. 承诺的方式

承诺的方式是指受要约人将其承诺的意思表示传达给要约人所采用的方式。《合同法》第二十二条规定:"承诺应当以通知的方式作出,但根据交易习惯或者要约表明可以通过行为作出承诺的除外。"这表明:① 承诺可采用口头或者书面形式通知要约人,即"明示"方式;② 受要约人可按交易习惯或者当事人约定通过一定的行为或者其他形式对要约人作出承诺,即"默示"方式。这种行为通常是指履行的行为,如预付价款、装运货物或者在工地上开始工作等。例如,甲写信向乙借款,乙未回信但直接将借款寄来,从而推定已承诺。一般最常用的承诺方式是第一种。

需要注意的是,选择"默示"方式承诺,须符合两种情形中的一种:第一,要约人在要约中选择以行为作为承诺方式。例如,要约人在要约中明确表明:"同意上述条件,即可在×月×日内发货。"这表明要约人同意受要约人以发货行为作为承诺的意思表示。第二,依交易习惯,某种合同行为可以用行为的方式承诺。例如,在房屋租赁合同中,租赁期限届满,承租人继续缴纳租金,出租人收取租金的,就视为其接受了续租的要约,作出了续租的承诺。再如,有长期业务往来的法人之间,依据惯例,需货方仅需要向供货方发出所需货物名称、数量和规格的传真,供货方就会在收到传真的次日将货物托运给需货方。需货方的传真可视为要约,供货方的发货即视为承诺。

4. 承诺的生效与撤回

承诺的生效与要约的生效一样,我国还是采用到达主义。《合同法》第二十六条规定:"承诺通知到达要约人时生效。承诺不需要通知的,根据交易习惯或者要约的要求作出承诺的行为时生效。"

承诺的撤回是指阻止承诺发生法律效力的一种意思表示。《合同法》第二十七条规定:"承诺可以撤回。撤回承诺的通知应当在承诺通知到达要约人之前或者与承诺通知同时到达要约人。"

(三)合同成立

合同成立是指当事人双方意思表示一致,确定特定合同关系的行为。

1. 合同成立的要件

(1)必须有两个以上的当事人。

(2)订约当事人对主要条款达成合意。

(3)应具备要约和承诺阶段。要约和承诺是合同成立的必经阶段,也是合同成立的基本规则。

以上只是合同成立的一般要件。实践中,由于合同的性质和内容不同,许多合同因此还可能具有其特定的成立要件。通常,对实践合同来说,应以实际交付标的物作为成立要件。例如,《合同法》第二百九十三条规定:"客运合同自承运人向旅客交付客票时成立,但当事人另有约定或者另有交易习惯的除外。"而对要式合同来说,则应履行一定的方式才能成立。例如,《合同法》第二百七十条规定:"建设工程合同应当采用书面形式。"

2. 合同成立的时间

合同成立的时间是由承诺实际生效的时间所决定的。《合同法》第二十五条规定:"承诺生效时合同成立。"即承诺生效的时间就是合同成立的时间。具体运作起来,《合同法》和合同实务对此作了如下界定:

(1)当事人采用合同书形式订立合同的,自双方当事人签字或者盖章时合同成立。(《合同法》第三十二条)

(2)当事人采用信件、数据电文等形式订立合同时,可以在合同成立之前要求签订确认书,签订确认书时合同成立。(《合同法》第三十三条)

(3)法律、行政法规规定或者当事人约定采用书面形式订立合同,当事人未采用书面形式但一方已经履行主要义务,对方接受的,该合同成立。(《合同法》第三十六条)

(4)采用合同书形式订立合同,在签字或者盖章之前,当事人一方已经履行主要义务,对方接受的,该合同成立。(《合同法》第三十七条)

(5)国家指令性合同的成立一般是无条件地快速作出承诺。

特殊情况下,国家为了救灾等需要,也会给有关生产和运输部门下达指令性计划或者订货任务,有关企业必须依据国家指令性计划任务或者国家订货任务订立合同,不得借口合同自愿而不以落实。《合同法》第三十八条规定:"国家根据需要下达指令性任务或者国家订货任务的,有关法人、其他组织之间应当依照有关法律、行政法规规定的权利和义务订立合同。"

3. 合同成立的地点

《合同法》第三十四条规定:"承诺生效的地点为合同成立的地点。"从原则上来说,承诺生效的地点就是合同成立的地点,但从实际来看,还应考虑到合同的表现形式、要式与非要式等因素,因此合同成立地点的认定有以下几种情况:

(1)当事人采用合同书形式订立合同的,双方当事人签字或者盖章的地点为合同成立的地点。

(2)当事人采用数据电文形式订立合同的,收件人的主营业地为合同成立的地点;没有主营业地的,其经常居住地为合同成立的地点;当事人另有约定的,按照其约定。

(3)不要式合同应以承诺发生效力的地点为合同成立地点。

(4)要式合同应以完成法定或者约定形式的地点为合同成立地点。

四、缔约过失责任

缔约过失责任简称缔约责任,是指在订立合同过程中,一方因过错而违背其基于诚实信用原则所应负的先合同义务,导致合同不成立、无效或者被撤销,由此给对方造成信赖利益的损失,过错一方依法应承担的赔偿责任。

(一)缔约过失责任的构成要件

(1)责任人要有缔约的过错。缔约的过错是承担赔偿责任的基础,否则就不负缔约过失责任。

（2）过失发生的时间只能是在合同订立过程中，并伴随着合同不成立、无效或者被撤销等阻止合同生效的现象。

（3）要有造成实际损失的事实。

（4）缔约过失行为与损失事实之间要有因果关系。

当缔约过失责任成立时，过失人应赔偿损害方订约费用、"履约准备"所支出的费用、合理的间接损失、诉讼费用等实际损失。

（二）缔约过失责任的类型

根据《合同法》第四十二条、第四十三条的规定，缔约过失责任主要有四种类型。

1. 假借订立合同，恶意进行磋商，简称恶意磋商

恶意包括两方面内容：一是行为人主观上并没有谈判意图；二是行为人主观上具有给对方造成损害的动机，并造成损失的后果。

2. 故意隐瞒与订立合同有关的重要事实或者提供虚假情况，简称订约欺诈

所谓隐瞒，是指明知应该向对方通报情况而故意不予通报；所谓重要事实，是指那些足以影响另一方当事人判断是否订约的事实；所谓提供虚假情况，是指捏造与事实不符或者根本不存在的情况通报对方。《民法通则意见》第六十八条规定："一方当事人故意告知对方虚假情况，或者故意隐瞒真实情况，诱使对方当事人作出错误意思表示的，可以认定为欺诈行为。"

3. 泄露或者不正当使用商业秘密，简称侵犯商业秘密

商业秘密是指不为公众所知悉、能为权利人带来经济利益、具有实用性并经权利人采取保密措施的技术信息和经营信息，如秘密配方、客户名单、账号等。在订立合同过程中，一方当事人对对方商业秘密负有保密义务。侵犯商业秘密的行为构成要件主要有：① 当事人必须知道或者应该知道披露的信息属于商业秘密；② 泄露和不正当使用商业秘密；③ 因泄露和不正当使用商业秘密给对方造成损失。至于行为人主观上出于故意或者过失则不考虑。

4. 有其他违背诚实信用原则的行为

常见的有以下情形：

（1）违反有效要约和要约邀请。例如，某房地产开发公司于售楼广告中称客户入住后将开通免费进市区班车，后虽开通，但数月后即停止。

（2）违反初步协议或者许诺。例如，王某与某小学商定捐款100万元改建校舍，并承诺捐款于9月到位，要求学校此前做好准备，并备好配套资金。嗣后，学校将旧校舍拆除，并贷款50万元。后王某以生意亏损为由拒绝捐款，给学校造成损失。

（3）未尽保护、照顾等附随义务。例如，店堂地滑，致顾客摔伤。

（4）违反强制缔约义务。例如，公共汽车司机无正当理由拒载。

（5）无权代理。若无权代理未被被代理人追认，又不构成表见代理，则应由行为人承担

缔约过失责任。

第三节　合同的效力

一、合同的生效

合同的法律约束力不来源于当事人的意志,而是在于法律的赋予。《合同法》第八条规定:"依法成立的合同,对当事人具有法律约束力,当事人应当按照约定履行自己的义务,不得擅自变更或者解除合同。"当事人的合同约束力表现在两个方面:当事人根据合同所产生的义务具有法律的强制性;如果当事人违反合同义务,则应当承担违约责任。

(一)合同生效的要件

合同的成立与生效是紧密联系的,合同成立是合同生效的前提条件,合同生效是合同依法成立后的延续与目的。合同生效的实质要件有:

(1)主体合格,即合同当事人具有相应订立合同的民事行为能力。

(2)意思表示真实。意思表示是指行为人将其内在意思表示于外部的行为。合同双方签订合同时,必须出于自身真实的意思在合同上签字,没有重大误解,没有错误陈述、欺诈、胁迫等情况。

(3)不违反法律和社会公共利益。一是要求合同签订的各项条款和目的符合法律规定,如不可以签订买卖毒品的合同或者租赁房屋生产假冒伪劣商品的合同;二是签订的合同不可违背一国社会生活的政治基础、社会秩序、道德准则和风俗习惯等社会公共利益。

(4)合同必须具备法律规定的形式。

(二)合同生效的时间

合同生效的时间依法包括以下四种情形。

1. 合同成立时生效

根据《合同法》第四十四条的规定,依法成立的合同自成立时生效。

2. 办理批准、登记手续后生效

凡由法律、行政法规规定应当办理批准等手续生效的,在办理了相应的批准、登记手续后生效。例如,《中外合资经营企业法》规定,中外合资经营企业合同只有在经过批准之后,才能生效。

3. 条件成就时生效

所谓条件,是指由当事人议定的将来可能发生的合法的事实或者行为。这一事实或者行为的发生称为条件成就。《合同法》第四十五条规定:"当事人对合同的效力可以约定附条件。附生效条件的合同,自条件成就时生效。附解除条件的合同,自条件成就时失效。当事人为自己的利益不正当地阻止条件成就的,视为条件已成就;不正当地促成条件成就的,视为条件不成就。"例如,某煤炭供销合同中双方当事人约定:"近期不发生台风事件合同生

效,方可供应煤炭。"

通常能够作为合同所附条件的事实必须符合下列要求:① 必须是在订立合同时尚未发生的客观不确定的事实;② 当事人选定的事实属任意条款,而非法律规定的事实或者条件;③ 事实必须是合法的;④ 条件所限制的是合同效力的发生和消灭,而不涉及合同的其他内容。

4. 期限届至时生效

《合同法》第四十六条规定:"当事人对合同的效力可以约定附期限。附生效期限的合同,自期限届至时生效。附终止期限的合同,自期限届满时失效。"例如,某合同中规定:"本次航行终了,租赁合同即告终止",或者"本合同自某年某月某日生效"。设定期限应具有以将来确定事实的到来为内容、限制合同效力、由当事人议定的而不是法定等特点。

二、合同的效力类型

从合同的效力角度考虑,合同主要分为有效合同、效力待定合同、可撤销合同和无效合同四种效力类型。

（一）有效合同

所谓有效合同,是指依照法律的规定成立并在当事人之间产生法律约束力的合同。

1. 一般的有效合同

合同要有效,一般应具备上文所述的合同成立和合同生效的各种要件。依法成立的合同自成立时就有效。

2. 特殊的有效合同

在市场经济生活里,还有一些既符合有效合同一般要件,又受其他经济行为决定的特殊有效合同,主要包括:

（1）表见代理人依法订立的合同。《合同法》第四十九条规定:"行为人没有代理权、超越代理权或者代理权终止后以被代理人名义订立的合同,相对人有理由相信行为人有代理权的,该代理行为有效。"

（2）表见代表人依法订立的合同。"表见代表"与"表见代理"两概念相似,只是行为主体不一样,无权代理人换成了组织的法定代表人或者负责人。《合同法》第五十条规定:"法人或者其他组织的法定代表人、负责人超越权限订立的合同,除相对人知道或者应当知道其超越权限的以外,该代表行为有效。"

（3）限制民事行为能力人订立的纯获利益的合同,或者与其年龄、智力、精神健康状况相适应而订立的合同及事先取得法定代理人同意的合同。《合同法》第四十七条规定:"限制民事行为能力人订立的合同,经法定代理人追认后,该合同有效,但纯获利益的合同或者与其年龄、智力、精神健康状况相适应而订立的合同,不必经法定代理人追认。"例如,购买零食、文具,接受奖励、赠与等。该类合同不存在主体瑕疵,如果没有其他无效因素,则无须法定代理人的事先同意和事后追认,即为确定有效的合同,目的是保护限制民事行为能力人的权益。

（4）被追认的效力待定合同。

（5）可撤销合同未撤销之前。

（二）效力待定合同

效力待定合同是指合同成立时是否发生效力不能确定，有待其他行为使之确定的合同。效力待定合同的种类通常有以下三类。

（1）限制民事行为能力人依法不能独立订立的合同。

（2）无权代理人订立的合同。《合同法》第四十八条规定："行为人没有代理权、超越代理权或者代理权终止后以被代理人名义订立的合同，未经被代理人追认，对被代理人不发生效力，由行为人承担责任。"需要注意的是，如果未经被代理人追认，合同仅对被代理人不发生效力，并不是该合同不发生任何效力。

（3）无权处分合同。所谓无权处分合同，是指无处分权人处分他人财产，并与相对人订立转让财产的合同。无权处分行为违反了法律关于禁止处分的规定，并可能会损害真正权利人的利益。例如，甲将某物借给乙使用，乙将该物非法转让给丙，乙、丙之间的买卖合同属于因无权处分而订立的合同。

对于上述三类效力待定合同，为了保护相对人的正当权益，并使合同效力和交易关系尽快确定下来，《合同法》赋予了相对人催告权和撤销权。相对人可以催告法定或者委托代理人和有财产处分权人在 1 个月内予以追认，其未作表示的，视为拒绝追认。追认必须以明示的、积极的方式作出。合同被追认之前，善意相对人有撤销的权利。善意相对人主要是指不知行为人为限制民事行为能力人、无权代理人或者无财产处分权人的相对人。

效力待定合同可能产生的后果：有追认权人予以追认的，为有效合同；不予追认的，要么不生效，要么对被代理人或者财产所有权人不发生效力，由行为人承担责任；合同在被追认之前被善意相对人撤销的，合同不生效。

（三）可撤销合同

可撤销合同又称可撤销、可变更合同，是指当事人在订立合同时，因意思表示不真实，法律允许撤销权人通过行使撤销权归于无效的合同。根据《合同法》第五十四条的规定，可撤销合同的种类有以下几类。

1. 因重大误解订立的合同

所谓重大误解，是指一方因自己的过错对合同的主要内容等发生显著的误解，其后果是使误解者的利益受到较大的损失，或者达不到误解者订立合同的目的。根据《民法通则意见》第七十一条的规定，行为人因对行为的性质，对方当事人，标的物的品种、质量、规格和数量等的错误认识，使行为的后果与自己的意思相悖，并造成较大损失的，可以认定为重大误解。

2. 显失公平的合同

显失公平的合同是指一方在订立合同时因情况紧急或者缺乏经验而订立的明显对自己

有重大不利的合同。例如,某人因资金严重短缺或者经营上的迫切需要与他人签订的高利贷合同。显失公平合同的构成要件有两方面:一是客观上当事人的利益不平衡;二是主观上一方当事人故意利用其优势或者当事人的轻率、无经验等订立合同。

3. 利用欺诈、胁迫或者乘人之危订立的合同

欺诈是指一方当事人故意欺骗他人,使他人陷入错误认识而与之订立合同的行为。依据最高人民法院的有关司法解释,欺诈的构成要件为:① 欺诈方具有欺诈的故意;② 欺诈方实施了欺诈行为;③ 被欺诈的一方因欺诈而陷入错误认识;④ 被欺诈人因错误认识而作出了意思表示。

胁迫是指一方当事人以将来要发生的损害或者以直接施加损害相威胁,而使对方当事人产生恐惧并与之订立合同的行为,包括以将要发生的损害相威胁和直接面临的损害相威胁两种情况。胁迫应符合以下要件:① 胁迫人具有胁迫的故意;② 胁迫者实施了胁迫行为;③ 受胁迫者被迫作出了不真实的意思表示;④ 胁迫行为是非法的。

以欺诈、胁迫手段订立的合同,损害国家利益的,纳入无效合同范围;损害集体利益或者个人利益的,则一般属可撤销的合同。

乘人之危是指行为人利用他人的危难处境或者紧迫需要,强迫对方接受某种明显不公平的条件并作出违背其真实的意思表示。例如,出租车司机借抢救危重病人急需租车之机提高 10 倍的车价。乘人之危的合同具有如下特点:① 一方乘对方危难或者急迫之时逼迫对方;② 受害人出于危难或者急迫不得已而订立合同;③ 乘人之危所取得的利益超出法律允许的限度。

此外,对于撤销权的行使与消灭应把握以下几点:第一,撤销权具有选择性。根据《合同法》的意思自治原则,受损害方有选择合同效力的权利,既可撤销合同使之无效,也可不行使撤销权使合同保持有效或者变更合同。第二,撤销权的行使由撤销权人依诉讼或者仲裁方式向人民法院或者仲裁机构提出。第三,撤销权的行使是有期限的。具有撤销权的当事人自知道或者应当知道撤销事由之日起 1 年内没有行使的,撤销权消灭。

（四）无效合同

无效合同是指虽然合同已成立,但因其在内容上违反了法律、行政法规的强制性规定或者社会公共利益而无法律效力的合同。根据《合同法》第五十二条的规定,无效合同的种类有以下几种:

（1）一方以欺诈、胁迫的手段订立的损害国家利益的合同。

（2）恶意串通、损害国家、集体或者第三人利益的合同。

（3）以合法形式掩盖非法目的的合同。

（4）损害社会公共利益的合同。

损害社会公共利益的合同实质上是违反了社会公共道德,破坏了社会经济秩序和生活秩序。根据我国学术界的观点,此类合同包括十种:① 危害国家经济秩序的行为(如以从事犯罪或者帮助犯罪行为作为内容的合同、规避课税的合同等);② 危害家庭关系的行为(如

约定断绝父子关系的合同、婚姻关系中的违约金条款等）；③ 违反性道德的行为（如对婚外同居人所作出的赠与和遗赠合同等）；④ 非法射幸合同（如赌博合同等）；⑤ 违反人格和人格尊严的行为（如以债务人的人身为抵押的合同条款等）；⑥ 限制经济自由的行为（如限制职业自由的条款等）；⑦ 违反公平竞争的行为（如拍卖或者招标中的串通行为，以贿赂方法诱使对方的雇员或者代理人与自己订立的合同等）；⑧ 违反消费者权益保护的行为（如利用欺诈性的交易方法致使消费者权益受到重大损害等）；⑨ 违反劳动者保护的行为（如规定"工伤概不负责"及女雇员一旦结婚立即辞退等合同）；⑩ 暴利行为。

（5）违反法律、行政法规的强制性规定的合同。

这种合同属于最典型的无效合同。这里强调的是违反法律与行政法规，《最高人民法院关于适用〈中华人民共和国合同法〉若干问题的解释（一）》（简称《合同法解释（一）》）第四条进一步明确："……人民法院确认合同无效……不得以地方性法规、行政规章为依据。"

合同无效和被撤销意味着合同自始就没有法律效力，其法律后果主要表现为应返还财产、折价补偿、赔偿损失及收归国有或者返还集体与第三人。

第四节　合同的履行

合同的履行是指合同当事人按照约定或者法律规定全面、正确地完成各自所承担的义务，从而使权利得到完全实现的整个行为过程。合同的履行是《合同法》的核心内容。合同的订立是为了履行合同，合同的成立是合同履行的前提，合同的效力是合同履行的依据，合同的变更和转让意味着履行内容和主体的变化，违约责任的规定是为了促使债务人履行合同。从这个意义来说，合同的履行是当事人追求合同目的得以实现的根本途径。

一、合同的履行规则

（一）合同内容的履行规则

当事人履行合同约定的内容时，在遵循诚实信用、全面、协作、经济合理等履行原则的基础上，应依次按下列规则进行：

（1）合同生效后，当事人应全面、正确地履行约定。

（2）主要内容未约定或者约定不明确的，可以协议补充。

（3）不能达成补充协议的，按合同有关条款或者交易习惯确定。

（4）仍不能确定如何履行的，适用下列规定：

① 质量要求不明确的，按照国家标准、行业标准履行；没有国家标准、行业标准的，按照通常标准或者符合合同目的的特定标准履行。

② 价款或者报酬不明确的，按照订立合同时履行地的市场价格履行；依法应当执行政府定价或者政府指导价的，按照规定履行。

③ 履行地点不明确，给付货币的，在接受货币一方所在地履行；交付不动产的，在不动产所在地履行；其他标的，在履行义务一方所在地履行。

④ 履行期限不明确的,债务人可以随时履行,债权人也可以随时要求履行,但应当给对方必要的准备时间。

⑤ 履行方式不明确的,按照有利于实现合同目的的方式履行。

⑥ 履行费用的负担不明确的,由履行义务一方负担。

(二) 执行政府指导价的合同履行规则

(1) 在合同约定的交付期限内政府价格调整时,按照交付时的价格计价。

(2) 逾期交付标的物的,遇价格上涨时,按照原价格执行;价格下降时,按照新价格执行。

(3) 逾期提取标的物或者逾期付款的,遇价格上涨时,按照新价格执行;价格下降时,按照原价格执行。

(三) 涉他合同的履行规则

(1) 当事人约定由债务人向第三人履行债务的,债务人未向第三人履行债务或者履行债务不符合约定,应当向债权人承担违约责任。

(2) 当事人约定由第三人向债权人履行债务的,第三人不履行债务或者履行债务不符合约定,债务人应当向债权人承担违约责任。

二、合同履行中的抗辩权

合同履行中的抗辩权是指在符合法定条件时,当事人一方对抗对方当事人的履行请求权,暂时拒绝履行其债务的权利,通常有以下三种情形。

1. 同时履行抗辩权

同时履行抗辩权是指互负债务、没有先后履行顺序的双务合同当事人一方,在对方未履行之前或者在对方履行债务不符合约定时,享有的不履行或者部分履行的权利。《合同法》第六十六条规定:"当事人互负债务,没有先后履行顺序的,应当同时履行。一方在对方履行之前有权拒绝其履行要求。一方在对方履行债务不符合约定时,有权拒绝其相应的履行要求。"它的成立应具备以下条件:

(1) 针对同一双务合同,并互负债务。

(2) 需由双方当事人同时履行且均已届清偿期。

(3) 对方当事人未履行债务或者未适当履行债务。

(4) 对方当事人有履行能力。如果对方当事人丧失了履行债务的能力,则同时履行的目的已不可能达到,不发生同时履行抗辩权问题,当事人只能通过其他途径补救,如解除合同。

2. 后履行抗辩权

后履行抗辩权是指在双务合同中,后履行的一方当事人在应当先履行的一方当事人未履行或者不适当履行时,享有不履行或者部分履行的权利。后履行抗辩权的成立应具备以下条件:

（1）针对同一双务合同，并互负债务。

（2）有先后履行顺序。多数双务合同的履行是有先后顺序的。

（3）先履行一方到期未履行债务或者未适当履行债务。在合同异时履行的情况下，负有先履行义务的一方应当先履行义务。如果先履行一方的债务已届履行期，但其不履行债务，则属违约，后履行一方有权拒绝先履行一方的履行要求。如果先履行一方的履行不符合合同约定，则后履行一方有权拒绝先履行一方履行债务不符合约定的相应部分。

（4）对方当事人有履行能力。

3. 不安抗辩权

不安抗辩权也称先履行抗辩权，是指双务合同中应当先履行的当事人有确切证据证明对方财产状况恶化，丧失或者可能丧失履行债务能力时，在对方没有履行或者提供担保之前，有中止履行自己债务的权利。后履行抗辩权是后履行一方所享有，不安抗辩权是先履行一方享有。

不安抗辩权成立应具备以下条件：

（1）针对同一双务合同，并互负债务。

（2）当事人一方须有先履行义务且已届履行期。

（3）后履行义务一方丧失或者可能丧失履行债务能力。没有确切证据证明对方丧失或者可能丧失履行债务能力的，不安抗辩权不能成立。根据《合同法》第六十八条的规定，应当先履行债务的当事人，有确切证据证明对方有下列情形之一的，可以中止履行：① 经营状况严重恶化；② 转移财产、抽逃资金，以逃避债务；③ 丧失商业信誉；④ 有丧失或者可能丧失履行债务能力的其他情形。当事人没有确切证据中止履行的，应当承担违约责任。

（4）对方当事人没有履行能力或者提供担保。先履行一方在行使不安抗辩权时负有两项义务：一是举证的义务，即要有确切的证据证明对方丧失或者可能丧失履行债务能力，否则应当承担违约责任。二是及时通知对方的义务，虽然行使不安抗辩权不需要征得对方的同意，但是为了避免对方因此受到损害，行使不安抗辩权的一方应及时通知对方，以便对方提供适当的担保。对方提供适当的担保后，应当恢复履行。如果先履行一方行使了不安抗辩权，对方既不能恢复履行能力，也不能提供适当的担保，先履行一方可以依法解除合同。

三、合同的保全

合同的保全又称责任财产保全，是指合同之债的债权人依据法律的规定，在债务人财产不正当减少给债权带来危害时，为保护其债权，行使代位权或者撤销权的措施。

（一）债权人的代位权

债权人的代位权是指因债务人怠于行使其到期债权，对债权人造成损害的，债权人可以向人民法院请求以自己的名义代位行使债务人债权的权利。

1. 代位权的行使条件

根据《合同法解释（一）》第十一条的规定，行使代位权应同时具备如下四个条件：

（1）债权人对债务人的债权合法。这是债权人行使代位权的前提和基础。

（2）债务人怠于行使其到期债权，对债权人造成损害。关于怠于行使的含义，根据《合同法解释（一）》第十三条的规定，《合同法》第七十三条规定的"债务人怠于行使其到期债权，对债权人造成损害的"，是指债务人不履行其对债权人的到期债务，又不以诉讼方式或者仲裁方式向其债务人主张其享有的具有金钱给付内容的到期债权，致使债权人的到期债权未能实现。

（3）债务人的债权已经到期。

（4）债务人的债权不是专属于债务人自身的债权。代位权的客体必须是非专属债务人自身的债权。根据《合同法解释（一）》第十二条的规定，专属于债务人自身的债权是指基于扶养关系、抚养关系、赡养关系、继承关系产生的给付请求权和劳动报酬、退休金、养老金、抚恤金、安置费、人寿保险、人身伤害赔偿请求权等权利。

2. 代位权的诉讼主体

代位权的行使主体是债权人，债务人的各个债权人在符合法律规定的条件下均可以代位行使债务人的债权。债权人必须以自己的名义提起诉讼，原告为债权人，而被告为次债务人，债权人未将债务人列为第三人的，法院可以追加债务人为第三人。

3. 代位权的行使范围

代位权的行使范围应以债权人的债权为限。某一债权人行使代位权，只能以其自身债权为基础，不能以未行使代位权的全体债权人的债权为保全的范围。债权人行使代位权请求数额超过债务人所负债务额或者超过次债务人对债务人所负债务额的，对超出部分人民法院不予支持。

4. 代位权的费用负担

债权人行使代位权的必要费用由债务人负担。在代位权诉讼中，债权人胜诉的，诉讼费由次债务人承担，从实现的债权中优先支付。

5. 代位权的行使效力

债权人行使代位权，经法院审理后认定代位权成立的，对债权人、债务人、次债务人均发生效力。

（1）对债权人的效力：由次债务人依法院判决向债权人履行还债义务，债权人与债务人、债务人与次债务人之间相应的债权、债务关系即予消灭。

（2）对债务人的效力：代位权行使的直接效果应当归属于债务人。

（3）对次债务人的效力：次债务人应当依法院的裁判向债权人作出履行。

（二）债权人的撤销权

债权人的撤销权是指债务人、第三人有损害债权的行为，债权人享有撤销该行为的权利。行使撤销权必须由债权人向法院起诉，由法院作出撤销债务人行为的判决才能发生撤销效果，因此撤销权又称撤销诉权或者废罢诉权。

1. 撤销权的成立条件

债权人的撤销权的成立条件因债务人所作的行为是否是有偿行为而有所不同。在无偿行为场合,只需具备客观条件;而在有偿行为的情况下,则必须同时具备客观条件、主观条件。

(1)客观条件。① 债务人实施了处分财产的行为。这种行为包括:债务人放弃到期债权;无偿转让财产;以明显不合理的低价转让财产。② 债务人处分财产的行为已发生法律效力,但该行为发生在债权人的债务成立之前的,债权人不能行使撤销权。③ 债务人处分财产行为造成对债权的损害。

(2)主观条件。① 债务人的恶意。通常认为如果债务人实施行为时明知损害债权,就是债务人的恶意。② 第三人的恶意。第三人包括直接受益人和间接受益人,直接受益的第三人称为第一取得人,第一取得人又将该物转给他人受益,受益的他人为间接受益的第三人,间接受益人又称转得人,转得人可以是第二取得人、第三取得人以至更后的取得人。第三人的恶意是指第三人取得利益时明知债务人实施处理财产的行为损害债权人的债权。《合同法》第七十四条规定:"债务人以明显不合理的低价转让财产,对债权人造成损害,并且受让人知道该情况的,债权人也可以请求人民法院撤销债务人的行为。"

2. 撤销权的行使范围

撤销权的行使范围以债权人的债权为限。数个债权人以同一债务人为被告,债权人的撤销权的行使范围仅以作为原告的债权人的债权为限,不包括其他未行使撤销权的债权人所享有的债权。

3. 撤销权的行使期限

撤销权自债权人知道或者应该知道撤销事由之日起1年内行使。自债务人的行为发生之日起5年内没有行使撤销权的,该撤销权消灭。

4. 撤销权的行使效力

(1)对债权人的效力:债权人行使撤销权时,如果没有其他债权人对债务人提起诉讼而获得胜诉的判决,也没有其他债权人行使撤销权,则该债权人不必通知债务人的其他债权人,可以将通过行使撤销权所获得的财产全部取走,用来清偿对自己的债务;如果有其他债权人提起诉讼,则在执行时应按债权的比例平均分配。

(2)对债务人的效力:债务人的行为一旦被撤销,则该行为自始无效,因此债务人放弃到期债权,视为未放弃;无偿转让财产的,视为未转让;以明显不合理的低价转让财产、损害债权人的利益且受让人知道该情况的,也视为未转让。《合同法解释》第二十六条规定:"债权人行使撤销权所支付的律师代理费、差旅费等必要费用,由债务人负担;第三人有过错的,应当适当分担。"

(3)对受让人、受益人、第三人的效力:在债务人不当处分财产的行为被撤后,如果财产已经为受让人占有或者受益的,受让人应当向撤销权人返还其财产和收益;如果原物不能返还,则应当折价赔偿。

第五节 合同的变更、转让和终止

一、合同变更

广义的合同变更是指合同内容和主体发生变化,狭义的合同变更仅指内容的变更,我国合同变更制度采用狭义概念。依法成立的合同对当事人具有法律约束力,不得擅自变更和解除。但是,如果客观情况发生变化,继续按原合同内容履行成为不必要或者不可能,就应当允许当事人协商变更合同,否则就不能或者不利于达到合同目的。

(一)合同变更的性质

合同变更的性质是合同的内容改变,而合同的主体与性质不变。合同内容主要是指合同标的种类、数量、质量,合同性质,履行期限、地点和方式,价格或者报酬,违约责任方式,争议解决方式,担保方式,所附条件等主要条款的内容。合同性质主要是指合同标的的属性,是有形财物、经济行为,还是非物质财富(智力成果、道德产品等)。

(二)合同变更的要件

合同变更应当同时具备以下要件:

(1)原合同关系已经有效存在。

(2)合同变更须依当事人协商一致或者法律规定。合同是双方当事人协商一致的产物,任何一方未经协商不得单方变更合同,否则将构成违约。变更合同实质上是产生新的合同。

(3)合同变更的内容应当明确。《合同法》第七十八条规定:"当事人对合同变更的内容约定不明确的,推定为未变更。"

(4)合同的变更必须合法。依法对合同内容进行补充修改,才能产生变更合同的法律效力。在具有法定变更事由情形下,当事人必须按照法律规定的程序变更合同内容;当事人约定变更合同必须符合合同成立和生效条件。法律、行政法规规定变更合同应当办理批准、登记等手续的,应依照其规定。

二、合同转让

合同转让是指合同一方将合同的权利、义务全部或者部分转让给第三人的法律行为。转让的一方称为让与人或者转让人,接受合同权利、义务的第三人为受让人,受让人只能是合同以外的第三人。合同转让可以依据当事人之间合意而发生,也可以因法律的规定而产生。与合同变更不同的是:合同转让是合同的主体改变,而合同的内容与性质不变。根据《合同法》的规定,合同转让可分为以下几类。

(一)债权让与

债权让与即合同权利的转让,是指不改变合同的内容,由债权人将合同权利全部或者部分转让给第三人的法律行为。

1. 债权让与的成立要件

合意的债权让与应同时具备以下要件:

(1)合同权利须有效存在。合同权利的有效存在是转让的前提条件。

(2)让与人与受让人之间应就债权转让达成协议。

(3)转让的合同权利须具有可转让性。不具有可转让的合同权利不得转让。对此,《合同法》第七十九条作了规定:第一,根据合同的性质不得转让的权利。此类债权只能为特定债权人享有的,如果转让第三人,将违背当事人订立合同的目的。这类债权主要有:① 基于特别信任关系发生的债权。例如,雇佣人对受雇人的债权、委托人对受托人的债权。② 以选定的债权人为基础而发生的债权。例如,某公司与某地希望小学订立的赠与合同、专门为特定人绘制肖像的合同、工资债权。③ 不作为债权。例如,当事人约定不为营业竞争。④ 属于从权利的合同权利。例如,保证合同权利。第二,按照当事人约定不得转让的合同权利。当事人可以在订立合同时或者订立合同后约定,禁止任何一方转让合同权利,只要此约定不违反法律的禁止性规定和社会公共道德,就应当发生法律效力。第三,依照法律规定不得转让的合同权利。例如,《物权法》第二百零四条规定:"最高额抵押担保的债权确定前,部分债权转让的,最高额抵押权不得转让,但当事人另有约定的除外。"

(4)应通知债务人。债权人转让权利的,应当通知债务人。未经通知,该转让对债务人不发生效力。

(5)须依法办理有关手续。法律、行政法规规定转让权利应当办理批准、登记等手续的,依照其规定。

2. 债权让与的法律效力

(1)对受让人的效力。

第一,受让人取得合同权利。如果是全部合同权利转让的,则受让人将作为新债权人而成为合同权利主体,取代让与人的地位。如果是部分权利转让,则受让人将加入合同关系,与原债权人一起成为债权人。

第二,受让人取得从属于主债权的从权利。例如,抵押权、利息债权、定金债权、违约金债权及损害赔偿请求权也随主权利的转移而发生转移。《合同法》第八十一条规定:"债权人转让权利的,受让人取得与债权有关的从权利,但该从权利专属于债权人自身的除外。"

(2)对转让人的效力。

第一,转让人应当保证其转让的权利有效且不存在权利瑕疵。转让后由于存在权利瑕疵造成损失的,转让人应当承担损害赔偿责任。

第二,转让人在某项权利转让后,不得就该项权利再作转让。先前的受让人应当优先于在后的受让人取得。

(3)对债务人的效力。

第一,债务人不得再向原债权人履行债务。如果债务人仍然向原债权人履行债务,则不构成合同的履行,更不应使合同终止。如果债务人向原债权人履行债务,造成受让人损害,则债务人应承担损害赔偿的责任。同时原债权人接受此种履行,构成不当得利,受让人和债务人均可请求其返还。

第二，债务人负有向受让人作出履行的义务。如果债务人向受让人作出履行以后，转让合同被宣告无效或者被撤销，但债务人出于善意，则债务人向受让人作出的履行仍然有效。

第三，债务人在合同权利转让时所享有的对抗原债权人的抗辩权并不因合同权利的转让而消灭。《合同法》第八十二条规定："债务人接到债权转让通知后，债务人对让与人的抗辩，可以向受让人主张。"这一规定主要是为了保护债务人的利益，使其不因合同权利的转让而受到损害。

第四，债务人的抵销权。《合同法》第八十三条规定："债务人接到债权转让通知时，债务人对让与人享有债权，并且债务人的债权先于转让的债权到期或者同时到期的，债务人可以向受让人主张抵销。"

（二）债务承担

债务承担即合同义务的转让，是指不改变合同的内容，债务人将其承担的债务的全部或者部分转让给第三人的法律行为。

1. 债务承担的成立要件

合同义务合意转让须同时具备如下要件：

（1）合同义务须有效存在。

（2）转让的合同义务须具有可让与性。依据法律的规定或者合同的约定不得转移的义务不得转移。例如，因扶养、赡养等请求权而发生的债务不得转移。

（3）让与人与受让人之间应当就债务转让达成协议。

（4）须经过债权人的同意。因债务人在转让其债务以后，新的债务人是否具有履行债务的能力、是否诚实守信等都是债权人所无法预知的。据此，《合同法》第八十四条规定："债务人将合同的义务全部或者部分转移给第三人的，应当经债权人同意。"如果未征得债权人同意，合同义务转移无效。如果债权人未明确表示同意，但他已经将第三人作为其债务人并请求履行，可以推定债权人已同意合同义务的转移。

（5）须依法办理有关手续。如果法律、行政法规规定，转移合同义务应当办理批准、登记等手续的，则在转移合同义务时应当办理这些手续。

2. 债务承担的效力

合同义务转移以后，将发生如下效力：

（1）合同义务全部转移的，新债务人将代替原债务人的地位而成为当事人，原债务人将不再作为债的一方当事人。

（2）合同义务部分转移的，新债务人加入合同关系，与原债务人共同承担合同义务。原债务人与新债务人之间应当承担的债务份额应依转移协议确定。如果当事人没有明确约定义务转移的份额，则原债务人与新债务人应负连带责任。

（3）合同义务转移后，新债务人可以主张原债务人对债权人的抗辩。《合同法》第八十五条规定："债务人转移义务的，新债务人可以主张原债务人对债权人的抗辩。"不过，专属于合同当事人的合同的解除权和撤销权非经原合同当事人的同意,不能转移给新的债务人享有。

(4)合同义务转移后,新债务人应当承担与主债务有关的从债务。《合同法》第八十六条规定:"债务人转移义务的,新债务人应当承担与主债务有关的从债务,但该从债务专属于原债务人自身的除外。"

(三)概括转让

概括转让即合同权利和义务的一并转让,是指原合同当事人一方将自己在合同中的权利和义务一并转让给第三人,由第三人全部地继受这些权利和义务的法律行为。概括转让包括合同转移和企业合并两种情形。

1. 合同转移

合同转移也称合同承担或者合同承受,是指一方当事人与第三人之间订立合同,并经原合同的另一方当事人同意,由第三人承担合同一方当事人在合同中的全部权利和义务。合同转移也可因法律的规定而发生,如租赁物在租赁期间发生所有权变动的,不影响租赁合同的效力,即"买买不破租赁"规则。

合意的合同转移应同时具备以下要件:

(1)转移的合同须为有效的双务合同。

(2)让与人与第三人须就合同转移达成协议。

(3)须经对方当事人的同意。

(4)遵守《合同法》关于合同转让的限制规定,如前述的有关合同权利不得转让的限制规定。

(5)依法需要办理批准、登记手续的,应依法办理批准、登记手续。

至于合同转移的效力,与合同权利或者义务转移的效力大致相同:

(1)受让人取得原合同当事人(转让人)享有的全部权利和负担全部义务,取代了转让人的地位,成为新的合同关系的当事人。

(2)从权利和从债务随合同主权利和合同主债务一并转移。但该从权利和从债务专属让与人自身的除外。

(3)合同权利和合同义务一并转让不影响非转让人对让与人的抗辩权,可以对受让人主张。

(4)非转让人在合同权利和义务转让时对让与人享有到期债权或者同时到期债权的,可以向受让人主张抵销。

2. 企业合并

《合同法》第九十条规定:"当事人订立合同后合并的,由合并后的法人或者其他组织行使合同权利,履行合同义务。当事人订立合同后分立的,除债权人和债务人另有约定的以外,由分立的法人或者其他组织对合同的权利和义务享有连带债权,承担连带债务。"由于企业合并引起合同权利、义务的一并转让是直接由法律规定的,因此,无须取得对方当事人的同意。

三、合同终止

合同终止又称合同权利和义务终止或者合同消灭,是指合同当事人之间的合同关系在客观上不复存在,合同权利和义务归于消灭。

(一)合同终止的原因

合同权利和义务终止的原因是指引起合同权利和义务消灭的法律事实。《合同法》第九十一条列举了导致合同终止的七种原因。

(1)债务已经按照约定履行。

(2)合同解除。

合同解除是指在合同有效期内,尚未履行或者尚未完全履行时提前终止合同的效力。合同解除后,尚未履行的,终止履行;已经履行的,根据履行情况和合同性质,当事人可以要求恢复原状、采取其他补救措施,并有权要求赔偿损失。法律、行政法规规定解除合同应当办理批准、登记等手续的,则应按有关规定办理。依据解除的原因不同,合同解除可分为:

① 双方协议解除。

双方协议解除是指双方当事人经过协商,一致同意解除双方订立的合同。双方协议解除合同的,在解除合同的协议成立之前,原合同仍然有效。解除合同的形式一般与原合同形式相一致。原合同是书面形式的,变更或者解除协议也应采取书面形式。

② 单方解除。

单方解除包括约定解除和法定解除。约定解除是指因发生当事人在合同中约定的解除条件而解除合同。法定解除是指因发生法律直接规定的可以解除合同的条件而解除合同。依据《合同法》的规定,法定解除情形有:a. 因不可抗力致使不能实现合同目的。b. 在履行期限届满之前,当事人一方明确表示或者以自己的行为表明不履行主要债务,即预期违约。c. 当事人一方迟延履行主要债务,经催告后在合理期限内仍未履行,即迟延履行。当一方迟延履行主要债务时,债权人还不能立即行使解除合同的权利,在行使解除权之前应先催告债务人履行债务。债权人催告债务人履行合同,应确定债务人履行债务的合理期限,这一合理期限应根据债权人的利益需要和债务人履行所必需的时间来确定。债务人在债权人催告指定的时间内仍未履行合同的,债权人才有权解除合同。d. 当事人一方迟延履行债务或者有其他违约行为致使不能实现合同目的,即根本违约。根本违约时另一方当事人无须催告就有权提出解除合同。e. 法律规定的其他情形。除前述原因外,有法律规定的其他情形时,当事人也可以解除合同。例如,《合同法》第六十九条规定:"当事人在行使不安抗辩权而中止履行的情况下,如果对方在合理期限内未恢复履行能力并且未提供适当的担保,则中止履行的一方可解除合同。"

单方解除合同时,享有解除权的一方应及时将解除合同的事由和解除的意思通知对方。合同自通知到达对方时解除。对方如有异议,可以请求人民法院或者仲裁机构确认解除合同的效力。

（3）债务相互抵销。

（4）债务人依法将标的物提存。

提存是指债务人因债权人的原因无法交付标的物时，将该标的物交给提存机关以终止合同权利和义务关系的制度。根据《合同法》第一百零一条的规定，只有存在下列法律规定的情形之一，难以履行债务的债务人才可以将标的物提存：① 债权人无正当理由拒绝受领；② 债权人下落不明；③ 债权人死亡未确定继承人或者丧失民事行为能力未确定监护人；④ 法律规定的其他情形。

债务人将标的物提存后，不管债权人是否受领，合同的权利和义务关系依法归于终止。由于提存后，债务人已经履行义务，所以标的物提存后的费用以及毁损、灭失的风险由债权人承担；提存期间标的物的孳息归债权人所有。标的物提存后，债权人可以随时领取提存物，但债权人对债务人负有到期债务的，在债权人未履行债务或者提供担保之前，债务人可以要求提存部门拒绝债权人领取提存物，提存部门根据债务人的要求应当拒绝债权人领取提存物。债权人应当自提存之日起 5 年内领取提存物。如果债权人自提存之日起 5 年内不领取提存物，那么提存物在扣除提存费用后归国家所有。

（5）债权人免除债务。

（6）债权和债务同归于一人。

债权和债务同归于一人，债权和债务归于终止的事实通常称为混同。当然，债权和债务涉及第三人利益的，即使债权和债务同归于一人，也不能终止合同的权利和义务。混同的成立原因有两种：一是概括承受。如企业合并，合并企业之间的债权和债务应由合并后的企业承担，它们之间的合同权利和义务归于终止。这是发生混同的主要原因。二是特定承受，即债权人承受债务人的债务，债务人受让债权人的债权。

（7）法律规定或者当事人约定终止的其他情形。

（二）合同终止的效力

（1）消灭原债权和债务关系。

（2）债权的担保及其他从属权利和义务一并消灭。

（3）合同当事人须承担后合同义务。合同义务终止后，当事人应当遵循诚实信用原则，根据交易习惯履行通知、协助、保密等义务。

（4）合同终止不影响合同中结算和清理条款的效力。

第六节　违约责任

违约责任是违反合同的民事责任的简称，是指合同当事人一方不履行合同义务或者履行合同义务不符合合同约定所应承担的民事责任。

一、违约责任的构成要件

违约责任的构成要件有二：① 有违约行为；② 无免责事由。前者称为违约责任的积极要件,后者称为违约责任的消极要件。

违约行为是指当事人一方不履行合同义务或者履行合同义务不符合约定条件的行为。这一定义表明:① 违约行为的主体是合同当事人。② 违约行为是一种客观的违反合同的行为。违约行为的认定以当事人的行为是否在客观上与约定的行为或者合同义务相符合为标准,而不管行为人的主观状态如何。③ 违约行为侵害的客体是合同对方的债权。因违约行为的发生使债权人的债权无法实现,从而侵害了债权。

根据不同标准,可将违约行为作以下分类:① 单方违约与双方违约。《合同法》第一百二十条规定:"当事人双方都违反合同的,应当各自承担相应的责任。"可见,在双方违约情况下,双方的违约责任不能相互抵销。② 根本违约与非根本违约。其主要区别在于:根本违约可构成合同法定解除的理由。同样一个违约行为,可能是根本违约,也可能是非根本违约。例如,顾客买2.5米布料,商店仅裁了2.3米。如果消费者买布的目的是制作一套西装,2.3米布料不够置装用,商店构成根本违约;如果消费者买布的目的是制作一幅床单,虽然短0.2米,但不影响使用,商店则构成非根本违约。③ 不履行、不完全履行与迟延履行。④ 实际违约与预期违约。

二、违约责任的形式

违约责任的形式即承担违约责任的具体方式。《合同法》第一百零七条规定:"当事人一方不履行合同义务或者履行合同义务不符合约定的,应当承担继续履行、采取补救措施或者赔偿损失等违约责任。"据此,违约责任有三种基本形式,即继续履行、采取补救措施和赔偿损失。当然,除此之外,违约责任还有其他形式,如违约金和定金责任。

(一)继续履行

继续履行也称强制实际履行,是指违约方根据对方当事人的请求继续履行合同规定的义务的违约责任形式。继续履行的适用因债务性质的不同而不同:对于金钱债务,应无条件适用继续履行的责任形式;对于非金钱债务,原则上可以请求继续履行,但下列情形除外:① 法律上或者事实上不能履行(履行不能);② 债务的标的不适用强制履行或者强制履行费用过高;③ 债权人在合理期限内未请求履行。

(二)采取补救措施

采取补救措施作为一种独立的违约责任形式,是指矫正合同不适当履行(质量不合格),使履行缺陷得以消除的具体措施。关于采取补救措施的具体方式,我国相关法律作了如下规定:① 修理、更换、重作、退货、减少价款或者报酬等(《合同法》第一百一十一条);② 修理、重作、更换、退货、补足商品数量、退还货款和服务费用、赔偿损失[《中华人民共和国消费者权益保护法》(简称《消法》)第四十四条];③ 修理、更换、退货[《中华人民共和国产品质量法》(简称《产品质量法》)第四十条]。

在采取补救措施的适用上,应注意以下几点:① 对于不适当履行的违约责任形式,当事人有约定的应依其约定;没有约定或者约定不明的,首先应按照《合同法》第六十一条规定确定违约责任;没有约定或者约定不明又不能按照《合同法》第六十一条规定确定违约责任的,才适用这些补救措施。② 应以标的物的性质和损失大小为依据,确定与之相适应的补救措施。③ 受害方对补救措施享有选择权,但选定的方式应当合理。

(三)赔偿损失

赔偿损失在《合同法》上也称违约损害赔偿,是指违约方以支付金钱的方式弥补受害方因违约行为所减少的财产或者所丧失的利益的责任形式。赔偿损失的确定方式有两种,即法定损害赔偿和约定损害赔偿。

法定损害赔偿是指依法由违约方对守约方因其违约行为造成的损失应当承担的赔偿责任。根据《合同法》的规定,法定损害赔偿应遵循以下原则:

(1)完全赔偿原则。完全赔偿是指违约方对守约方因违约所遭受的全部损失承担赔偿责任,具体包括现实财产损失和可得利益损失。前者主要表现为标的物灭失、为准备履行合同而支出的费用、停工损失、为减少违约损失而支出的费用、诉讼费用等;后者是指在合同适当履行后可以实现和取得的财产利益。

(2)合理预见原则。违约损害赔偿的范围以违约方在订立合同时预见到或者应当预见到的损失为限。应把握以下几点:① 合理预见原则是限制包括现实财产损失和可得利益损失的损失赔偿总额的原则,不仅仅用来限制可得利益损失的赔偿;② 合理预见原则不适用于约定损害赔偿;③ 是否预见到或者应当预见到可能的损失,应当根据订立合同时的事实或者情况加以判断。

(3)减轻损失原则。一方违约后,另一方应当及时采取合理措施防止损失的扩大,否则,不得就扩大的损失要求赔偿。

约定损害赔偿是指当事人在订立合同时,预先约定一方违约时应当向对方支付一定数额的赔偿金或者约定损害赔偿额的计算方法。它具有预定型(缔约时确定)、从属性(以主合同的有效成立为前提)、附条件性(以损失的发生为条件)等特征。

(四)违约金

违约金是指当事人一方违反合同时应当向对方支付的一定数量的金钱或者财物。依不同标准,违约金可分为:① 法定违约金和约定违约金;② 惩罚性违约金和补偿性(赔偿性)违约金。违约金是对损害赔偿额的预先约定,既可能高于实际损失,也可能低于实际损失,畸高和畸低均会导致不公平结果。为此,各国法律规定法官对违约金具有变更权,我国《合同法》第一百一十四条第二款也作了规定:"约定的违约金低于造成的损失的,当事人可以请求人民法院或者仲裁机构予以增加;约定的违约金过分高于造成的损失的,当事人可以请求人民法院或者仲裁机构予以适当减少。"

(五)定金罚则

债务人履行债务后,定金应当抵作价款或者收回。给付定金的一方不履行约定的债务的,无权要求返还定金;收受定金的一方不履行约定的债务的,应当双倍返还定金。当事人既约定违约金,又约定定金的,一方违约时,对方可以选择适用违约金或者定金条款。

三、违约的免责事由

免责事由也称免责条件,是指当事人对其违约行为免于承担违约责任的事由。《合同法》上的免责事由可分为两大类,即法定免责事由和约定免责事由。法定免责事由是指由法律直接规定、不需要当事人约定即可援用的免责事由,主要指不可抗力;约定免责事由是指当事人约定的免责条款。

所谓不可抗力,是指不能预见、不能避免并不能克服的客观情况,主要包括以下几种情形:① 自然灾害,如台风、洪水、冰雹;② 政府行为,如征收、征用;③ 社会异常事件,如罢工、骚乱。

因不可抗力不能履行合同的,根据不可抗力的影响,违约方可部分或者全部免除责任。但有以下例外:① 金钱债务的迟延责任不得因不可抗力而免除;② 迟延履行期间发生的不可抗力不具有免责效力。

约定免责事由是指双方当事人在订立合同时,规定发生某些情况可以不履行合同,也不承担违约责任的条件,包括当事人约定的不可抗力的条款和免责条款。《合同法》对两类免责条款确认为无效:一类是造成对方人身伤害的免责条款一律无效;另一类是因故意或者重大过失给对方造成财产损失的免责条款无效。例如,托运货物,运输方声称财产损害一律不负责任,托运方予以同意,事后如果运输方因保管不当等重大过失给托运方造成财产损害,则不能免除运输方的赔偿责任;如果运输方对财产作出私自出售等故意损害行为,则更不能免除其责任。

其他免责的原因主要是债权人的过错。例如,债权人无正当理由拒不接受债务人的履行时,债务人即可将给付标的物提存而不承担违约责任,债权人自己应当承担因此而发生的一切后果。又如,在运输过程中,旅客的伤亡是旅客故意、重大过失而造成的,承运人不承担赔偿责任(《合同法》第三百零二条);因托运人或者收货人的过错造成货物毁损、灭失的,承运人不承担违约责任(《合同法》第三百一十一条);当事人一方违约后,对方应当采取适当措施防止损失的扩大,没有采取适当措施致使损失扩大的,不得就扩大的损失要求赔偿(《合同法》第一百一十九条)。

第七节　有名合同简介

《合同法》分则规定了15种有名合同,由于篇幅的限制,本节只对其中的买卖合同,供用电、水、气、热力合同,赠与合同,借款合同,租赁合同,融资租赁合同,承揽合同和建设工程合同共八种合同作简要介绍。其他的合同,如运输合同、技术合同、保管合同、仓储合同、委托合同、行纪合同和居间合同的内容参见有关《合同法》的教材。

一、买卖合同

买卖合同是指一方转移标的物的所有权于另一方,另一方支付价款的合同。转移所有权的一方为出卖人或者卖方,支付价款而取得所有权的一方为买受人或者买方。买卖合同通常是有偿、双务、诺成、不要式合同。买卖合同的内容由当事人约定,一般应包括以下条款:① 当事人的名称或者姓名和住所;② 标的;③ 数量;④ 质量、检验标准和方法;⑤ 价款;⑥ 履行期限、地点和方式;⑦ 包装方式;⑧ 结算方式;⑨ 违约责任;⑩ 解决争议的方法;⑪ 合同使用的文字及其效力。

(一)买卖合同当事人的权利和义务

1. 出卖人的主要义务

(1)交付标的物。交付标的物是出卖人的首要义务,也是买卖合同最重要的合同目的。

(2)转移标的物的所有权。这是买卖合同区别于其他涉及财产转移占有的合同的本质特性之一。

(3)瑕疵担保。出卖人对其所转让的财产负权利瑕疵和物的瑕疵的担保义务。权利瑕疵担保义务是指出卖人就其所转移的标的物,担保不受他人追夺以及不存在未告知权利负担的义务。物的瑕疵担保义务是指出卖人就其所交付的标的物具备约定或者法定品质所负的担保义务。

2. 买受人的主要义务

(1)支付价款。价款是买受人获取标的物的所有权的对价。依合同的约定向出卖人支付价款是买受人的主要义务。买受人须按合同约定的数额、时间、地点支付价款,并不得违反法律以及公序良俗。合同无约定或者约定不明的,应依法律规定、参照交易惯例确定。

(2)受领标的物。对于出卖人交付标的物及其有关权利和凭证,买受人有及时受领义务。

(3)对标的物进行检查及通知。买受人受领标的物后,应当在当事人约定或者法定期限内,依通常程序尽快检查标的物。若发现应由出卖人负担保责任的瑕疵时,应妥善保管标的物并将其瑕疵立即通知出卖人。

(二)标的物所有权的转移和风险责任负担及孳息归属

1. 标的物所有权的转移

买卖合同的标的物,除法律另有规定或者当事人另有约定外,自交付时起发生所有权转移。

2. 标的物的风险责任承担

标的物的风险责任负担是指买卖合同履行过程中发生的标的物意外毁损、灭失的风险由哪一方当事人负担。在买卖合同中,对于债务不履行或者不协助履行,标的物的风险通常由有过失的一方负担。在标的物非因双方当事人的故意或者过失而发生意外毁损、灭失的情况下,标的物毁损、灭失的风险,在标的物交付之前由出卖人承担,交付之后由买受人承担,但法律另有规定或者当事人另有约定的除外。对于不动产或者船舶、航空器等以登记为权利变动公示的,风险由所有人负担。

对于各种不同交付方式,《合同法》确定的风险负担原则是:① 买受人亲自提取标的物的,出卖人将标的物置于约定或者法定地点时起,风险由买受人承担;② 出卖人出卖交由承运人运输的在途标的物,除当事人另有约定外,自合同成立时起,在途风险由买受人承担;③ 对于需要运输的标的物,没有约定交付地点或者约定不明确的,自出卖人将标的物交付给第一承运人起,风险由买受人承担;④ 买受人受领迟延的,自迟延成立时起负担标的物风险。

根据《合同法》的规定,出卖人未按照约定交付有关标的物的单证和资料的,不影响标的物毁损、灭失风险的转移。因标的物质量不符合要求致使不能实现合同目的,买受人拒绝接受标的物或者解除合同的,标的物毁损、灭失的风险由出卖人承担。

3. 孳息归属

标的物交付前产生的孳息归出卖人所有;交付之后产生的孳息归买受人所有。

(三)标的物的数量、质量的检验和通知规则

(1)买受人收到标的物时应当在约定的检验期间内检验。没有约定检验期间的,应当及时检验。

(2)当事人约定检验期间的,买受人应当在检验期间内将标的物的数量或者质量不符合约定的情形通知出卖人。买受人怠于通知的,视为标的物的数量或者质量符合约定。

(3)当事人没有约定检验期间的,买受人应当在发现或者应当发现标的物的数量或者质量不符合约定的合理期间内通知出卖人。买受人在合理期间内未通知或者自标的物收到之日起2年内未通知出卖人的,视为标的物的数量或者质量符合约定,但对标的物有质量保证期的,适用质量保证期,不适用该2年的规定。

(4)出卖人知道或者应当知道提供的标的物不符合约定的,买受人不受(2)、(3)两方面规定的通知时间的限制。

(四)特种买卖合同

1. 主物与从物的买卖

因标的物的主物不符合约定而解除合同的,解除合同的效力及于从物。因标的物的从物不符合约定被解除的,解除的效力不及于主物。

2. 标的物为数物的买卖

标的物为数物,其中一物不符合约定的,买受人可以就该物解除,但该物与他物分离使标的物的价值显受损害的,当事人可以就数物解除合同。

3. 分批交付的标的物的买卖

出卖人分批交付标的物的,出卖人对其中一批标的物不交付或者交付不符合约定,致使该批标的物不能实现合同目的的,买受人可以就该批标的物解除。出卖人不交付其中一批标的物或者交付不符合约定,致使今后其他各批标的物的交付不能实现合同目的的,买受人可以就该批以及今后其他各批标的物解除。买受人如果就其中一批标的物解除,该批标的

物与其他各批标的物相互依存的,可以就已经交付和未交付的各批标的物解除。

4. 分期付款的买卖

分期付款的买受人未支付到期价款的金额达到全部价款的 1/5 的,出卖人可以要求买受人支付全部价款或者解除合同。出卖人解除合同的,可以向买受人要求支付该标的物的使用费。

5. 凭样品买卖

凭样品买卖的当事人应当封存样品,并可以对样品质量予以说明。出卖人交付的标的物应当与样品及其说明的质量相同。凭样品买卖的买受人不知道样品有隐蔽瑕疵的,即使交付的标的物与样品相同,出卖人交付的标的物的质量仍然应当符合同种物的通常标准。

6. 试用买卖

试用买卖的当事人可以约定标的物的试用期间。对试用期间没有约定或者约定不明确,依照《合同法》第六十一条的规定仍不能确定的,由出卖人确定。试用买卖的买受人在试用期内可以购买标的物,也可以拒绝购买。试用期间届满,买受人对是否购买标的物未作表示的,视为购买。

7. 招标投标买卖

招标投标买卖的当事人的权利和义务以及招标投标程序等,主要依照《中华人民共和国招标投标法》(简称《招标投标法》)和有关行政法规的规定。

8. 拍卖

拍卖的当事人的权利和义务以及拍卖程序等主要依照《中华人民共和国拍卖法》(简称《拍卖法》)和有关行政法规的规定。

9. 易货交易

当事人约定易货交易,转移标的物的所有权的,参照买卖合同的有关规定。

二、供用电、水、气、热力合同

供用电、水、气、热力合同是指经当事人约定,一方在一定期限内供给一定种类、品质和数量的电、水、气、热力予他方,而由他方给付价金的合同。

(一)供电人的主要义务

1. 按照国家规定的标准和约定供电

未按国家规定的供电标准和约定安全供电,造成用电人损失的,应承担损害赔偿责任。

2. 中断供电时通知用电人

供电人因供电设施检修等原因,需要中断供电时,应当按照国家有关规定事先通知用电人。未事先通知用电人而中断供电,造成用电人损失的,应当承担损害赔偿责任。

3. 及时抢修

因自然灾害等原因断电,供电人应当及时抢修。未及时抢修造成用电人损失的,应当承担损害赔偿责任。

(二)用电人的主要义务

1. 支付电费

逾期不交付电费的,应当按照约定支付违约金。没有约定违约金的,应当支付电费的逾期利息。经催告在合理的期限内仍拒绝交付电费的,供电人可按国家规定的程序终止供电。

2. 安全用电

用电人应该按照国家有关规定和当事人的约定安全用电。用电人擅自改动供电人的用电装置和供电设施、擅自超负荷用电等,造成供电人损失的,应当承担损害赔偿责任。

三、赠与合同

赠与合同是指一方当事人将自己的财产无偿给予他方,他方受领该财产的合同。将财产无偿给予对方的人称为赠与人,无偿接受他人财产的人称为受赠人,赠与的财产为赠与物或者受赠物。赠与合同是无偿、单务、诺成合同。

(一)赠与合同的效力

1. 赠与人的义务

(1)交付赠与物的义务。赠与人应按约定将赠与物之所有权交付给受赠人,在赠与物为不动产时,还应协助办理有关登记手续。在具有救灾、扶贫等社会公益、道德义务性质的赠与合同,以及经过公证的赠与合同中,受赠人可以请求交付。赠与人因故意或者重大过失致使赠与财产毁损、灭失的,应当承担损害赔偿责任。

(2)瑕疵担保。附义务的赠与,赠与物或者权利有瑕疵的,赠与人在附义务的限度内承担与出卖人相同的瑕疵担保责任。赠与人故意不告知瑕疵或者保证无瑕疵,造成受赠人损失的,应当承担损害赔偿责任。

2. 受赠人的权利、义务

受赠人有无偿取得赠与物的权利,但赠与合同约定负担义务的,受赠人须按约定履行义务。对于具有救灾、扶贫等社会公益、道德义务性质的赠与合同,以及经过公证的赠与合同,赠与人不交付赠与物的,受赠人可以请求交付。在赠与属于附义务赠与时,受赠人应当在赠与物的价值限度内履行所附义务,受赠人不履行其义务时,赠与人有权请求受赠人履行其义务或者撤销其赠与。

(二)赠与合同的终止

赠与合同既可基于合同终止的一般原因而终止,也有其特有的终止方式,即赠与的撤销。

赠与的撤销有任意撤销与法定撤销之分。赠与合同成立后,除具有救灾、扶贫等社会公益、道德义务性质的赠与合同,以及经过公证的赠与合同外,赠与人在赠与物交付前可任意撤销合同。对于已经履行的赠与合同,受赠人有下列情形之一的,赠与人也可撤销合同:① 受赠人对赠与人或者其近亲属有故意侵害行为;② 受赠人对赠与人负有扶养义务而不履行;③ 不履行赠与合同约定的义务。以上三项撤销权自赠与人知道或者应当知道有撤销原因时起 1 年内行使,逾期则归于消灭;④ 因受赠人的违法行为致使赠与人死亡或者丧失民事行为能力的,赠与人的继承人或者法定代理人可以撤销赠与。该撤销权的行使期限为 6 个月。

四、借款合同

借款合同是指当事人约定一方将一定种类和数额的货币所有权转移给他方,他方于一定期限内返还同种类、同数额货币的合同。其中,提供货币的一方称为贷款人,受领货币的一方称为借款人。自然人间的借款合同是不要式合同,形式可由当事人约定。未约定利息的,视为无偿借款。有偿借款的,其利率最高不得超过银行同类贷款利率的 4 倍;不允许计收复利。

(一)贷款人的权利与义务

贷款人的权利主要有:① 有权请求返还本金和利息;② 对借款使用情况的监督检查权;③ 借款人未按照约定的借款用途使用借款的,贷款人可以停止发放借款、提前收回借款或者解除合同。

贷款人的主要义务是按照约定的日期、数额提供借款。贷款人未按照约定的日期、数额提供借款,造成借款人损失的,应当赔偿损失。在借款合同中,贷款人不得利用优势地位预先在本金中扣除利息。利息预先在本金中扣除的,按实际借款数额返还借款并计算利息。

(二)借款人的权利与义务

(1)按照贷款人的要求提供与借款有关的业务活动和财务状况的真实情况。

(2)按照约定用途使用借款。

(3)按期归还借款本金和利息。

五、租赁合同

租赁合同是指出租人将租赁物交付给承租人使用、收益,承租人支付租金的合同,是双务、有偿、诺成合同。在当事人中,提供物的使用或者收益权的一方为出租人;对租赁物有使用或者收益权的一方为承租人。租赁物须为法律允许流通的动产和不动产。

租赁合同的内容包括租赁物的名称、数量、用途、租赁期限、租金以及其支付期限和方式、租赁物维修等条款。租赁期限为 6 个月以下的,可以由当事人自由选择合同的形式。无论是采用书面形式还是口头形式,都不影响合同的效力。租赁期限 6 个月以上的,应当采用书面形式。未采用书面形式的,不论当事人对租赁期限是否作了约定,都视为不定期租赁。无论是否约定租赁期间,租赁期间都受 20 年法定期间的限制。《合同法》第二百二十九条规定:"租赁物在租赁期间发生所有权变动的,不影响租赁合同的效力。"据此,在租赁合同有效期间,租赁物因买卖、继承等使租赁物的所有权发生变更的,租赁合同对新所有权人仍然有效,新所有权人不履行租赁义务时,承租人可以用租赁权对抗新所有权人,这在学理上称之为"买卖不破租赁"。

(一)出租人的义务

(1)交付出租物。

(2)在租赁期间保持租赁物符合约定用途。

(3)瑕疵担保。当租赁物有瑕疵或者存在权利瑕疵致使承租人不能依约使用收益时,承租人有权解除合同,对于承租人因此所受损失,出租人应负赔偿责任,但承租人订约时明知有瑕疵的除外。

(二)承租人的义务

(1)支付租金。承租人逾期不支付的,出租人可以解除合同。

(2)按照约定的方法使用租赁物。

(3)妥善保管租赁物。未尽此项义务,造成租赁物毁损、灭失的,应当承担损害赔偿责任。

(4)不得擅自改善和增设他物。

(5)通知义务。在租赁关系存续期间,出现以下情形之一的,承租人应当及时通知出租人:① 租赁物有修理、防止危害的必要;② 其他依诚实信用原则应该通知的事由。承租人怠于通知,致使出租人不能及时救济而受到损害的,承租人应当承担损害赔偿责任。

(6)返还租赁物。

(7)承租人转租租赁物须经出租人同意。承租人未经同意而转租的,出租人可终止合同。

六、融资租赁合同

融资租赁合同是指出租人根据承租人对出卖人、租赁物的选择,向出卖人购买租赁物,提供给承租人使用,承租人支付租金的合同。租赁合同的主体为三方当事人,即出租人(买受人)、承租人和出卖人(供货商)。承租人要求出租人为其融资购买承租人所需的设备,然后由供货商直接将设备交给承租人。

(一)当事人的义务

1. 出卖人的义务

(1)向承租人交付租赁物;

(2)承担标的物之瑕疵担保义务和损害赔偿义务。

2. 出租人的义务

相对于出卖人,出租人就是买受人,其主要义务有:

（1）向出卖人支付标的物的价金；

（2）在承租人向出卖人行使索赔权时，负有协助义务；

（3）不变更买卖合同中与承租人有关条款的不作为义务。

3. 承租人的义务

（1）根据约定，向出租人支付租金；

（2）妥善保管和使用租赁物并担负租赁物的维修义务；

（3）依约定支付租金，并于租赁期间届满时返还租赁物。

（二）融资租赁物的所有权归属

融资租赁期间，出租人享有租赁物的所有权。因此，承租人破产时，租赁物不属于破产财产。但与一般所有人不同的是，出租人并不承担租赁物的瑕疵担保责任，对承租人占有租赁物期间租赁物造成第三人的人身或者财产损害也不承担责任。

出租人与承租人可以约定租赁期间届满后租赁物的归属。对租赁物的归属没有约定或者约定不明确，按照《合同法》第六十一条的规定仍不能确定的，租赁物的所有权归出租人。

七、承揽合同

承揽合同是指当事人一方按他方的要求完成一定工作，并将工作成果交付他方，他方接受工作成果并给付酬金的合同。提出工作要求，按约定接受工作成果并给付酬金的一方是定作人；按指定完成工作成果、收取酬金的一方是承揽人。承揽包括加工、定作、修理、复制、测试、检验等工作，因而也就有相应类型的合同。承揽合同是诺成、有偿、双务、非要式合同。

（一）承揽人的义务

（1）按约定完成工作。承揽人应按合同约定的时间、方式、数量、质量完成交付的工作。这是承揽人的首要义务，也是其获得酬金应付出的对价。承揽人应以自己的设备、技术和劳力亲自完成约定的工作，未经定作人同意，承揽人不得将承揽的主要工作交由第三人完成。承揽人可以将其承揽的辅助工作交由第三人完成，或者依约定将承揽的主要工作交由第三人完成的，承揽人就第三人完成的工作成果对定作人负责。

（2）提供或者接受原材料。

（3）及时通知和保密。对于定作人提供的原材料不符合约定的，或者定作人提供的图纸、技术要求不合理的，应及时通知定作人。

（4）接受定作人监督检查。

（5）交付工作成果，并提交与工作成果相关的技术资料、质量证明等文件。

（6）对工作成果的瑕疵担保。承揽人交付的工作成果应当符合约定的质量，承揽人对已交付工作成果的隐蔽瑕疵及该瑕疵所造成的损害承担责任。

（二）定作人的义务

（1）按照约定提供材料。

（2）支付报酬。

（3）协助。定作人不履行协助义务的，承揽人有权顺延履行期限，并在定作人对所提供的不符合要求的原材料及图纸等拒绝补正时有合同解除权。

（4）验收并受领工作成果。

八、建设工程合同

建设工程合同是指一方依约定完成建设工程，另一方按约定验收工程并支付酬金的合同。前者称为承包人，后者称为发包人。建设工程合同包括工程勘察、设计、施工合同，属于承揽合同的特殊类型，法律对建设工程合同没有特别规定的，适用法律对承揽合同的相关规定。建设工程合同除具有承揽合同的一般法律属性外，还具有以下特点：建设工程合同中完成的工作构成不动产，通常要涉及对土地的利用强制性规范的限制，当事人不得违反规定自行约定，而且施工的承包人必须是经国家认可的具有一定建设资质的法人；建设工程合同属于要式合同，应当以书面方式订立。

（一）建设工程合同的订立和主要条款

1. 勘察、设计合同

勘察、设计包括初步设计和施工设计。如果勘察、设计由一单位完成，可依法签订一份勘察、设计合同；如果由两个不同单位承担，则应分别订立合同。建设工程的设计由几个设计单位共同进行时，建设单位可与主体工程设计人签订总承包合同，由总承包人与分承包人签订分包合同。总承包人对全部工程设计向发包人负责，分包人就其承包的部分对总承包人负责并对发包人承担连带责任。

根据《合同法》第二百七十四条的规定，勘察、设计合同的主要条款包括提交有关基础资料和文件（包括概算）的期限、质量要求、费用以及其他协作条件等条款。

2. 施工、安装工程承包合同

发包人和承包人根据已获批准的初步设计、技术设计、施工图和总概算等文件，就合同的内容协商一致时，即可订立施工、安装工程承包合同。发包人可以将全部施工、安装工程发包给一个单位总承包，也可以发包给几个单位分别承包。一个承包人总承包的，可以将承包的工程部分分包给其他分包人，签订分包合同，总承包人对发包人负责，分包人对总承包人负责并与总承包人对发包人负连带责任。

根据建设工程的性质，对于应当由一个施工人完成的工程，总承包人不得将工程肢解发包给若干个分承包人；总承包人经发包人许可，可将承包的部分工作交由第三人完成，但不得将全部工程交由第三人完成。如果违反上述法律规定，可以准用承揽合同的有关规定，发包人有合同解除权。

根据《合同法》第二百七十五条的规定，施工合同的主要条款包括工程范围、建设工期、中间交工工程的开工和竣工时间、工程质量、工程造价、技术资料交付时间、材料和设备供应责任、拨款和结算、竣工验收、质量保修范围和质量保证期、双方相互协作等条款。

（二）建设工程合同当事人的义务

1. 发包人的主要义务

（1）发包人为按期施工做好必要的准备工作,发包人除按规定向对方交付施工图和有关施工的技术资料外,要做好土地征用、房屋拆迁、障碍物拆除和领取建筑许可证等工作。

（2）按双方商定的分工,按时、按质、按量供应建筑材料和设备。

（3）及时进行单项工作和全部工程的验收工作。

2. 承包人的主要义务

（1）按双方商定的分工,做好建筑材料、设备和构件的采购、供应和保管工作。

（2）严格按照施工图和操作规程进行施工,保证工程质量。

（3）接受对方对工程进度、工程质量的监督。

（4）按期完成建设工程,提出竣工验收资料及竣工图,及时向对方交付。

（5）依据合同在一定期限内负责保修。

本章重点

1. 合同的特征、表现形式、主要条款。

2. 合同法的调整范围与基本原则。

3. 要约与承诺的生效、撤销、失效,合同成立的条件。

4. 合同效力的认定。

5. 合同履行过程中规则的遵守,抗辩权、代位权、撤销权的行使要件。

6. 合同变更与合同转让的要件。

7. 合同的终止情形。

8. 违约责任的承担体系。

本章难点

1. 合同的表现形式。

2. 合同成立时间的界定。

3. 合同履行过程中诚信的遵守与债权的实现。

4. 违约责任的追究与免责情形的理解。

5. 对常见有名合同要点的把握。

思考题

1. 合同的主要条款有哪些?

2. 合同法遵循的基本原则有哪些?

3. 要约与要约邀请的区别主要表现在哪些方面? 要约的有效要件有哪些?

4. 要约失效的情形和承诺生效的要件分别是什么？

5. 缔约过失责任的类型有哪些？

6. 有效合同的认定要件有哪些？

7. 效力待定合同、可撤销合同、无效合同的认定依据分别有哪些？

8. 合同变更、债权让与、债务承担、概括转让的要件分别是什么？

9. 合同终止的情形有哪些？

10. 违约责任的种类与承担形式分别有哪些？

第六章

市场规制法

法律就是秩序,有好的法律才会有好的秩序。

——亚里士多德

学习目标

1. 了解反不正当竞争法的立法目的,学会认定七种不正当竞争行为。
2. 了解垄断的产生原因、垄断组织的形式与反垄断立法的任务,学会区分四种垄断行为的各种形式,熟知国家对垄断行为的管理与调查内容。
3. 掌握产品质量法的调整对象,熟悉生产者、销售者的产品质量责任。
4. 掌握消费者权益保护法的调整范围,熟悉消费者的权利和经营者的义务。
5. 学会综合运用本章各类法规解决工作中实际问题。

基本概念

竞争,不正当竞争行为,经营者,商业秘密,垄断,垄断行为,产品,产品质量,消费者

第一节 反不正当竞争法

一、反不正当竞争法概述

(一)调整对象

竞争是众多的具有独立法律地位和经济利益的商品生产经营者在市场上以较为有利的价格、数量、品质、服务或者其他条件争取更多的交易机会,从而实现各自的经济利益的生产经营行为。在市场交易中,经营者应当遵循下列市场竞争规则:① 自愿、平等、公平;② 诚实

信用;③ 尊重并遵守公认的商业道德。

不正当竞争行为是指经营者在市场竞争中,采取非法的或者有悖于公认的商业道德的手段和方式参与竞争,损害其他经营者的合法权益,扰乱社会经济秩序的行为。所谓经营者,是指从事商品经营或者营利性服务的法人、其他经济组织和个人。反不正当竞争法是调整市场竞争过程中因规制不正当竞争行为而产生的社会关系的法律规范的总称。《中华人民共和国反不正当竞争法》(简称《反不正当竞争法》)于 1993 年 9 月 2 日颁布,1993 年 12 月 1 日起实施;2017 年 11 月 4 日第十二届全国人民代表大会常务委员会第三十次会议修订,2018 年 1 月 1 日起实施。

(二)立法目的

《反不正当竞争法》的立法目的可以分为三个层次:① 制止不正当竞争行为,这是该法的直接目的;② 保护经营者和消费者的合法权益,这是该法直接目的的必然延伸;③ 鼓励和保护公平竞争,保障社会主义市场经济的健康发展。

二、不正当竞争行为

《反不正当竞争法》列举了经营者七种主要不正当竞争行为及其要承担的法律责任。

(一)混淆行为

根据《反不正当竞争法》第六条的规定,经营者不得实施下列混淆行为,引人误认为是他人商品或者与他人存在特定联系:① 擅自使用与他人有一定影响的商品名称、包装、装潢等相同或者近似的标识;② 擅自使用他人有一定影响的企业名称(包括简称、字号等)、社会组织名称(包括简称等)、姓名(包括笔名、艺名、译名等);③ 擅自使用他人有一定影响的域名主体部分、网站名称、网页等;④ 其他足以引人误认为是他人商品或者与他人存在特定联系的混淆行为。

经营者违反该条规定实施混淆行为的,由监督检查部门责令停止违法行为,没收违法商品。违法经营额 5 万元以上的,可以并处违法经营额 5 倍以下的罚款;没有违法经营额或者违法经营额不足 5 万元的,可以并处 25 万元以下的罚款。情节严重的,吊销营业执照。经营者登记的企业名称违反该条规定的,应当及时办理名称变更登记;名称变更前,由原企业登记机关以统一社会信用代码代替其名称。

(二)商业贿赂行为

根据《反不正当竞争法》第七条的规定,经营者不得采用财物或者其他手段贿赂下列单位或者个人,以谋取交易机会或者竞争优势:① 交易相对方的工作人员;② 受交易相对方委托办理相关事务的单位或者个人;③ 利用职权或者影响力影响交易的单位或者个人。经营者在交易活动中,可以以明示方式向交易相对方支付折扣,或者向中间人支付佣金。经营者向交易相对方支付折扣、向中间人支付佣金的,应当如实入账。接受折扣、佣金的经营者也应当如实入账。经营者的工作人员进行贿赂的,应当认定为经营者的行为;但是,经营者有证据证明该工作人员的行为与为经营者谋取交易机会或者竞争优势无关的除外。

经营者违反该条规定贿赂他人的,由监督检查部门没收违法所得,处 10 万元以上 300 万元以下的罚款。情节严重的,吊销营业执照。

(三)虚假宣传行为

各类虚假广告和其他虚假宣传,或乱人视听,或直接误导用户及消费者,或侵犯其他经营者,特别是同行业竞争对手的合法利益,造成公平竞争秩序的混乱。根据《反不正当竞争法》第八条的规定,经营者不得对其商品的性能、功能、质量、销售状况、用户评价、曾获荣誉等作虚假或者引人误解的商业宣传,欺骗、误导消费者。经营者不得通过组织虚假交易等方式,帮助其他经营者进行虚假或者引人误解的商业宣传。

经营者违反该条规定对其商品作虚假或者引人误解的商业宣传,或者通过组织虚假交易等方式帮助其他经营者进行虚假或者引人误解的商业宣传的,由监督检查部门责令停止违法行为,处 20 万元以上 100 万元以下的罚款;情节严重的,处 100 万元以上 200 万元以下的罚款,可以吊销营业执照。经营者违反该条规定,属于发布虚假广告的,依照《中华人民共和国广告法》(简称《广告法》)的规定处罚。

(四)侵犯商业秘密行为

《反不正当竞争法》所称的商业秘密,是指不为公众所知悉,具有商业价值并经权利人采取相应保密措施的技术信息和经营信息。根据《反不正当竞争法》第九条的规定,经营者不得实施下列侵犯商业秘密的行为:① 以盗窃、贿赂、欺诈、胁迫或者其他不正当手段获取权利人的商业秘密;② 披露、使用或者允许他人使用以前项手段获取的权利人的商业秘密;③ 违反约定或者违反权利人有关保守商业秘密的要求,披露、使用或者允许他人使用其所掌握的商业秘密。第三人明知或者应知商业秘密权利人的员工、前员工或者其他单位、个人实施前述所列违法行为,仍获取、披露、使用或者允许他人使用该商业秘密的,视为侵犯商业秘密。

经营者违反该条规定侵犯商业秘密的,由监督检查部门责令停止违法行为,处 10 万元以上 50 万元以下的罚款;情节严重的,处 50 万元以上 300 万元以下的罚款。另外,经营者违反《反不正当竞争法》第六条、第九条规定,权利人因被侵权所受到的实际损失、侵权人因侵权所获得的利益难以确定的,由人民法院根据侵权行为的情节判决给予权利人 300 万元以下的赔偿。

(五)不正当有奖销售行为

法律并不禁止所有的有奖销售行为,而仅仅对可能造成不良后果、破坏竞争规则的有奖销售加以禁止。根据《反不正当竞争法》第十条的规定,经营者进行有奖销售不得存在下列情形:① 所设奖的种类、兑奖条件、奖金金额或者奖品等有奖销售信息不明确,影响兑奖;② 采用谎称有奖或者故意让内定人员中奖的欺骗方式进行有奖销售;③ 抽奖式的有奖销售,最高奖的金额超过 5 万元。

经营者违反该条规定进行有奖销售的,由监督检查部门责令停止违法行为,处 5 万元以上 50 万元以下的罚款。

（六）诋毁商誉行为

诋毁商誉行为是指经营者捏造、散布虚假事实，损害竞争对手的商业信誉、商品声誉，从而削弱其竞争力的行为。根据《反不正当竞争法》第十一条的规定，经营者不得编造、传播虚假信息或者误导性信息，损害竞争对手的商业信誉、商品声誉。

经营者违反该条规定损害竞争对手商业信誉、商品声誉的，由监督检查部门责令停止违法行为、消除影响，处 10 万元以上 50 万元以下的罚款；情节严重的，处 50 万元以上 300 万元以下的罚款。

（七）破坏网络产品行为

根据《反不正当竞争法》第十二条的规定，经营者利用网络从事生产经营活动，应当遵守该法的各项规定。经营者不得利用技术手段，通过影响用户选择或者其他方式，实施下列妨碍、破坏其他经营者合法提供的网络产品或者服务正常运行的行为：① 未经其他经营者同意，在其合法提供的网络产品或者服务中，插入链接、强制进行目标跳转；② 误导、欺骗、强迫用户修改、关闭、卸载其他经营者合法提供的网络产品或者服务；③ 恶意对其他经营者合法提供的网络产品或者服务实施不兼容；④ 其他妨碍、破坏其他经营者合法提供的网络产品或者服务正常运行的行为。

经营者违反该条规定妨碍、破坏其他经营者合法提供的网络产品或者服务正常运行的，由监督检查部门责令停止违法行为，处 10 万元以上 50 万元以下的罚款；情节严重的，处 50 万元以上 300 万元以下的罚款。

此外，《反不正当竞争法》对法律责任的统一规定如下：

（1）经营者违反《反不正当竞争法》规定，给他人造成损害的，应当依法承担民事责任；应当承担民事责任、行政责任和刑事责任，其财产不足以支付的，优先用于承担民事责任；从事不正当竞争，有主动消除或者减轻违法行为危害后果等法定情形的，依法从轻或者减轻行政处罚；违法行为轻微并及时纠正，没有造成危害后果的，不予行政处罚；受到行政处罚的，由监督检查部门记入信用记录，并依照有关法律、行政法规的规定予以公示。

（2）经营者的合法权益受到不正当竞争行为损害的，可以向人民法院提起诉讼。因不正当竞争行为受到损害的经营者的赔偿数额按照其因被侵权所受到的实际损失确定；实际损失难以计算的，按照侵权人因侵权所获得的利益确定。赔偿数额还应当包括经营者为制止侵权行为所支付的合理开支。

（3）对妨害监督检查部门依照《反不正当竞争法》履行职责，拒绝、阻碍调查的，由监督检查部门责令改正，对个人可以处 5 000 元以下的罚款，对单位可以处 5 万元以下的罚款，并可以由公安机关依法给予治安管理处罚。当事人对监督检查部门作出的决定不服的，可以依法申请行政复议或者提起行政诉讼。监督检查部门的工作人员滥用职权、玩忽职守、徇私舞弊或者泄露调查过程中知悉的商业秘密的，依法给予处分。相关方违反《反不正当竞争法》规定，构成犯罪的，依法追究刑事责任。

三、对涉嫌不正当竞争行为的调查

（一）调查部门

我国县级以上人民政府工商行政管理部门、与市场管理有关的其他行政职能部门（如质量技术监督部门、物价部门、食品卫生行政管理部门等）是不正当竞争行为的监督检查部门。

（二）调查部门可采取的措施

根据《反不正当竞争法》第十三条的规定，监督检查部门调查涉嫌不正当竞争行为，可以采取下列措施：① 进入涉嫌不正当竞争行为的经营场所进行检查；② 询问被调查的经营者、利害关系人及其他有关单位、个人，要求其说明有关情况或者提供与被调查行为有关的其他资料；③ 查询、复制与涉嫌不正当竞争行为有关的协议、账簿、单据、文件、记录、业务函电和其他资料；④ 查封、扣押与涉嫌不正当竞争行为有关的财物；⑤ 查询涉嫌不正当竞争行为的经营者的银行账户。

（三）对调查部门的要求

第一，监督检查部门采取上述措施，应当向监督检查部门主要负责人书面报告，并经批准。监督检查部门采取第④项和第⑤项规定的措施，还应当向设区的市级以上人民政府监督检查部门主要负责人书面报告，并经批准。

第二，监督检查部门调查涉嫌不正当竞争行为，应当遵守《中华人民共和国行政强制法》（简称《行政强制法》）和其他有关法律、行政法规的规定，并应当将查处结果及时向社会公开。

第三，监督检查部门及其工作人员对调查过程中知悉的商业秘密负有保密义务。

第四，监督检查部门应当向社会公开受理举报的电话、信箱或者电子邮件地址，并为举报人保密。对实名举报并提供相关事实和证据的，监督检查部门应当将处理结果告知举报人。

此外，监督检查部门调查涉嫌不正当竞争行为，被调查的经营者、利害关系人及其他有关单位、个人应当如实提供有关资料或者情况。对涉嫌不正当竞争行为，任何单位和个人有权向监督检查部门举报，监督检查部门接到举报后应当依法及时处理。

第二节　反垄断法

一、反垄断法概述

（一）垄断的产生及其原因

1. 垄断的产生

"垄断"（Monopoly）一词源于孟子"必求垄断而登之，以左右望而网市利"。原意是指站在市集的高地上操纵贸易，后来泛指把持和独占，即一个市场上只有一个经营者，并且其产品在市场上没有替代品。在资本主义经济里,垄断是指少数资本主义大企业为了获得高额利润,通过相互协议或者联合,对一个或者几个部门商品的生产、销售和价格进行操纵和控制。

垄断是人类社会经济发展的必然结果,是生产高度社会化的产物。特别是作为一种结构状态,垄断意味着在经济组织内部分工协作和资源配置更加合理、科学,可以降低成本、提高劳动生产率、形成规模经济,这是一种社会进步。但是垄断会减少和限制市场竞争,特别是当垄断组织有意实施各种限制性行为时,会产生许多严重的后果。对于垄断的积极和进步的一面,应当提倡和鼓励;对于其消极作用和危害,应当防止和反对。

2. 垄断的产生原因

一般认为,垄断产生的基本原因是进入障碍,进入障碍通常表现为以下几方面。

(1)资源独占:指某种关键资源由一个企业所拥有,并且没有相近的替代品资源,即资源垄断。经典的例子就是南非的钻石公司戴比尔斯,其控制了世界钻石生产的80%左右,虽然不是百分之百,但也大到足以掌控世界钻石的价格。当然,由于现实经济如此巨大,资源往往由许多人所共有,像这种独自享有某种资源的企业并不多。

(2)政府行为:指政府通过行政命令或者法律管制,给予一家企业排他性地生产某种产品或者劳务的权利,即政府创造垄断。例如,我国的公用事业、烟草、石油化工均属此列。

(3)成本优势:指一个企业能以低于两个或者更多企业的成本为整个市场提供一种物品或者劳务,即自然垄断。具体有三种形成方式:① 通过大规模生产,以降低生产成本,然后通过价格打击竞争对手,使之逐步退出市场,或者将竞争对手收购,进而形成垄断。② 提高用户的转换成本,先以低价甚至免费的方式吸引用户,将竞争者驱逐出市场,然后专心致力于普及自己的产品,使广大用户接受其产品并成为忠诚客户。当这些步骤完成后,开始漫天要价,微软就是一个活生生的例子。③ 提高用户的搜索成本,致力于某个细分市场,集中资源在自己的主业,通过扩大服务内容或使服务内容复杂化,以提高客户的满意度,并最终形成对市场的垄断。

(二)垄断组织及其主要形式

垄断组织是指在资本主义社会的一个或者几个经济部门中居于重要地位的大企业之间的联合。它们凭借这种联合所建立的统治地位,控制相应部门的商品生产,瓜分销售市场、原料产地和投资场所,规定垄断价格,攫取高额利润。垄断组织是在资本主义生产集中的基础上产生的。由于在资本主义发展过程中生产社会化和生产集中的发展程度不同,资本主义大型企业之间互相勾结或者联合的程度和具体目的也不一样,垄断组织便有各种不同的形式,主要表现为四种形式。

1. 卡特尔(Cartel)

卡特尔是指生产同类商品的大企业为了垄断市场,获取高额利润而达成有关划分销售市场、规定产品产量、确定商品价格等方面的协议所形成的垄断组织。1865 年,其最早产生于德国。随着垄断资本的国际化,产生了国际卡特尔。比较流行的卡特尔有三种:① 划分销售市场的卡特尔;② 规定统一价格的卡特尔;③ 规定生产规模的卡特尔。

2. 托拉斯(Trust)

托拉斯是垄断组织的高级形式之一。它是指由许多生产同类商品的企业或者产品有密切关系的企业合并组成的垄断组织。其旨在垄断销售市场、争夺原料产地和投资范围,加强竞争力量,以获取高额垄断利润。1879 年,托拉斯首先在美国出现,如美孚石油托拉斯、威士忌托拉斯等。1964 年 4 月 30 日,在江苏徐州成立的华东煤炭工业公司是我国成立的第一个托拉斯试点企业。

3. 辛迪加(Syndicat)

辛迪加是资本主义垄断组织的重要形式之一。它是指由同一生产部门的少数资本主义大企业通过签订统一销售商品和采购原料的协定以获取垄断利润而建立的垄断组织。与卡特尔相比,辛迪加较为稳定,存在的时间也较持久。辛迪加是在 19 世纪末、20 世纪初产生的。

4. 康采恩(Concern)

康采恩是垄断组织的高级形式之一。它是由不同经济部门的许多企业联合组成的,包括工业企业、贸易公司、银行、运输公司和保险公司等。康采恩到 19 世纪末、20 世纪初才在主要资本主义国家先后形成。组成康采恩的企业在形式上保持独立,实际上由其中占统治地位的资本家集团(一般是大银行资本家)通过参与制加以控制。它明显地表现出帝国主义时期银行资本和工业资本融合的特点。在 2000 年左右,中国和日本开始出现的各种"控股公司"以及"集团总公司"也被认为属于康采恩垄断。

(三)反垄断法的概念与立法

1. 反垄断法的概念

反垄断法是调整国家在规制市场主体(企业、企业联合组织)或者其他机构以控制市场为目的而实施的反竞争行为过程中所发生的社会关系的实体法和程序法规范的总和。各国反垄断法对规制对象的规定各不相同,但一般来说,反垄断法的任务是防止市场上出现垄断,以及对合法产生的垄断企业进行监督,防止它们滥用市场优势地位,具体包括禁止卡特尔、控制企业合并、禁止滥用市场支配地位、禁止行政垄断等。

2. 我国的反垄断立法

反垄断法目前在我国还是一种全新的法律制度。2007 年 8 月 30 日,第十届全国人民代表大会常务委员会第二十九次会议经表决通过《中华人民共和国反垄断法》(简称《反垄断法》),自 2008 年 8 月 1 日起施行。该法酝酿了 20 多年,从法案起草到实施历时 14 年。该法的立法宗旨是为了预防和制止垄断行为,保护市场公平竞争,提高经济运行效率,维护消费者利益和社会公共利益,促进社会主义市场经济健康发展。该法适用于中国境内经济活动中的垄断行为及中国境外,但对境内市场竞争产生排除、限制影响的垄断行为。农业生产者及农村经济组织在农产品生产、加工、销售、运输、储存等经营活动中实施的联合或者协同行为不适用该法。

二、垄断行为

（一）经营者达成垄断协议

垄断协议是指排除、限制竞争的协议、决定或者其他协同行为。

1. 禁止达成的垄断协议

第一，禁止具有竞争关系的经营者达成垄断协议。

禁止具有竞争关系的经营者达成的垄断协议包括：① 固定或者变更商品价格；② 限制商品的生产数量或者销售数量；③ 分割销售市场或者原材料采购市场；④ 限制购买新技术、新设备或者限制开发新技术、新产品；⑤ 联合抵制交易；⑥ 国务院反垄断执法机构认定的其他垄断协议。

第二，禁止经营者与交易相对人达成垄断协议。

禁止经营者与交易相对人达成的垄断协议包括：① 固定向第三人转售商品的价格；② 限定向第三人转售商品的最低价格；③ 国务院反垄断执法机构认定的其他垄断协议。

2. 不视为垄断协议的情形

如果经营者能够证明所达成的协议属于下列情形之一的，则该协议不视为垄断协议：① 为改进技术、研究开发新产品的；② 为提高产品质量、降低成本、增进效率，统一产品规格、标准或者实行专业化分工的；③ 为提高中小经营者经营效率，增强中小经营者竞争力的；④ 为实现节约能源、保护环境、救灾救助等社会公共利益的；⑤ 因经济不景气，为缓解销售量严重下降或者生产明显过剩的；⑥ 为保障对外贸易和对外经济合作中的正当利益的；⑦ 法律和国务院规定的其他情形。

3. 违法达成并实施垄断协议的法律责任

经营者违反《反垄断法》规定，达成并实施垄断协议的，由反垄断执法机构责令停止违法行为，没收违法所得，并处上一年度销售额 1% 以上 10% 以下的罚款；尚未实施所达成的垄断协议的，可以处 50 万元以下的罚款。行业协会违反《反垄断法》规定，组织本行业的经营者达成垄断协议的，反垄断执法机构可以处 50 万元以下的罚款；情节严重的，社会团体登记管理机关可以依法撤销登记。

（二）经营者滥用市场支配地位

市场支配地位是指经营者在相关市场内具有能够控制商品价格、数量或者其他交易条件，或者能够阻碍、影响其他经营者进入相关市场能力的市场地位。禁止滥用市场支配地位行为制度是一种针对特殊主体的责任制度，市场支配地位是决定企业应否承担某种特殊法律责任的主体条件。

1. 经营者具有市场支配地位的认定因素

认定经营者具有市场支配地位，应当依据下列因素：① 该经营者在相关市场的市场份额,以及相关市场的竞争状况;② 该经营者控制销售市场或者原料采购市场的能力;③ 该经营者的财力和技术条件;④ 其他经营者对该经营者在交易上的依赖程度;⑤ 其他经营者进入相关市场的难易程度;⑥ 认定该经营者市场支配地位有关的其他因素。其中,在多数情况下,市场份额是最重要和最直观的因素。因此,《反垄断法》推断当经营者在相关市场的市场份额达到一定比例(一个经营者在相关市场的市场份额达到1/2;两个经营者在相关市场的市场份额合计达到2/3;三个经营者在相关市场的市场份额合计达到3/4)时,可推定其具有市场支配地位,除非其有证据证明其不具有市场支配地位。不过,市场支配地位本身并不违法,只有对这种地位加以滥用才是违法的。

2. 滥用市场支配地位的行为

《反垄断法》对滥用市场支配地位的行为作出必要的列举,以确定哪些典型行为是依法应当予以禁止的。

(1)以不公平的高价销售商品或者以不公平的低价购买商品。

具有市场支配地位的经营者凭借该地位索取不公平的要价,即企业在正常竞争条件下所不可能获得的远远超出公平标准的价格,实际上是利用市场支配地位对消费者和用户进行剥削的行为。

(2)没有正当理由,以低于成本的价格销售商品。

构成低价倾销行为,首先经营者存在以低于成本的价格销售商品的事实;其次以低于成本的价格销售商品具有排挤竞争者的可能性;再次经营者掠夺性定价没有正当理由。其中,确定销售价格低于成本是证明低价倾销行为的关键。

(3)没有正当理由,拒绝与交易相对人进行交易。

在一般商品交易领域,当事人可以根据自己的意志,选择自己的相对交易方,不存在拒绝交易权行使的限制问题;但对具有市场支配地位的经营者来讲,其市场实力过于强大,交易相对人和消费者除与其交易外并没有更多的选择余地,因为这些交易相对人从其他渠道难以获得该产品、服务,而且替代性产品、服务的获得也比较困难。因此,具有市场支配地位的经营者由于本身市场实力的强大或提供产品、服务的独特性(尤其是在拥有关键设施时),在没有正当理由的情形下是不能拒绝与交易相对人进行交易的。

(4)没有正当理由,限定交易相对人只能与其进行交易或者只能与其指定的经营者进行交易。

强制交易是滥用市场支配地位行为的典型表现,直接体现了对其交易相对人交易自由的限制,同时也在特定领域剥夺了其竞争对手的竞争机会。

(5)没有正当理由搭售商品,或者在交易时附加其他不合理的交易条件。

(6)没有正当理由,对条件相同的交易相对人在交易价格等交易条件上实行差别待遇。

这种差别待遇的核心是价格歧视。价格歧视也称歧视性定价,是指企业在提供或者接受产品或者服务时,对不同的客户实行与成本无关的价格上的差别待遇。价格歧视使提供或者接受相同产品或者服务的企业的交易机会不同,尤其不利于中小企业获得公平竞争的机会,并可能成为阻碍制造商或者零售商进入市场的障碍。

（7）国务院反垄断执法机构认定的其他滥用市场支配地位的行为。

3. 滥用市场支配地位的法律责任

经营者违反《反垄断法》规定，滥用市场支配地位的，由反垄断执法机构责令停止违法行为，没收违法所得，并处上一年度销售额 1% 以上 10% 以下的罚款。

（三）经营者集中

1. 经营者集中的情形

（1）经营者合并；

（2）经营者通过取得股权或者资产的方式取得对其他经营者的控制权；

（3）经营者通过合同等方式取得对其他经营者的控制权或能够对其他经营者施加决定性影响。

2. 经营者集中的申报与审查

经营者集中达到国务院规定的申报标准的，经营者应当事先向国务院反垄断执法机构申报，未申报的不得实施集中。经营者向国务院反垄断执法机构申报集中，应当提交申报书、集中对相关市场竞争状况影响的说明、集中协议、参与集中的经营者经会计师事务所审计的上一会计年度财务会计报告等文件、资料。但是，经营者集中有下列情形之一的，可以不向国务院反垄断执法机构申报：① 参与集中的一个经营者拥有其他每个经营者 50% 以上有表决权的股份或者资产的；② 参与集中的每个经营者 50% 以上有表决权的股份或者资产被同一个未参与集中的经营者拥有的。

国务院反垄断执法机构应当自收到经营者提交的文件、资料之日起 30 日内，对申报的经营者集中进行初步审查，作出是否实施进一步审查的决定，并书面通知经营者。国务院反垄断执法机构决定实施进一步审查的，应当自决定之日起 90 日内审查完毕，作出是否禁止经营者集中的决定，并书面通知经营者。特殊情况下可以延长前述审查期限，但最长不得超过 60 日。审查期间，经营者不得实施集中。反垄断执法机构逾期未作出决定的，经营者可以实施集中。对外资并购境内企业或者以其他方式参与经营者集中，涉及国家安全的，除依照规定进行经营者集中审查外，还应当按照国家有关规定进行国家安全审查。

3. 经营者违法实施集中的法律责任

经营者违反《反垄断法》规定实施集中的，由国务院反垄断执法机构责令停止实施集中、限期处分股份或者资产、限期转让营业以及采取其他必要措施恢复到集中前的状态，可以处 50 万元以下的罚款。

（四）滥用行政权力排除、限制竞争

行政机关和法律、法规授权的具有管理公共事务职能的组织不得滥用行政权力排除、限制竞争。

1. 滥用行政权力排除、限制竞争的行为

（1）限定或者变相限定单位或者个人经营、购买、使用其指定的经营者提供的商品。

（2）妨碍商品在地区之间自由流通。

妨碍商品在地区之间自由流通的行为包括：① 对外地商品设定歧视性收费项目、实行歧视性收费标准，或者规定歧视性价格；② 对外地商品规定与本地同类商品不同的技术要求、检验标准，或者对外地商品采取重复检验、重复认证等歧视性技术措施，限制外地商品进入本地市场；③ 采取专门针对外地商品的行政许可，限制外地商品进入本地市场；④ 设置关卡或者采取其他手段，阻碍外地商品进入或者本地商品运出；⑤ 妨碍商品在地区之间自由流通的其他行为。

（3）以设定歧视性资质要求、评审标准或者不依法发布信息等方式，排斥或者限制外地经营者参加本地的招标、投标活动。

（4）采取与本地经营者不平等待遇等方式，排斥或者限制外地经营者在本地投资或者设立分支机构。

（5）强制经营者从事规定的垄断行为。

（6）行政机关滥用行政权力，制定含有排除、限制竞争内容的规定。

2. 滥用行政权力的法律责任

行政机关和法律、法规授权的具有管理公共事务职能的组织滥用行政权力，实施排除、限制竞争行为的，由上级机关责令改正；对直接负责的主管人员和其他直接责任人员依法给予处分。反垄断执法机构可以向有关上级机关提出依法处理的建议。

三、对垄断行为的管理与调查

（一）对垄断行为的管理

国务院反垄断执法机构依照《反垄断法》规定，负责反垄断执法工作。国务院设立反垄断委员会，负责组织、协调、指导反垄断工作，履行以下五大职能：研究拟订有关竞争政策；组织调查、评估市场总体竞争状况，并发布评估报告；制定、发布反垄断指南；协调反垄断行政执法工作；国务院规定的其他职责。

（二）对涉嫌垄断行为的调查

1. 积极、勤勉地调查义务

反垄断执法机构依法对涉嫌垄断行为进行调查。对涉嫌垄断行为，任何单位和个人有权向反垄断执法机构举报。反垄断执法机构应当为举报人保密。举报采用书面形式并提供相关事实和证据的，反垄断执法机构应当进行必要的调查。反垄断执法机构及其工作人员对执法过程中知悉的商业秘密负有保密义务。反垄断执法机构对涉嫌垄断行为调查核实后，认为构成垄断行为的，应当依法作出处理决定，并可以向社会公布。

2. 调查措施

反垄断执法机构调查涉嫌垄断行为时，执法人员不得少于二人，并应当出示执法证件，可以采取下列措施：① 进入被调查的经营者的营业场所或者其他有关场所进行检查；② 询问被调查的经营者、利害关系人或者其他有关单位或者个人，要求其说明有关情况；③ 查阅、复制被调查的经营者、利害关系人或者其他有关单位或者个人的有关单证、协议、会计账簿、业务函电、电子数据等文件和资料;④ 查封、扣押相关证据;⑤ 查询经营者的银行账户。执法人员进行询问和调查时应当制作笔录,并由被询问人或者被调查人签字。

第三节 产品质量法

一、产品质量法概述

(一)相关概念

1. 产品

产品本是经济学中的一个术语,是指自然物之外的一切劳动生产物,包括生产资料和消费资料,是人类生存和发展的物质条件。自 2000 年 9 月 1 日起修改施行的《产品质量法》第二条规定:"在中华人民共和国境内从事产品生产、销售活动,必须遵守本法。本法所称产品是指经过加工、制作,用于销售的产品。建设工程不适用本法规定;但是,建设工程使用的建筑材料、建筑构配件和设备,属于前款规定的产品范围的,适用本法规定。"由此可知,产品是指以销售为目的,通过工业加工、手工制作等生产方式所获得的具有特定使用性能的物品。未经加工的天然形成的产品,如原矿、原煤、石油、天然气等,以及初级农产品,如农、林、牧、渔等产品,不适用该法规定。建设工程,如大坝、房屋、公路等建筑产品,不适用该法规定;但是,建设工程使用的建筑材料、建筑构配件和设备属于该法产品范围的,如水泥、钢筋、吊车、预制板等,适用该法规定。当然,国家严禁流通的产品(如冰毒、海洛因、枪支等)也不适用该法规定,同时还要依法惩处。

2. 产品质量

产品质量是指产品满足用户需求所应具备的一切特性的总和。"一切特性"主要是指产品的适用性、安全性、可用性、可靠性、可维修性、经济性、时间性、舒适性等。一般可从特性、指标(技术性能指标、品级率指标、合格率指标)、标准(国家标准、行业标准、地方标准、企业标准)方面对产品质量进行鉴别。

3. 产品质量法

产品质量法是调整在产品的生产、流通和消费过程中因产品质量而发生的各种经济关系的法律规范的总称,包括国家对生产经营者的产品质量进行监管的法律制度和对消费者的产品权益进行保护的法律责任制度。

(1)产品质量法调整的经济关系。

产品质量法调整的经济关系有两类:一类是国家对产品质量的监督管理关系;另一类是因质量缺陷引起的产品质量责任关系,即生产者、销售者与产品用户之间产生的关系。"质量缺陷"(简称"缺陷")是指产品存在危及人身、他人财产安全的不合理的危险;产品有保障人体健康和人身、财产安全的国家标准、行业标准的,是指不符合该标准。

(2)产品质量法制定的主要目的。

产品质量法制定的主要目的有：① 加强国家对产品质量的监督管理，促使生产者、销售者保证产品质量；② 明确产品质量责任，严厉惩治生产、销售假冒伪劣产品的违法行为；③ 切实地保护用户、消费者的合法权益，完善我国的产品质量民事赔偿制度；④ 遏制假冒伪劣产品的生产和流通，维护正常的社会经济秩序。

（二）产品质量监督管理制度

国务院产品质量监督部门主管全国产品质量监督工作。国务院有关部门在各自的职责范围内负责产品质量监督工作。县级以上地方产品质量监督部门主管本行政区域内的产品质量监督工作。县级以上地方人民政府有关部门在各自的职责范围内负责产品质量监督工作。我国的产品质量监督管理制度包括产品质量检验制度、产品质量认证制度、企业质量体系认证制度、产品质量检查制度、产品质量社会监督制度。

1. 产品质量检验制度

产品质量检验就是指按照特定的标准，对产品质量进行检测，以判明产品是否合格的活动。《产品质量法》第十二条规定："产品质量应当检验合格，不得以不合格产品冒充合格产品。"2000 年 8 月，我国开始实施产品质量国家免检制度。但 2008 年发生"三聚氰胺"奶粉事件后，我国取消了食品质量国家免检制度。

2. 产品质量认证制度

产品质量认证制度始于英国。产品质量认证是指依据产品标准和相应技术要求，经认证机构确认并通过颁发认证证书和认证标志来证明某一产品符合相应标准和相应技术要求的活动。《产品质量法》第十四条规定："国家根据国际通用的质量管理标准，推行企业质量体系认证制度。"国务院标准化行政主管部门统一管理全国的认证工作；国务院标准化行政主管部门直接设立的或者授权国务院其他行政主管部门设立的行业认证委员会负责认证工作的具体实施。认证分为安全认证和合格认证两类。我国产品质量认证工作自 1981 年 4 月进行试点以来，已先后批准成立了中国电子元器件、电子产品、卫星地面站设备、水泥产品、汽车用安全玻璃、方圆标志、消防产品、玩具产品、汽车产品等多个质量认证委员会。2001 年我国建立了新的国家强制性产品认证制度，标志名称为"中国强制认证"（China Compulsory Certification），即 CCC 或 3C，宣布我国首批需实行强制性认证的产品共 19 类、132 种，主要涉及电线电缆、低压电器、家用电器设备、音视频设备、机动车辆及安全附件、农机产品、医疗器械等商品。

3. 企业质量体系认证制度

企业质量体系认证是指认证机构根据企业申请，对企业的产品质量保证能力和质量管理水平所进行的综合性检查和评定，并对符合质量体系认证标准的企业颁发认证证书的活动。企业质量体系认证制度作为一种单独的认证制度，自 20 世纪 70 年代出现以来已有很大发展，特别是 1987 年国际标准化组织颁布了 ISO 9000《质量管理和质量保证》系列国际标准，为开展国际的质量体系认证提供了统一的依据。我国企业质量体系认证所依据的标准是与国际通用的 ISO 9000《质量管理与质量保证》系列标准等同的 GB/T 19000 系列标准。

4.产品质量检查制度

国家对产品质量实行以抽查为主要方式的监督检查制度。监督抽查的对象主要是三类产品:一是可能危及人体健康和人身、财产安全的产品;二是影响国计民生的重要工业产品;三是消费者、有关组织反映有质量问题的产品。监督抽查所需检验费用按照国务院规定列支。生产者、销售者对抽查检验的结果有异议的,可以自收到检验结果之日起15日内向实施监督抽查的产品质量监督部门或者其上级产品质量监督部门申请复检,由受理复检的产品质量监督部门作出复检结论。

5.产品质量社会监督制度

产品质量社会监督是指消费者、保护消费者权益的社会组织以及新闻媒介等对产品质量实施监督。首先,消费者有权就产品质量问题向产品的生产者、销售者查询;向产品质量监督部门、工商行政管理部门及有关部门申诉,接受申诉的部门应当负责处理。其次,保护消费者权益的社会组织可以就消费者反映的产品质量问题建议有关部门负责处理,支持消费者对因产品质量造成的损害向人民法院起诉。再次,新闻舆论单位可以利用舆论工具向用户、消费者介绍产品质量知识,宣传有关产品质量监督管理的法律、法规,揭露产品生产、销售中的违法行为。

二、生产者和销售者的产品质量义务

(一)生产者的产品质量义务

1.产品质量应当符合要求,即内在质量要求

要求包括:

(1)不存在危及人身、财产安全的不合理的危险,有保障人体健康和人身、财产安全的国家标准、行业标准的,应当符合该标准;

(2)具备产品应当具备的使用性能,但是对产品存在使用性能的瑕疵作出说明的除外;

(3)符合在产品或者其包装上注明采用的产品标准,符合以产品说明、实物样品等方式表明的质量状况。

2.产品或包装上的标志应当真实且符合要求,即外观质量要求

要求包括:

(1)有产品质量检验合格证明。

(2)有中文标明的产品名称、生产厂厂名和厂址。

(3)根据产品的特点和使用要求,需要标明产品规格、等级、所含主要成分的名称和含量的,用中文相应予以标明;需要事先让消费者知晓的,应当在外包装上标明,或者预先向消费者提供有关资料。

(4)对于限期使用的产品,应当在显著位置清晰地标明生产日期和安全使用期或者失效日期。

(5)对于使用不当,容易造成产品本身损坏或者可能危及人身、财产安全的产品,应当

有警示标志或者中文警示说明。

（6）对于易碎、易燃、易爆、有毒、有腐蚀性、有放射性等危险物品以及储运中不能倒置和其他有特殊要求的产品，其包装质量必须符合相应要求，依照国家有关规定作出警示标志或者中文警示说明，标明储运注意事项。

对于裸装的食品和其他根据产品的特点难以附加标志的裸装产品，可以不附加产品标志。

3. 禁止性规定

生产者不得从事以下禁止性行为：

（1）生产者不得生产国家明令淘汰的产品；

（2）生产者不得伪造产地，不得伪造或者冒用他人的厂名、厂址；

（3）生产者不得伪造或者冒用认证标志等质量标志；

（4）生产者生产产品，不得掺杂、掺假，不得以假充真、以次充好，不得以不合格产品冒充合格产品。

（二）销售者的产品质量义务

1. 进货验收义务

销售者应当建立并执行进货检查验收制度，验明产品合格证明和其他标识。严格执行产品进货验收制度，可以防止不合格产品进入市场，可以为准确判断和区分生产者与销售者的产品质量责任提供依据。

2. 保持产品质量的义务

销售者应当采取措施，保持销售产品的质量。如果进货时产品符合质量要求，销售者进货后未尽到保持产品质量的义务，使产品出现变质、腐烂，丧失或降低使用性能，产生危害人身、财产的缺陷等，由此产生的责任应由销售者承担。

3. 保证产品标识符合法定要求的义务

销售者在销售产品时，应保证产品标识符合产品质量法对产品标识的要求，符合进货时验收的状态，不得更改、覆盖、涂抹产品标识，以保证产品标识的真实性。

4. 不得违反禁止性规范的义务

销售者不得销售国家明令淘汰并停止销售的产品和失效、变质的产品；销售者销售的产品的标识应当真实且符合法律规定；销售者不得伪造产地，不得伪造或者冒用他人的厂名、厂址；销售者不得伪造或者冒用认证标志等质量标志；销售者销售产品，不得掺杂、掺假，不得以假充真、以次充好，不得以不合格产品冒充合格产品。

三、产品质量法律责任

（一）民事责任

民事责任是民事法律关系主体违反民事义务所应当承担的法律后果。通常民事义务包括约定义务和法定义务,民事责任就相应地分为违约责任和侵权责任。《产品质量法》规定的民事责任也是如此。

1. 产品瑕疵责任

产品瑕疵责任是一种违约责任,它是指在产品买卖关系中,依据合同全面履行原则,一方当事人向对方当事人作出明示或者默示的保证和承诺。按照这种保证和承诺,如果产品存在瑕疵,保证和承诺方应当承担由此引起的法律后果。《产品质量法》第四十条规定:"售出的产品有下列情形之一的,销售者应当负责修理、更换、退货;给购买产品的消费者造成损失的,销售者应当赔偿损失:① 不具备产品应当具备的使用性能而事先未作说明的;② 不符合在产品或者其包装上注明采用的产品标准的;③ 不符合以产品说明、实物样品等方式表明的质量状况的。销售者依照前款规定负责修理、更换、退货、赔偿损失后,属于生产者的责任或者属于向销售者提供产品的其他销售者(以下简称供货者)的责任的,销售者有权向生产者、供货者追偿。销售者未按照规定给予修理、更换、退货或者赔偿损失的,由产品质量监督部门或者工商行政管理部门责令改正。"通俗地讲,如果销售者或生产者因违约给消费者造成一般损害,应按"三包"处理;如果给消费者造成财产损失,应按实际赔偿损失。

2. 产品缺陷责任

根据前述缺陷的定义来看,产品缺陷责任是一种侵权责任,它是指产品的生产者或者经营者所经营的产品因存在缺陷,给消费者或其他使用者造成人身伤害或缺陷产品以外的其他财产(简称他人财产)损害所产生的民事赔偿责任。

(1)生产者的产品缺陷责任。

生产者承担产品缺陷责任的归责原则是严格责任,即因产品存在缺陷造成人身、他人财产损害的,不论生产者是否存在过错,其均应当承担赔偿责任。但生产者能够证明有下列情形之一的,不承担赔偿责任:① 未将产品投入流通的;② 产品投入流通时,引起损害的缺陷尚不存在的;③ 将产品投入流通时的科学技术水平尚不能发现缺陷的存在的。

(2)销售者的产品缺陷责任。

销售者承担缺陷责任有两种情形:一是实行过错责任原则,即由于销售者的过错使产品存在缺陷,造成人身、他人财产损害的,销售者应当承担赔偿责任;二是实行过错推定原则,即销售者既不能指明缺陷产品的生产者,也不能指明缺陷产品的供货者的,销售者应当承担赔偿责任。

(3)产品缺陷责任的求偿对象。

为便于消费者行使权利,《产品质量法》第四十三条给予了消费者选择求偿对象的权利,规定了生产者与销售者之间的连带责任,即:因产品存在缺陷造成人身、他人财产损害的,受害人可以向产品的生产者要求赔偿,也可以向产品的销售者要求赔偿;属于产品的生产者的责任,产品的销售者赔偿的,产品的销售者有权向产品的生产者追偿;属于产品的销售者的责任,产品的生产者赔偿的,产品的生产者有权向产品的销售者追偿。

（4）损害赔偿范围。

因产品存在缺陷造成受害人人身伤害的，侵害人应当赔偿医疗费、治疗期间的护理费、因误工减少的收入等费用；造成残疾的，还应当支付残疾者生活自助具费、生活补助费、残疾赔偿金以及由其扶养的人所必需的生活费等费用；造成受害人死亡的，并应当支付丧葬费、死亡赔偿金以及由死者生前扶养的人所必需的生活费等费用。因产品存在缺陷造成受害人财产损失的，侵害人应当恢复原状或者折价赔偿。受害人因此遭受其他重大损失的，侵害人应当赔偿损失。

（5）诉讼时效与赔偿请求权。

因产品存在缺陷造成损害要求赔偿的诉讼时效期间为2年，自当事人知道或者应当知道其权益受到损害时起计算。因产品存在缺陷造成损害要求赔偿的请求权，在造成损害的缺陷产品交付最初消费者满10年丧失；但是，尚未超过明示的安全使用期的除外。

（二）行政责任

《产品质量法》中的行政责任主要是行政处罚。质量技术监督部门、工商行政管理部门依照各自的职权，对违法行为给予行政处罚。生产者或者销售者依法需承担行政责任的违法行为有：

（1）生产、销售不符合保障人体健康和人身、财产安全的国家标准、行业标准的产品；

（2）在产品中掺杂、掺假，以假充真，以次充好，或者以不合格产品冒充合格产品；

（3）生产国家明令淘汰的产品，销售国家明令淘汰并停止销售的产品；

（4）销售失效、变质的产品；

（5）伪造产品产地，伪造或者冒用他人厂名、厂址，伪造或者冒用认证标志等质量标志，产品标识或者有包装的产品标识不符合法律规定；

（6）拒绝接受依法进行的产品质量监督检查；

（7）伪造检验数据或者检验结论等。

（三）刑事责任

违反《产品质量法》相关规定，构成犯罪，依法追究刑事责任的情形主要有：

（1）生产不符合人体健康和人身、财产安全的国家标准、行业标准的产品，在产品中掺假、掺杂，以假乱真，以次充好，或者以不合格的产品冒充合格产品的行为；

（2）以暴力方法阻碍国家工作人员依法执行职务的行为；

（3）国家工作人员利用职务，对明知有违反该法规定、构成犯罪行为的企事业单位或个人故意包庇，使其不受追诉的行为；

（4）伪造检验数据或者检验结论的行为；

（5）从事产品质量监督管理的国家工作人员滥用职权、玩忽职守、徇私舞弊的行为；

（6）以行贿受贿或者其他非法手段推销、采购假冒、伪劣、不合格等产品的行为。

第四节　消费者权益保护法

一、消费者权益保护法概述

(一)相关概念

1.消费者权益保护法

消费者权益保护法是指调整国家在保护消费者权益过程中所发生的经济关系的法律规范的总称。消费是人们为满足生产和生活需要而进行的一系列交易和购买的活动,是人们对物质产品和非物质性消费品(服务)的消耗和利用,通常包括生产消费和生活消费两种。消费者权益保护法中的消费是指生活消费。1993年10月31日第八届全国人民代表大会常务委员会第四次会议通过、2014年3月15日最后修正施行的《消法》是我国保护消费者权益的基本法。

(1)《消法》的适用范围。

依据《消法》规定,消费者为生活消费需要购买、使用商品或者接受服务,其权益受该法保护;农民购买、使用直接用于农业生产的生产资料,参照该法执行。由此可知,《消法》主要调整为生活消费需要购买、使用商品或者接受服务而产生的关系。

(2)《消法》的基本原则。

① 自愿、平等、公平、诚实信用的原则。这是《民法通则》确定的民事活动的基本原则,经营者与消费者进行交易时也应遵循这一原则。

② 国家保护原则。相对于经营者而言,消费者是弱势群体。国家从立法、行政、司法的角度对消费者的权益进行全方位的保护。例如:立法上,国家应在听取消费者的意见和要求的基础上制定有关消费者权益的法律、法规和政策;行政上,各级人民政府应当加强领导,组织、协调、督促有关行政部门做好保护消费者合法权益的工作,有关行政部门应当听取消费者及其社会团体对经营者交易行为、商品和服务质量问题的意见,并及时调查处理;司法上,《民事诉讼法》规定,对符合起诉条件的消费者权益争议,必须受理,及时审理等。

③ 社会监督原则。保护消费者的合法权益是全社会的共同责任。国家鼓励、支持一切组织和个人对损害消费者合法权益的行为进行社会监督。大众传播媒介应当做好维护消费者合法权益的宣传,对损害消费者合法权益的行为进行舆论监督。消费者协会在其中就起到了至关重要的作用。

2.消费者

消费者权益保护法是保障消费者合法权益的法律。依据上述《消法》对适用范围的规定可知,消费者是指为了满足生活消费需要而直接购买、使用商品或者接受服务的个人或者组织。

实际生活中消费者的含义不仅包括为自己生活需要购买物品的人,也包括为了收藏、保存、送人等需要而购买商品,以及替家人、朋友购买物品,代理他人购买生活用品的人。消费者主要是与制造者、经营者相区别的。

（二）消费者协会

1983 年 5 月 21 日,我国第一个消费者组织——河北新乐县消费者协会成立。1985 年 1 月 12 日,国务院正式发文批准成立全国性消费者组织——中国消费者协会。消费者协会性质上属社会团体,设立各级消费者协会应当根据法律规定由同级人民政府批准,经同级民政部门核准登记,具备法人条件的经登记后取得社会团体法人资格,其领导机构为理事会及其常务理事会。目前,我国从中央到地方都成立了消费者协会。实践证明,各级消费者协会在维护消费者权益、解决消费争议等各个方面都起到了积极的作用。与国外消费者组织相比,虽然我国《消法》规定消费者协会是依法成立的对商品和服务进行社会监督的保护消费者合法权益的社会团体,但是在实践中它并非是由消费者自发成立的,而是由国家行政机关发文批准成立的,具有较为浓厚的官方色彩。

1. 理事会的人员组成

理事会主要由以下各方面代表人士组成:① 政府有关部门,如国家工商行政管理部门、技术监督部门、商品检验部门、物价部门、卫生部门、商业部门、轻工部门、政法部门等机构的领导;② 群众团体,如工会、妇联、共青团、文学艺术界联合会(简称文联)等社会团体的负责人;③ 新闻机构,如电台、电视台、报纸等单位的人员;④ 社会各方面的群众代表,如工人、农民、城镇居民、律师、文艺工作者等;⑤ 各省、自治区、直辖市、计划单列市的有关人员以及社会各方面的代表等。

2. 消费者协会的职能

根据《消法》第三十七条的规定,消费者协会履行下列公益性职责:

（1）向消费者提供消费信息和咨询服务,提高消费者维护自身合法权益的能力,引导文明、健康、节约资源和保护环境的消费方式;

（2）参与制定有关消费者权益的法律、法规、规章和强制性标准;

（3）参与有关行政部门对商品和服务的监督、检查;

（4）就有关消费者合法权益的问题,向有关部门反映、查询,提出建议;

（5）受理消费者的投诉,并对投诉事项进行调查、调解;

（6）投诉事项涉及商品和服务质量问题的,可以委托具备资格的鉴定人鉴定,鉴定人应当告知鉴定意见;

（7）就损害消费者合法权益的行为,支持受损害的消费者提起诉讼或者依照该法提起诉讼;

（8）对损害消费者合法权益的行为,通过大众传播媒介予以揭露、批评。

二、消费者的权利与经营者的义务

（一）消费者的权利

《消法》第二章规定了九项消费者的权利。

1. 安全权

一方面,消费者在购买、使用商品和接受服务时享有人身、财产安全不受损害的权利。人身安全权是指消费者的生命、健康不受威胁、不受侵害的权利;财产安全权是指消费者的财产不受侵害的权利。另一方面,消费者有权要求经营者提供的商品和服务符合保障人身、财产安全的要求。消费者的安全权具体包含三方面的要求:① 经营者提供的商品必须具有合理的安全性;② 经营者向消费者提供的服务必须有可靠的安全保障;③ 经营者提供的消费场所必须有必要的安全保障,以使消费者能够在安全的环境中挑选商品和接受服务。

在实践中,侵害消费者安全权的现象比较普遍,主要表现为在食品中添加有毒、有害物质,制造、销售假药、劣药,出售过期变质的食品、药品,日常用品及机电产品缺乏安全保障,化妆品有毒、有害,营业场所不安全,服务方式不安全等。

2. 知情权

知情权是指消费者享有知悉其购买、使用的商品或者接受的服务的真实情况的权利。具体来讲,消费者有权根据商品或者服务的不同情况,要求经营者提供商品的价格、产地、生产者、用途、性能、规格、等级、主要成分、生产日期、有效期限、检验合格证明、使用方法说明书、售后服务,或者服务的内容、规格、费用等有关情况。

3. 选择权

选择权是指消费者享有自主选择商品或者服务的权利。具体来讲,消费者的选择权包括以下内容:① 有权自主选择提供商品或者服务的经营者;② 有权自主选择商品品种或者服务方式;③ 有权自主决定购买或者不购买任何一种商品、接受或者不接受任何一项服务;④ 在自主选择商品或者服务时,有权进行比较、鉴别和挑选。

4. 交易权

交易权是指消费者享有公平交易的权利,其主要体现在两方面:

(1)消费者有权获得质量保障、价格合理、计量正确等公平交易条件。质量保障是消费者在购买商品或接受服务时对经营者的基本要求,这是关系到人体健康和人身安全的重大问题。价格合理充分地体现了等价交换的原则。计量准确则直接涉及消费者的经济利益。

(2)消费者有权拒绝经营者的强制交易行为。有的经营者在掌握了人们非常需要而又十分紧俏的商品或服务时,往往违反平等、自愿、公平交易的市场准则,违背消费者的意愿强制交易,从而损害了消费者自主选择商品或者服务的权利,侵害了消费者的合法权益。因此,消费者在自己的交易权受到侵害时,有权依法要求经营者改正错误,有权拒绝强制交易,并获得合理的赔偿。

5. 求偿权

求偿权是指消费者因购买、使用商品或者接受服务受到人身、财产损害的,享有依法获得赔偿的权利。消费者在购买、使用商品或者接受服务的过程中,人身及财产遭受损害时,其损害来源于经营者,而且根据利益衡量原则,经营者销售商品、提供服务,从中获得利益,而消费者却没有得到利益,因此由经营者依法对消费者的损害予以赔偿是理所当然的。

6. 结社权

结社权是指消费者享有依法成立维护自身合法权益的社会团体的权利。消费者协会和其他消费者组织是依法成立的对商品和服务进行社会监督的保护消费者合法权益的社会团体。

7. 教育权

一方面,消费者享有获得有关消费和消费者权益保护方面的知识的权利。消费者不仅有权要求经营者告知有关产品使用与维护、服务安全与保持效果等有关消费知识,而且有权要求政府机构和有关社会团体提供有关消费者权益保护的法律、法规知识和有关消费的知识。另一方面,消费者应当努力掌握所需商品或者服务的知识和使用技能,正确使用商品,提高自我保护意识。如果消费者对经营者告知的消费知识怠于记取或者缺乏基本消费常识,导致产品或者服务失效以及人身伤亡和损害的,经营者将不予赔偿。

8. 尊重权

尊重权是指消费者在购买、使用商品和接受服务时,享有其人格尊严、民族风俗习惯得到尊重的权利,其中包括两方面内容:

(1)人格尊严受尊重。人格尊严是消费者的人身权的重要组成部分,集中表现为名誉权、肖像权、姓名权、隐私权、自由权。在实际生活中,侵犯消费者人格尊严大都表现为侮辱消费者,如经营者搜查消费者的身体及携带的物品;对消费者进行辱骂、讽刺挖苦;限制消费者的人身自由等。

(2)民族风俗习惯受尊重。我国包括 56 个民族,各民族由于自然环境和社会环境的不同,在饮食、服饰、居住、娱乐、礼节、禁忌等方面形成了不同的风俗习惯。经营者在制造、销售商品,提供服务时要充分考虑这些风俗习惯,不得使用有损于民族风俗习惯的文字、语言和图形。

9. 监督权

监督权是指消费者享有对商品和服务以及保护消费者权益工作进行监督的权利,具体是指消费者有权检举、控告侵害消费者权益的行为和国家机关及其工作人员在消费者权益保护工作中的违法失职行为;有权对消费者权益保护工作提出批评、建议。

(二)经营者的义务

经营者的义务是指经营者在经营活动中必须作出一定的行为或不能作出一定的行为。经营者的义务与消费者的权利是相对应的。

1. 履行法定和约定的义务

一方面,经营者向消费者提供商品或者服务,应当依照《产品质量法》和其他有关法律、法规的规定履行义务。另一方面,经营者和消费者有约定的,应当按照约定履行义务,但双方的约定不得违背法律、法规的规定。

2. 听取意见和接受监督的义务

经营者应当听取消费者对其提供的商品或者服务的意见,接受消费者的监督。

3. 保证商品和服务安全的义务

一是经营者应当保证其提供的商品或者服务符合保障人身、财产安全的要求,对可能危及人身、财产安全的商品和服务,应当向消费者作出真实的说明和明确的警示,并说明和标明正确使用商品或者接受服务的方法以及防止危害发生的方法。二是经营者发现其提供的商品或者服务存在严重缺陷,即使正确使用商品或者接受服务仍然可能对人身、财产安全造成危害的,应当立即向有关行政部门报告和告知消费者,并采取防止危害发生的措施。

4. 提供商品和服务真实信息的义务

经营者应当向消费者提供有关商品或者服务的真实信息,不得作引人误解的虚假宣传。经营者对消费者就其提供的商品或者服务的质量和使用方法等问题提出的询问,应当作出真实、明确的答复。经营者提供商品或者服务应当明码标价。

5. 标明商品的真实名称和标记的义务

经营者应当标明商品真实名称和标记。租赁他人柜台或者场地的经营者应当标明自己的真实名称和标记。

6. 出具购货凭证或者服务单据的义务

经营者提供商品或者服务,应当按照国家有关规定或者商业惯例向消费者出具购货凭证或者服务单据;消费者索要购货凭证或者服务单据的,经营者必须出具。购货凭证、服务单据等消费凭据是消费者与经营者之间建立消费法律关系,据以享有权利、承担义务的原始依据。当消费过程中发生消费者人身和财产安全损害事故时,消费凭据是消费者进行投诉、启动法律维权程序的基础证据。

7. 提供符合要求的商品或服务的义务

经营者应当保证在正常使用商品或者接受服务的情况下其提供的商品或者服务应当具有的质量、性能、用途和有效期限;但消费者在购买该商品或者接受该服务前已经知道其存在瑕疵,且存在该瑕疵不违反法律强制性规定的除外。经营者以广告、产品说明、实物样品或者其他方式表明商品或者服务的质量状况的,应当保证其提供的商品或者服务的实际质量与表明的质量状况相符。

8. 不得从事不公平、不合理交易的义务

按照国家规定或者与消费者的约定,经营者提供商品或者服务,承担包修、包换、包退或者其他责任的,应当按照国家规定或者约定履行,不得故意拖延或者无理拒绝。经营者不得以格式条款、通知、声明、店堂告示等方式作出对消费者不公平、不合理的规定,或者减轻、免除其损害消费者合法权益应当承担的民事责任的规定。格式条款、通知、声明、店堂告示等含有前款所列内容的,其内容无效。例如,告示"本店盘点暂不营业"一般不涉及消费者的权利和利益,是有效的,但"商品售出,概不退换""本店商品质量百分百"等告示涉及消费者与经营者之间的权利、义务关系,如果告示的内容减轻、免除经营者损害消费者合法权益应当承担的民事责任,则这样的告示是无效的。

9. 不得侵犯消费者尊重权的义务

经营者不得对消费者进行侮辱、诽谤,不得搜查消费者的身体及其携带的物品,不得侵犯消费者的人身自由。

三、损害消费者权益的法律责任

(一)民事责任

1. 约定责任

约定责任是指对于国家规定或者经营者与消费者约定包修、包换、包退的"三包"商品,经营者应当负责修理、更换或者退货;在保修期内经两次修理仍不能正常使用的,经营者应当负责更换或者退货;经营者以邮购方式或预付款方式提供商品的,应当按照约定提供,未按照约定提供的,应当按照消费者的要求履行约定或者退回货款或预付款,并应当承担消费者必须支付的合理费用。

2. 法定责任

法定责任是指经营者提供商品或者服务违反《消法》《产品质量法》等法律、法规规定,损害消费者权益的,应依法承担民事责任。

3. 财产损害责任

财产损害责任是指经营者提供商品或者服务,造成消费者财产损害的,应当按照消费者的要求,以修理、重作、更换、退货、补足商品数量、退还货款和服务费用或者赔偿损失等方式承担民事责任。消费者与经营者另有约定的,按照约定履行。

4. 人身伤害责任

人身伤害责任是指经营者提供商品或者服务,造成消费者或者其他受害人人身伤害甚至死亡的,应当支付相关费用;侵害消费者人格尊严或者侵犯消费者人身自由的,应当停止侵害、恢复名誉、消除影响、赔礼道歉,并赔偿损失。

5. 惩罚性的民事赔偿责任

惩罚性的民事赔偿责任是指经营者提供商品或者服务有欺诈行为的,应当按照消费者的要求增加赔偿其受到的损失,增加赔偿的金额为消费者购买商品的价款或者接受服务的费用的三倍。

(二)行政责任

经营者有法律、法规规定的对损害消费者合法权益应当予以处罚的情形的,《产品质量法》和其他有关法律、法规对处罚机关和处罚方式有规定的,依照法律、法规的规定执行。法律、法规未作规定的,由工商行政管理部门责令改正,可以根据情节单处或者并处警告,没收违法所得,处以违法所得 1 倍以上 10 倍以下的罚款,没有违法所得的,处以 50 万元以下的罚款;情节严重的,责令停业整顿、吊销营业执照。

(三)刑事责任

(1)经营者提供商品或者服务,造成消费者或者其他受害人人身伤害甚至死亡,构成犯罪的,依法追究刑事责任。

(2)以暴力、威胁等方法阻碍有关行政部门工作人员依法执行职务的,依法追究刑事责任。

(3)国家机关工作人员玩忽职守或者包庇经营者侵害消费者合法权益的行为,情节严重、构成犯罪的,依法追究刑事责任。

本章重点

1. 不正当竞争的定义和七种不正当竞争行为。
2. 垄断的产生原因、垄断行为的各种形式、国家对垄断行为的管理。
3. 产品质量法的调整范围和生产者、销售者的产品质量责任。
4. 消费者权益保护法的调整范围和消费者的权利与经营者的义务。

本章难点

1. 不正当竞争行为的识别。
2. 垄断行为形式的认定。
3. 生产者的内在与外观产品质量责任的追究。
4. 对消费者权利的理解。

思考题

1. 不正当竞争行为有哪些?
2. 垄断行为有哪些表现形式?
3. 生产者的内在与外观产品质量责任分别包括哪些?
4. 消费者有哪些权利? 经营者有哪些义务?

第七章

知识产权法

> 人类的聪明才智是一切艺术成果和发明成果的源泉,这些成果是人们美好生活的保证,国家的职责就是要保证坚持不懈地保护艺术和发明。

——阿帕德·鲍格胥

学习目标

1. 了解知识产权的概念和特征、知识产权的范围及我国知识产权的立法概况。

2. 掌握作品的概念,明确不适用法律保护的信息形式。在掌握法律关系主体理论的基础上,能够准确判断著作权的归属;掌握著作权的内容及著作权的限制;能够识别著作权侵权行为。

3. 掌握专利权概念、主体、客体及内容,理解专利权的限制;熟悉专利权的授予条件;能够识别专利侵权行为。

4. 掌握商标的概念和显著性,了解商标的分类;掌握商标注册的原则,了解商标注册的程序,能够识别商标侵权行为;理解驰名商标的特殊保护制度。

基本概念

知识产权,著作权,作品,作者,著作人身权,著作财产权,合理使用,法定许可使用,邻接权,专利权,现有技术,抵触申请,发明,实用新型,外观设计,优先权日,商标专用权,显著性,驰名商标

第一节 知识产权法概述

一、知识产权的概念和特征

知识产权是指人们对智力劳动成果、商业标记和其他特定相关客体享有的权利。知识产权大致具有如下共同特征：

1. 客体具有非物质性

与物权相比，知识产权最为突出的特征是其客体是具有非物质性的作品、发明创造和商业标记，是不具有物质形态的智力成果，是一种没有形体的财富。客体的非物质性表现为知识产权的客体需要一定的载体来表现，但与其载体具有可分离性。例如，对石雕作品来说，作者著作权的客体不是承载着作品的石头，而是石头所承载的作品本身。

2. 专有性

专有性即知识产权的权利主体依法享有独占使用智力成果的权利，他人不得侵犯。从本质上来讲，知识产权是一种垄断权。正是由于知识产权的权利主体能够获得法定垄断利益，才使知识产权制度具有激励功能，促使人们不断开发和创造新的智力成果。

3. 地域性

地域性即知识产权只在特定国家或者地区的地域范围内有效，不具有域外效力。知识产权之所以具有地域性，根本原因在于知识产权是法定权利，必须通过法律的强制规定才能存在，其权利范围和内容完全取决于本国法律的规定，而各国有关知识产权的获得和保护的规定又各不相同，所以一国的知识产权不能在他国自动获得保护。例如，美国授予并保护商业方法专利，但在绝大多数国家不承认商业方法可以获得专利。一国的知识产权要获得他国的法律保护，必须依照有关国际条约、双边协议或按互惠原则办理。

4. 时间性

时间性即依法产生的知识产权多数只在法律规定的期限内有效，超出法定保护期后，该知识产权就不再受到保护。这和所有权的永续性不同。知识产权具有时间性，其原因在于知识产权完全是法律基于公共政策创造出的财产权，它的创设是为了激励人们从事文艺创作和发明创造，但是如果对知识产权给予永续性保护，反而妨碍公众根据前人的非物质成果进行新的文艺创作和发明创造，从而形成过度保护，需注意的是，商标权的期限届满后可通过续展依法延长保护期；少数知识产权没有时间限制，只要符合有关条件，法律可长期予以保护，如商业秘密权、地理标志权、商号权等。

二、知识产权的范围

知识产权是不断扩张的开放体系。科学技术的发展和社会的进步不仅使知识产权传统权利类型的内涵不断丰富，而且使知识产权的外延不断拓展。根据《与贸易有关的知识产权协议》（TRIPs 协议）、《成立世界知识产权组织公约》等国际公约和我国《民法通则》《反不正

当竞争法》等国内立法,知识产权的范围主要包括以下内容:

1. 著作权和邻接权

著作权是指文学、艺术和科学作品的作者及其相关主体依法对作品所享有的人身权利和财产权利。邻接权在著作权法中被称为"与著作权有关的权益"。

2. 专利权

专利权即自然人、法人或者其他组织依法对发明、实用新型和外观设计在一定期限内享有的独占实施权。

3. 商标权

商标权即商标注册人或者权利继受人在法定期限内对注册商标依法享有的各种权利。

4. 商业秘密权

商业秘密权即民事主体对属于商业秘密的技术信息或者经营信息依法享有的专有权利。

5. 植物新品种权

植物新品种权即完成育种的单位或者个人对其授权的品种依法享有的排他使用权。

6. 集成电路布图设计权

集成电路布图设计权即自然人、法人或者其他组织依法对集成电路布图设计享有的专有权利。

7. 商号权

商号权即商事主体对商号在一定地域范围内依法享有的独占使用权。

对于科技成果奖励权、地理标志权、域名权、反不正当竞争权、数据库特别权利、商品化权等能否成为独立的知识产权,在理论界存在较大分歧。

三、我国知识产权法立法概况

知识产权法是指因调整知识产权的归属、行使、管理和保护等活动中产生的社会关系的法律规范的总称。至今为止,我国已经初步建立起了一套完整的知识产权法律制度。

1986 年 4 月全国人民代表大会审议通过的《民法通则》第五章第三节对知识产权作了专节规定。1982 年 8 月全国人民代表大会常务委员会审议通过了《中华人民共和国商标法》(简称《商标法》),该法分别于 1993 年、2001 年和 2013 年作了三次修订;1984 年 3 月全国人民代表大会常务委员会审议通过了《中华人民共和国专利法》(简称《专利法》),该法分别于 1992 年、2000 年、2008 年作了三次修订;1990 年 9 月全国人民代表大会常务委员会审议通过了《中华人民共和国著作权法》(简称《著作权法》),该法分别于 2001 年和 2010 年作了两次修订。根据上述法律,还分别制定及修改了相关的实施条例或实施细则。

第二节　著作权法

一、著作权的概念

著作权亦称版权,是指作者及其他著作权人对其创作的文学、艺术和科学作品依法享有的权利,包括人身权和财产权两个方面的内容。著作权自作品创作完成之日起产生,一般不必履行任何形式的登记或注册手续,也不论其是否已经发表。

著作权法是指调整因文学、艺术和科学作品的创作和使用而产生的人身关系和财产关系的法律规范的总称。

二、著作权的主体

(一)著作权主体的概念和分类

著作权主体是指对作品享有权利的人,也称为著作权人。

根据著作权主体取得著作权的方式不同,著作权主体可以分为原始主体和继受主体。原始主体是指在作品完成后,直接根据法律规定或合同约定对作品享有著作权的人。继受主体是指通过受让、继承、受赠等方式从原始主体取得全部或部分著作权的人。

根据著作权主体享有的著作权的完整性,著作权主体可以分为完整著作权主体和部分著作权主体。完整著作权主体是指拥有作品全部人身权和全部财产权的主体。部分著作权主体仅拥有作品的部分人身权或部分财产权。

(二)著作权的原始主体——作者

著作权属于作者,著作权法另有规定的除外。创作作品的公民是作者。为他人创作进行组织工作,提供咨询意见、物质条件,或者进行了其他辅助工作,均不视为创作。创作是一种事实行为,而非法律行为,不受自然人民事行为能力状况的限制。

作者也可以是单位。由法人或者其他组织主持,代表法人或者其他组织意志创作,并由法人或者其他组织承担责任的作品,法人或者其他组织视为作者。单位被视为作者时,可以成为完整的著作权主体,享有作者权利,承担作者义务,该作品被称为单位作品。

如无相反证明,在作品上署名的公民、法人或者其他组织为作者。

(三)演绎作品的著作权人

演绎作品是指对已有作品进行改编、翻译、注释、整理而产生的作品。其著作权由改编、翻译、注释、整理人享有,但行使著作权时不得侵犯原作品的著作权。

(四)合作作品的著作权人

合作作品是指两人以上合作创作的作品。其构成要件是:① 作者为两人或两人以上;② 作者之间有共同创作的主观合意;③ 有共同创作作品的行为,即各方都为作品的完成作出了直接的、实质性的贡献。

两人以上合作创作的作品,著作权由合作作者共同享有。没有参加创作的人,不能成为合作作者。

合作作品可以分割使用的,作者对各自创作的部分可以单独享有著作权,但行使著作权时不得侵犯合作作品整体的著作权。

合作作品不可以分割使用的,其著作权由各合作作者共同享有,通过协商一致行使;不能协商一致,又无正当理由的,任何一方不得阻止他方行使除转让以外的其他权利,但是所得收益应当合理分配给所有合作作者。

(五)汇编作品的著作权人

汇编若干作品、作品的片段或者不构成作品的数据或者其他材料,对其内容的选择或者编排体现独创性的作品,为汇编作品,其著作权由汇编人享有,但行使著作权时,不得侵犯原作品的著作权。

(六)影视作品的著作权人

影视作品是指电影作品和以类似摄制电影的方法创作的作品。影视作品是比较复杂、系统的智力创作工程,需要制片者、编剧、导演、摄影、演员等方面的通力合作。

影视作品的著作权由制片者享有,但编剧、导演、摄影、作词、作曲等作者享有署名权,并有权按照与制片者签订的合同获得报酬。

影视作品中的剧本、音乐等可以单独使用的作品的作者有权单独行使其著作权。

(七)职务作品的著作权人

公民为完成法人或者其他组织工作任务所创作的作品是职务作品,著作权由作者享有,但法人或者其他组织有权在其业务范围内优先使用。职务作品完成2年内,未经单位同意,作者不得许可第三人以与单位使用的相同方式使用该作品。职务作品完成2年内,经单位同意,作者许可第三人以与单位使用的相同方式使用作品所获报酬由作者与单位按约定的比例分配。作品完成2年的期限自作者向单位交付作品之日起计算。

但有下列情形之一的职务作品被称为特殊职务作品,作者享有署名权,著作权的其他权利由法人或者其他组织享有,法人或者其他组织可以给予作者奖励:

(1)主要是利用法人或者其他组织的物质技术条件创作,并由法人或者其他组织承担责任的工程设计图、产品设计图、地图、计算机软件等职务作品。"物质技术条件"是指该法人或者该组织为公民完成创作专门提供的资金、设备或者资料。

(2)法律、行政法规规定或者合同约定著作权由法人或者其他组织享有的职务作品。

职务作品和单位作品都是为完成单位的工作任务而创作的,也都利用了单位的物质技术条件。两类作品的区别在于:单位作品的执笔人(不能称为作者)在创作的过程中没有独立的意志,而职务作品的作者在作品的结构安排、情节处理、材料取舍、表达方式选择等创作活动方面都是由作者自己的意志所决定的。

(八)委托作品的著作权人

委托作品是指作者接受他人委托而创作的作品。委托作品应体现委托人的意志,实现委托人使用作品的目的。

受委托创作的作品,著作权的归属由委托人和受托人通过合同约定。合同未作明确约定或者没有订立合同的,著作权属于受托人。

(九) 原件所有权转移的作品的著作权人

美术等作品原件所有权的转移,不视为作品著作权的转移,但美术作品原件的展览权由原件所有人享有。

除美术作品外,对于载体所有权可能转移的其他作品,都要注意载体所有权变动并不必然引起著作权的变动。《合同法》第一百三十七条规定:"出卖具有知识产权的计算机软件等标的物的,除法律另有规定或者当事人另有约定的以外,该标的物的知识产权不属于买受人。"

(十) 著作权的继受人

继受人是指因发生继承、赠与、遗赠或受让等法律事实而取得著作财产权的人。

著作权属于公民的,公民死亡后,作品的 13 项使用权在《著作权法》规定的保护期内依照《继承法》的规定转移。

著作权属于法人或者其他组织的,法人或者其他组织变更、终止后,作品的 13 项使用权在《著作权法》规定的保护期内,由承受其权利、义务的法人或者其他组织享有;没有承受其权利、义务的法人或者其他组织的,由国家享有。

继受人只能成为著作财产权的继受主体,而不能成为著作人身权的继受主体,因为著作人身权具有不可转让性。

三、著作权的客体

著作权的客体是指著作权法保护的对象,即文学、艺术和科学领域中的作品。

(一) 作品的概念

作品是指文学、艺术和科学领域内具有独创性并能以某种有形形式复制的智力成果,其构成要件如下:

(1) 属于文学、艺术和自然科学、社会科学、工程技术等科学领域中的智力成果。

(2) 具有独创性。其含义有二:一是作品系独立创作完成,而非剽窃之作;二是作品必须体现作者的个性特征,属于作者智力劳动创作结果,即具有创作性。独创性存在于作品的表达之中,作品中所包含的思想并不要求必须具有独创性。著作权法保护作品的表达,不保护作品所包含的思想或主题。对于由不同作者就同一题材创作的作品,只要作品的表达系独立完成并且具有创作性,应当认定作者各自享有独立的著作权。

(3) 具有可复制性,即作品必须可以通过某种有形形式复制,从而被他人所感知。

(二) 受保护的作品范围

《著作权法》第二条规定:"中国公民、法人或者其他组织的作品,不论是否发表,依照本法享有著作权。外国人、无国籍人的作品根据其作者所属国或者经常居住地国同中国签订的协议或者共同参加的国际条约享有的著作权,受本法保护。外国人、无国籍人的作品首先在中国境内出版的,依照本法享有著作权。未与中国签订协议或者共同参加国际条约的国家的作者以及无国籍人的作品首次在中国参加的国际条约的成员国出版的,或者在成员国和非成员国同时出版的,受本法保护。"

(三)作品的种类

作品包括以下列形式创作的文学、艺术和自然科学、社会科学、工程技术等作品:

(1)文字作品,是指如小说、诗词、散文、论文等以文字形式表现的作品。

(2)口述作品,是指即兴的演说、授课、法庭辩论等以口头语言形式表现的作品。

(3)音乐、戏剧、曲艺、舞蹈、杂技艺术作品。其中,音乐作品是指歌曲、交响乐等能够演唱或者演奏的带词或者不带词的作品;戏剧作品是指话剧、歌剧、地方戏等供舞台演出的作品;曲艺作品是指相声、快书、大鼓、评书等以说唱为主要形式表演的作品;舞蹈作品是指通过连续的动作、姿势、表情等表现思想情感的作品;杂技艺术作品是指杂技、魔术、马戏等通过形体动作和技巧表现的作品。注意:戏剧作品和舞蹈作品是指戏剧剧本和舞谱设计,而舞台演出属于作品的表演活动。

(4)美术、建筑作品。其中,美术作品是指绘画、书法、雕塑等以线条、色彩或者其他方式构成的有审美意义的平面或者立体的造型艺术作品;建筑作品是指以建筑物或者构筑物形式表现的有审美意义的作品。

(5)摄影作品,是指借助器械在感光材料或者其他介质上记录客观物体形象的艺术作品。

(6)电影作品和以类似摄制电影的方法创作的作品,是指摄制在一定介质上,由一系列有伴音或者无伴音的画面组成,并且借助适当装置放映或者以其他方式传播的作品。

(7)工程设计图、产品设计图、地图、示意图等图形作品和模型作品。其中,图形作品是指为施工、生产绘制的工程设计图、产品设计图,以及反映地理现象、说明事物原理或者结构的地图、示意图等作品;模型作品是指为展示、试验或者观测等用途,根据物体的形状和结构,按照一定比例制成的立体作品。

(8)计算机软件。

(9)法律、行政法规规定的其他作品。

(三)不予保护的对象

(1)官方文件,即法律、法规,国家机关的决议、决定、命令和其他具有立法、行政、司法性质的文件,及其官方正式译文。官方文件具有独创性,属于作品范畴,不通过著作权法保护的根本原因在于方便人们自由复制和传播。

(2)时事新闻,是指通过报纸、期刊、广播电台、电视台等媒体报道的单纯事实消息。虽然时事新闻从总体上不受著作权法保护,但传播报道他人采编的时事新闻时应当注明出处。

(3)历法、通用数表、通用表格和公式。

（4）思想。根据《著作权法》的精神，该法保护的是作品的表达方式，而不保护作品的思想和创意。

为了与伯尔尼公约和 TRIPs 协议有关"作品应当自动获得保护"的规定相一致，2010 年全国人民代表大会常务委员会对《著作权法》进行了小幅修改。修改以后，依法禁止出版、传播的作品也能受到该法的保护，其作者可以通过司法途径起诉未经许可利用其作品的人侵权。但该法第四条规定："著作权人行使著作权，不得违反宪法和法律，不得损害公共利益。国家对作品的出版、传播依法进行监督管理。"这意味着此类作品作者及任何第三人都不能发行、传播该作品，否则将构成违法或者犯罪行为。

四、著作权的内容

根据《著作权法》第十条的规定，著作权包括人身权和财产权。

（一）著作人身权

著作人身权是指著作权人基于作品的创作依法享有的以人格利益为内容的权利。它与作者的人身不可分离，一般不能继承、转让，也不能被非法剥夺或成为强制执行中的执行标的。

1. 发表权

发表权是指决定作品是否公之于众的权利。发表权是一次性权利。作品一旦发表，发表权即行消灭，以后再次使用作品是行使使用权的体现。

2. 署名权

署名权是指表明作者身份，在作品上署名的权利。其具体内容包括：① 决定是否署名；② 决定署名的方式，如署真名、笔名；③ 决定署名的顺序；④ 禁止未参加创作的人在作品上署名；⑤ 禁止他人假冒署名，即有权禁止他人盗用自己的姓名或笔名在他人作品上署名。

3. 修改权

修改权是指修改或授权他人修改作品的权利。作品表达了作者的思想、情感和观点，公之于众后会直接影响社会公众对作者人格的评价，因而法律赋予作者修改权是对作者人格的尊重。

4. 保护作品完整权

保护作品完整权是指保护作品不受歪曲、篡改的权利。作品是作者人格的延伸。歪曲、篡改作品不仅损害作品的价值，而且直接影响作者的声誉，因而法律禁止任何人以任何方式歪曲和篡改作品。

（二）著作财产权

著作财产权是指著作权人依法享有的控制作品的使用并获得财产利益的权利。

1. 使用权

使用权是指以复制、发行、出租、展览、放映、广播、网络传播、摄制、改编、翻译、汇编等方

式使用作品的权利,具体包括以下内容:

(1)复制权,即以印刷、复印、拓印、录音、录像、翻录、翻拍等方式将作品制作一份或者多份的权利;

(2)发行权,即以出售或者赠与方式向公众提供作品的原件或者复制件的权利;

(3)出租权,即有偿许可他人临时使用电影作品和以类似摄制电影的方法创作的作品、计算机软件的权利,计算机软件不是出租的主要标的的除外;

(4)展览权,即公开陈列美术作品、摄影作品的原件或者复制件的权利;

(5)表演权,即公开表演作品,以及用各种手段公开播送作品的表演的权利;

(6)放映权,即通过放映机、幻灯机等技术设备公开再现美术、摄影、电影和以类似摄制电影的方法创作的作品等的权利;

(7)广播权,即以无线方式公开广播或者传播作品,以有线传播或者转播的方式向公众传播广播作品,以及通过扩音器或者其他传送符号、声音、图像的类似工具向公众传播广播作品的权利;

(8)信息网络传播权,即以有线或者无线方式向公众提供作品,使公众可以在其个人选定的时间和地点获得作品的权利;

(9)摄制权,即以摄制电影或者以类似摄制电影的方法将作品固定在载体上的权利;

(10)改编权,即改变作品,创作出具有独创性的新作品的权利;

(11)翻译权,即将作品从一种语言文字转换成另一种语言文字的权利;

(12)汇编权,即将作品或者作品的片段通过选择或者编排,汇集成新作品的权利;

(13)应当由著作权人享有的其他权利。

2.许可使用权

许可使用权是指著作权人依法享有的许可他人使用作品并获得报酬的权利。使用他人作品时,应当同著作权人订立许可使用合同,但法定使用许可的除外。

3.转让权

转让权是指著作权人依法享有的转让使用权中一项或者多项权利并获得报酬的权利。转让的标的不能是著作人身权,只能是著作财产权中的使用权,可以转让使用权中的一项、多项或者全部权利。转让作品使用权时,应当订立书面合同。

4.获得报酬权

获得报酬权是指著作权人依法享有的因作品的使用或转让而获得报酬的权利。获得报酬权通常是从使用权、使用许可权或者转让权中派生出来的财产权,是使用权、使用许可权或转让权必然包含的内容。

五、对著作权的限制

(一)著作权的保护期

著作人身权中的署名权、修改权和保护作品完整权的保护期不受限制,可以获得永久性保护。但著作人身权中的发表权和著作财产权中的使用权的保护有时间限制。

（1）公民的作品，其发表权和《著作权法》第十条第一款第（五）项至第（十七）项规定的权利（以下简称13项使用权）的保护期均为作者终生及其死亡后50年，截止于作者死亡之后第50年的12月31日；如果是合作作品，截止于最后死亡的作者死亡后第50年的12月31日。

（2）法人或者其他组织的作品、著作权（署名权除外）由法人或者其他组织享有的职务作品，其发表权和13项使用权的保护期为50年，截止于作品首次发表后第50年的12月31日，但作品自创作完成后50年内未发表的，著作权不再保护。

（3）电影作品和以类似摄制电影的方法创作的作品、摄影作品，其发表权和13项使用权的保护期为50年，截止于作品首次发表后第50年的12月31日，但作品自创作完成后50年内未发表的，《著作权法》不再保护。

（二）合理使用

1. 合理使用的概念

合理使用是指依照法律的明文规定，不必征得著作权人同意而无偿使用他人已发表作品的行为。其构成要件有四个：

（1）只针对已发表的作品。

（2）必须基于法律的明文规定。除《著作权法》明确规定的情形外，其他使用行为均不构成合理使用。

（3）不必征得著作权人许可而无偿使用他人作品。是否支付报酬是合理使用与法定许可使用的重要区别。

（4）不得影响该作品的正常使用，也不得不合理地损害著作权人的合法利益。合理使用一般只限于为个人消费或公益性使用等目的而少量使用他人作品的行为。

2. 合理使用的情形

（1）为个人学习、研究或者欣赏，使用他人已经发表的作品；

（2）为介绍、评论某一作品或者说明某一问题，在作品中适当引用他人已经发表的作品；

（3）为报道时事新闻，在报纸、期刊、广播电台、电视台等媒体中不可避免地再现或者引用已经发表的作品；

（4）报纸、期刊、广播电台、电视台等媒体刊登或者播放其他报纸、期刊、广播电台、电视台等媒体已经发表的关于政治、经济、宗教问题的时事性文章，但作者声明不许刊登、播放的除外；

（5）报纸、期刊、广播电台、电视台等媒体刊登或者播放在公众集会上发表的讲话，但作者声明不许刊登、播放的除外；

（6）为学校课堂教学或者科学研究，翻译或者少量复制已经发表的作品，供教学或者科研人员使用，但不得出版发行；

（7）国家机关为执行公务在合理范围内使用已经发表的作品；

（8）图书馆、档案馆、纪念馆、博物馆、美术馆等为陈列或者保存版本的需要，复制本馆收藏的作品；

（9）免费表演已经发表的作品，该表演未向公众收取费用，也未向表演者支付报酬；

（10）对设置或者陈列在室外公共场所的艺术作品进行临摹、绘画、摄影、录像；

（11）将中国公民、法人或者其他组织已经发表的以汉语言文字创作的作品翻译成少数民族语言文字作品在国内出版发行；

（12）将已经发表的作品改成盲文出版。

（三）法定许可使用

法定许可使用是指依照法律的明文规定，不经著作权人同意而有偿使用他人已经发表作品的行为。它与合理使用的共同之处在于：都是基于法律的明文规定；都只能针对已经发表的作品；都不必征得著作权人的同意；都应当指明作者姓名、作品名称，并不得侵犯著作权人依法享有的其他权利。两者的区别在于：第一，法定许可使用主要是作品传播者的使用行为，而合理使用不受此限；第二，著作权人事先声明不许使用的，一般不适用法定许可使用制度，但合理使用一般不受此限；第三，法定许可使用是有偿使用，而合理使用是无偿使用。

根据有关规定，法定许可使用包括以下情形：

（1）为实施九年制义务教育和国家教育规划而编写出版教科书，除作者事先声明不许使用的外，可以不经著作权人许可，在教科书中汇编已经发表的作品片段或者短小的文字作品、音乐作品或者单幅的美术作品、摄影作品；

（2）作品被报社、期刊社刊登后，除著作权人声明不得转载、摘编的外，其他报刊可以转载或者作为文摘、资料刊登；

（3）已在报刊上刊登或者网络上传播的作品，除著作权人声明或者上载该作品的网络服务提供者受著作权人的委托声明不得转载、摘编的以外，网站可以转载、摘编；

（4）录音制作者使用他人已经合法录制为录音制品的音乐作品制作录音制品，著作权人声明不许使用的除外；

（5）广播电台、电视台播放他人已经发表的作品；

（6）广播电台、电视台播放已经出版的录音制品。

六、与著作权有关的权益

（一）邻接与著作权有关的权益的概念

邻接与著作权有关的权益是指作品传播者对在传播作品过程中产生的劳动成果依法享有的专有权利，又称为传播者权或者邻接权。邻接权以著作权为基础。对著作权合理使用的限制同样适用于对邻接权的限制；邻接权的保护期除出版者权外也为50年。

（二）出版者权

1. 出版者权的主体和客体

出版者权是图书、期刊的出版者对其出版的图书、期刊的版式设计的专有权。出版者权的主体是图书、期刊的出版者,客体是出版者对其出版的图书、期刊所做的版式设计。

2. 出版者的权利

(1)版式设计专有使用权。版式设计是指出版者对其出版的图书、期刊的版面和外观装饰所作的设计。版式设计是出版者,包括图书出版者(如出版社)和期刊出版者(如杂志社、报社)的创造性智力成果,出版者依法享有专有使用权,即有权许可或者禁止他人使用其出版的图书、期刊的版式设计。该权利的保护期为10年,截止于使用该版式设计的图书、期刊首次出版后第10年的12月31日。

(2)专有出版权。图书出版者对著作权人交付出版的作品,按照双方订立的出版合同的约定享有专有出版权。其他出版者未经许可不得出版同一作品,著作权人也不得将出版者享有专有出版权的作品一稿多投。专有出版权是依出版合同而产生的权利,并非法定权利,因而严格意义上讲它不属于邻接权范畴。著作权人向报社、期刊社投稿的,自稿件发出之日起15日内未收到报社通知决定刊登的,或者自稿件发出之日起30日内未收到期刊社通知决定刊登的,可以将同一作品向其他报社、期刊社投稿。双方另有约定的除外。

3. 出版者的主要义务

(1)按合同约定或者国家规定向著作权人支付报酬;

(2)按照合同约定的出版质量、期限出版图书;

(3)重版、再版作品时,应当通知著作权人,并支付报酬;

(4)出版改编、翻译、注释、整理已有作品而产生的作品时,应当取得演绎作品的著作权人和原作品的著作权人许可,并支付报酬;

(5)对出版行为的授权、稿件来源的署名、所编辑出版物的内容等尽合理的注意义务,避免出版行为侵犯他人的著作权等民事权利。

(三)表演者权

1. 表演者权的主体和客体

表演者权的主体是指表演者,包括演员、演出单位或者其他表演文学、艺术作品的人。表演者权的客体是指表演活动,即通过演员的声音、表情、动作公开再现作品或演奏作品。

2. 表演者的权利

表演者对其表演享有下列权利:① 表明表演者身份;② 保护表演形象不受歪曲;③ 许可他人从现场直播和公开传送其现场表演,并获得报酬;④ 许可他人录音、录像,并获得报酬;⑤ 许可他人复制、发行录有其表演的录音、录像制品,并获得报酬;⑥ 许可他人通过信息网络向公众传播其表演,并获得报酬。前两项权利的保护期不受限制。后四项权利的保护期为50年,截止于该表演发生后第50年的12月31日。后四项权利中的"他人"以前述第③项至第⑥项规定的方式使用作品时,还应当取得著作权人许可,并支付报酬。

3. 表演者的主要义务

表演者使用他人的作品演出时,应当征得著作权人许可,并支付报酬;使用改编、翻译、注释、整理已有作品而产生的作品演出时,应当征得演绎作品著作权人和原作品著作权人许可,并支付报酬。

(四) 录制者权

1. 录制者权的主体和客体

录制者权的主体是录制者,包括录音制作者和录像制作者。录制者权的客体是录制品,包括录音制品和录像制品。录音制品是指任何声音的原始录制品;录像制品是指电影作品和以类似摄制电影的方法创作的作品以外的任何有伴音或者无伴音的连续相关形象的原始录制品,包括表演的原始录制品和非表演的原始录制品。

2. 录制者的权利和义务

录制者对其制作的录音、录像制品享有许可他人复制、发行、出租、通过信息网络向公众传播并获得报酬的权利。

录制者使用他人作品制作录音、录像制品时,应当取得著作权人许可,并支付报酬;使用演绎作品制作录制品时,应当征得演绎作品著作权人和原作品著作权人的许可,并支付报酬;录制表演活动时,应当与表演者订立合同,并支付报酬。

(五) 播放者权

1. 播放者权的主体和客体

播放者权的主体是广播电视组织,包括广播电台和电视台。播放者权的客体是播放的广播或者电视而非广播、电视节目。广播、电视是指广播电台、电视台通过载有声音、图像的信号播放的集成品、制品或者其他材料在一起的合成品。

2. 播放者的权利和义务

播放者有权禁止未经许可的下列行为:将其播放的广播、电视转播;将其播放的广播、电视录制在音像载体上以及复制音像载体。

播放者应当履行下列义务:播放他人未发表的作品时,应当取得著作权人的许可,并支付报酬;播放已发表的作品或已出版的录音、录像制品时,可以不经著作权人许可,但应按规定支付报酬。

七、著作权的保护

著作权侵权行为是指未经著作权人同意,又无法律上的依据,使用他人作品或者行使著作权人专有权的行为。根据侵权情节、危害后果以及承担法律责任的不同,著作权侵权行为分为仅承担民事责任的侵权行为和承担综合法律责任的侵权行为。

1. 承担民事责任的著作权侵权行为

依照《著作权法》第四十七条的规定,有下列侵权行为的,应当根据具体情况,承担停止侵害、消除影响、赔礼道歉、赔偿损失等民事责任:

(1)未经著作权人许可,发表其作品的;

(2)未经合作作者许可,将与他人合作创作的作品当作自己单独创作的作品发表的;

（3）没有参加创作，为谋取个人名利，在他人作品上署名的；

（4）歪曲、篡改他人作品的；

（5）剽窃他人作品的；

（6）未经著作权人许可，以展览、摄制电影和以类似摄制电影的方法使用作品，或者以改编、翻译、注释等方式使用作品的，《著作权法》另有规定的除外；

（7）使用他人作品，应当支付报酬而未支付的；

（8）未经电影作品和以类似摄制电影的方法创作的作品，计算机软件，录音、录像制品的著作权人或者与著作权有关的权利人许可，出版其作品或者录音、录像制品的，《著作权法》另有规定的除外；

（9）未经出版者许可，使用其出版的图书、期刊的版式设计的；

（10）未经表演者许可，从现场直播或者公开传送其现场表演，或者录制其表演的；

（11）其他侵犯著作权以及与著作权有关的权益的行为。

2. 承担综合法律责任的著作权侵权行为

依照《著作权法》第四十八条的规定，有下列侵权行为的，应当根据情况，承担停止侵害、消除影响、赔礼道歉、赔偿损失等民事责任；同时损害公共利益的，可以由著作权行政管理部门责令停止侵权行为，没收违法所得，没收、销毁侵权复制品，并可处以罚款；情节严重的，著作权行政管理部门还可以没收主要用于制作侵权复制品的材料、工具、设备等；构成犯罪的，依法追究刑事责任。

（1）未经著作权人许可，复制、发行、表演、放映、广播、汇编、通过信息网络向公众传播其表演的，《著作权法》另有规定的除外；

（2）出版他人享有专有出版权的图书的；

（3）未经表演者许可，复制、发行录有其表演的录音、录像制品，或者通过信息网络向公众传播其表演的，《著作权法》另有规定的除外；

（4）未经录音、录像制作者许可，复制、发行或者通过信息网络向公众传播其录音、录像制品的，《著作权法》另有规定的除外；

（5）未经许可，播放或者复制广播、电视的，《著作权法》另有规定的除外；

（6）未经著作权人或者邻接权人许可，故意避开或者破坏权利人为其作品以及录音、录像制品等采取的保护著作权或者邻接权的技术措施的，法律、行政法规另有规定的除外；

（7）未经著作权人或者邻接权人许可，故意删除或者改变作品以及录音、录像制品的权利管理电子信息的，法律、行政法规另有规定的除外；

（8）制作、出售假冒他人署名的作品的。

第三节　专利法

一、专利权的概念

专利权是指专利权人在法定期限内对其发明创造享有的专有权利。它是国家专利行政部门授予发明人或者申请人生产经营其发明创造并禁止他人生产经营其发明创造的某种特权,是对发明创造的独占的排他权。

发明创造是指发明、实用新型和外观设计。其中,发明是指对产品、方法或者其改进所提出的新的技术方案;实用新型是指对产品的形状、构造或者其结合所提出的适于实用的新的技术方案;外观设计是指对产品的形状、图案或者其结合以及色彩与形状、图案的结合所作出的富有美感并适于工业应用的新设计。

专利制度是为了鼓励创新、推广应用、促进研发而创设的一项法律制度,其主要机制在于:申请人对于符合要求的发明创造,以公开技术换取政府主管机关给予的保护,从而在一定的期限内禁止他人未经允许而实施其发明创造。专利的两个最基本的特征是独占和公开。

二、专利权的主体

与专利有关的主体包括发明人、设计人和专利权人。专利法所称发明人或者设计人是指对发明创造的实质性特点作出创造性贡献的人。发明创造活动是一种事实行为,无论从事发明创造的人是否具备完全民事行为能力,只要他完成了发明创造,就应认定为发明人或者设计人。专利申请人被授予专利权之后被称为专利权人。在完成发明创造过程中,只负责组织工作的人、为物质技术条件的利用提供方便的人或者从事其他辅助工作的人,如试验员、描图员、机械加工人员等,不是发明人或者设计人。

与专利有关的权利包括申请专利的权利、专利申请权和专利权。申请专利的权利是指发明创造完成以后、专利申请提出以前,权利人享有的决定对发明创造是否申请专利的权利。专利申请权是指提交专利申请以后、授予专利权以前,权利人享有的进行申请程序、处置专利申请的权利。专利权是指在专利申请被公告授予专利权之后,权利人在法定期间享有的专有权、许可他人实施权和对专利权进行处置的权利。这三项权利依法都可以转让。

完成发明创造的过程和设计的主体不同,申请专利的权利和专利权主体也有所不同。

(一)职务发明创造和非职务发明创造的权利主体

1. 职务发明创造

执行本单位的任务或者主要是利用本单位的物质技术条件所完成的发明创造为职务发明创造。职务发明创造申请专利的权利属于该单位;申请被批准后,该单位为专利权人。

以上所称执行本单位的任务所完成的职务发明创造,是指:① 在本职工作中作出的发明创造;② 履行本单位交付的本职工作之外的任务所作出的发明创造;③ 退休、调离原单位后或者劳动、人事关系终止后 1 年内作出的,与其在原单位承担的本职工作或者原单位分配的任务有关的发明创造。以上所称本单位,既包括具有稳定的劳动人事关系的单位,也包括临时工作单位。以上所称本单位的物质技术条件,是指本单位的资金、设备、零部件、原材料或者不对外公开的技术资料等。职务发明创造对本单位的物质技术条件的利用需达到"主要"的程度,否则就不是职务发明创造。

被授予专利权的单位应当对职务发明创造的发明人或者设计人给予奖励;发明创造专利实施后,根据其推广应用的范围和取得的经济效益,对发明人或者设计人给予合理的报酬。

2. 非职务发明创造

《专利法》没有给出非职务发明创造的定义,从逻辑上讲,只要不是职务发明创造都属于非职务发明创造。对于非职务发明创造,申请专利的权利属于发明人或者设计人;申请被批准后,该发明人或者设计人为专利权人。

对于发明人或者设计人利用了本单位的物质技术条件,但是对是否构成"主要利用"与本单位有争议的,为了避免矛盾,《专利法》第六条规定:"利用本单位的物质技术条件所完成的发明创造,单位与发明人或者设计人订有合同,对申请专利的权利和专利权的归属作出约定的,从其约定。"此处的约定仅仅涉及权利归属,而不涉及是否属于职务发明创造的性质。

(二)合作开发发明创造和委托开发发明创造的专利权主体

两个以上单位或者个人合作完成的发明创造、一个单位或者个人接受其他单位或者个人委托所完成的发明创造,除另有协议的以外,申请专利的权利属于完成或者共同完成的单位或者个人;申请被批准后,申请的单位或者个人为专利权人。

(三)继受人

继受人是指通过转让、许可或者继承、赠与等途径取得权利的单位或个人。

申请专利的权利、专利申请权和专利权都可以转让。专利权还可以被许可。

继受了权利之后,受让人、被许可人并不因此而成为发明人、设计人,该发明创造的发明人、设计人也不因权利的转让或者许可而丧失其特定的人身权利。

(四)外国人

在中国有经常居所或者营业所的外国人、外国企业或者外国其他组织,享有与中国公民或者单位同等的专利申请权和专利权。

在中国没有经常居所或者营业所的外国人、外国企业或者外国其他组织在中国申请专利的,依照其所属国同中国签订的协议或者共同参加的国际条约,或者依照互惠原则,根据《专利法》办理。其需要在中国申请专利和办理其他专利事务的,应当委托依法设立的专利代理机构办理。

(五)共有申请人及共有权利的行使

专利申请权或者专利权的共有人对权利的行使有约定的,从其约定。没有约定的,共有人可以单独实施或者以普通许可方式许可他人实施该专利;许可他人实施该专利的,收取的使用费应当在共有人之间分配。除前述规定的情形外,行使共有的专利申请权或者专利权应当取得全体共有人的同意。

三、专利权的客体

专利权的客体是指依法能被授予专利权的发明创造。根据《专利法》第二条的规定,专利权的客体包括发明、实用新型和外观设计三种。

（一）发明

发明是指对产品、方法或者其改进所提出的新的技术方案。发明必须是一种技术方案，是发明人将自然规律在特定技术领域进行运用和结合的结果，而不是自然规律本身，因而科学发现不属于发明范畴。同时，发明通常是自然科学领域的智力成果，文学、艺术和社会科学领域的成果也不能构成专利法意义上的发明。

发明分为产品发明、方法发明和改进发明三种。产品发明是指关于新产品或者新物质的发明。这种产品或者物质是自然界从未有过的，是人们利用自然规律作用于特定事物的结果。方法发明是指为解决某特定技术问题而采用的手段和步骤的发明。能够申请专利的方法通常包括制造方法和操作使用方法两大类，前者如产品制造工艺、加工方法等，后者如测试方法、产品使用方法等。改进发明是指对已有的产品发明或方法发明所作出的实质性革新的技术方案。

（二）实用新型

实用新型是指对产品的形状、构造或者其结合所提出的适于实用的新的技术方案。实用新型专利权只保护产品。该产品应当是经过工业方法制造的、占据一定空间的实体。

产品的形状是指产品所具有的、可以从外部观察到的确定的空间形状。对产品形状所提出的技术方案可以是对产品的三维形态的空间外形所提出的技术方案，如对凸轮形状、刀具形状作出的改进；也可以是对产品的二维形态所提出的技术方案，如对型材的断面形状的改进。无确定形状的产品，如气态、液态、粉末状、颗粒状的物质或材料，其形状不能作为实用新型产品的形状特征。

产品的构造是指产品的各个组成部分的安排、组织和相互关系。它可以是机械构造，也可以是线路构造。机械构造是指构成产品的零部件的相对位置关系、连接关系和必要的机械配合关系等；线路构造是指构成产品的元器件之间的确定的连接关系。

（三）外观设计

外观设计是指对产品的形状、图案或者其结合以及色彩与形状、图案的结合所作出的富有美感并适于工业应用的新设计。对外观设计可以从以下角度理解：

（1）外观设计的载体必须是完整的产品。因此虽然一个茶壶的把手设计独特，但把手本身不能被授予外观设计专利权。飞机喷出的彩烟可能形成色彩艳丽的图案，但没有以产品为载体，也不能被授予外观设计专利权。

（2）外观设计必须是对产品就以下要素所作的新设计：形状、图案、形状＋图案、形状＋色彩、图案＋色彩、形状＋图案＋色彩。注意：色彩本身不能单独构成外观设计，除非色彩的变化的本身构成图案。

其中，形状是指对产品外表轮廓的造型；图案是指由任何线条、文字、符号、色块的排列组合而在产品的表面构成的图形；色彩是指用于产品外表的颜色或者颜色的组合，制造该产品所用材料的本色不是外观设计的色彩。

（3）适于工业应用，即该外观设计能应用于产业上并能够形成批量生产。批量生产可以是机械生产方式，也可以是手工生产方式。根雕作品需要根据原料的天然外形加工制作，无法批量生产，因此不能被授予外观设计专利权。

（4）富有美感。判断一种设计是否属于外观设计专利权的保护客体时，关注的是产品的外观给人的视觉感受，而不是产品的功能特征或者技术效果，以此区别于发明或者实用新型。

外观设计专利权保护的是产品外表的独特设计，不涉及产品本身的技术性能；追求美感效果而不追求技术效果；既可以是立体的，也可以是平面的。这些特点使外观设计与发明和实用新型具有明显区别。

（四）专利法不予保护的对象

根据《专利法》第五条和第二十五条的规定，对以下各项不授予专利权：

（1）科学发现。它是指对自然界中客观存在的现象、变化过程及其特性和规律的揭示，不同于改造客观世界的技术方案，不是《专利法》意义上的发明创造，因此不能被授予专利权。

（2）智力活动的规则和方法。这些规则和方法仅是指导人们对信息进行思考、识别、判断和记忆的规则和方法，由于其没有采用技术手段或者利用自然法则，也未解决技术问题和产生技术效果，因而不构成技术方案。例如，交通规则、各种语言的语法、速算法或口诀、棋谱、下棋规则、会计记账方法、统计方法、游戏规则等。

（3）疾病的诊断和治疗方法。例如，诊脉法、心理疗法、按摩、以治疗为目的的整容或者减肥等不能申请专利，但是药品或者医疗器械可以申请专利。

（4）动物和植物品种。但是动物和植物品种的生产方法可以被授予专利权。

（5）用原子核变换方法获得的物质。此类物质常用于军事目的，不应人为垄断，也不应公开，因此不是可授予专利权的客体。

（6）对平面印刷品的图案、色彩或者二者的结合作出的主要起标识作用的设计。

（7）违反法律、社会公德或者妨害公共利益的发明创造。例如，制造假币的机器、克隆人的方法、能使盗窃者双目失明的防盗装置等都不能被授予专利权。

（8）违反法律、行政法规的规定获取或者利用遗传资源，并依赖该遗传资源完成的发明创造。

四、专利权的内容

（一）专利权人的权利

1.独占实施权

发明和实用新型专利权被授予后，除《专利法》另有规定的以外，任何单位或者个人未经专利权人许可，都不得实施其专利，即不得为生产经营目的制造、使用、许诺销售、销售、进口其专利产品，或者使用其专利方法以及使用、许诺销售、销售、进口依照该专利方法直接获得的产品。

外观设计专利权被授予后,任何单位或者个人未经专利权人许可,都不得实施其专利,即不得为生产经营目的制造、许诺销售、销售、进口其外观设计专利产品。

2. 实施许可权

任何单位或者个人实施他人专利的,应当与专利权人订立实施许可合同,向专利权人支付专利使用费。专利权人与他人订立的专利实施许可合同应当自合同生效之日起 3 个月内向国务院专利行政部门备案。

3. 转让权

根据《专利法》第十条的规定,转让专利权的,当事人应当订立书面合同,并向国务院专利行政部门登记,由国务院专利行政部门予以公告。专利权的转让自登记之日起生效。中国单位或者个人向外国人、外国企业或者外国其他组织转让专利权的,应当依照有关法律、行政法规的规定办理手续。

4. 标示权

专利权人有权在其专利产品或者该产品的包装上标明专利标识。

(二)专利权人的义务

专利权人应当自被授予专利权的当年开始缴纳年费。专利维持年限越长,年费就越高。

五、授予专利权的条件

(一)发明和实用新型专利的授权条件

根据《专利法》第二十二条的规定,授予专利权的发明和实用新型应当具备新颖性、创造性和实用性。

1. 新颖性

新颖性是指该发明或者实用新型不属于现有技术;也没有任何单位或者个人就同样的发明或者实用新型在申请日以前向国务院专利行政部门提出过申请,并记载在申请日以后公布的专利申请文件或者公告的专利文件中。其中,"现有技术"是指申请日以前在国内外为公众所知的技术。现有技术会破坏专利申请的新颖性。

为描述简便,可以把"任何单位或者个人就同样的发明或者实用新型在申请日以前向国务院专利行政部门提出过申请"称为抵触申请。根据《专利法》第九条的规定,同样的发明创造只能授予一项专利权,两个以上的申请人分别就同样的发明创造申请专利的,专利权授予最先申请的人。由此可见,《专利法》贯彻先申请原则并避免重复授权。例如,按照专利申请程序,一件发明专利申请通常要在申请日后 18 个月公布。对某件专利申请而言,如果已有单位或者个人在申请日前提出同样的专利申请,并在申请日或者申请日以后公布,仅从申请日前已经公开的国内外出版物上是无法找到的,但事实上,在申请日前已有单位或者个人就同样的技术提出过专利申请。由于《专利法》贯彻先申请原则并避免重复授权,因此存在抵触申请,也破坏了专利申请的新颖性。

2. 创造性

创造性是指与现有技术相比,该发明具有突出的实质性特点和显著的进步,该实用新型具有实质性特点和进步。申请专利的发明或者实用新型必须是通过创造性思维活动的结果,不能是现有技术通过简单的分析、归纳、推理就能够自然获得的结果。发明的创造性比实用新型的创造性要求更高。创造性的判断以所属领域普通技术人员的知识和判断能力为准。

3. 实用性

实用性是指该发明或者实用新型能够制造或者使用,并且能够产生积极效果。实用性要求申请专利的发明或者实用新型能够产生更好的经济效益或者社会效益,如能提高产品数量、改善产品质量、增加产品功能、节约能源或资源、防治环境污染等。某些发明或者实用新型可能具有负面效果,如药物可能有副作用,但只要治疗效果大于副作用就可以认为该药物能产生积极效果。

(二)外观设计专利的授权条件

根据《专利法》第二十三条的规定,外观设计专利的授权条件包括:

1. 新颖性

授予专利权的外观设计应当不属于现有设计;也没有任何单位或者个人就同样的外观设计在申请日以前向国务院专利行政部门提出过申请,并记载在申请日以后公告的专利文件中。其中,"现有设计"是指申请日以前在国内外为公众所知的设计。现有设计可以是在国内外取得专利权的外观设计,也可以是在申请日以前为公众所知的工业品外观设计,亦可以是未以工业品为载体的设计,如著名绘画作品、自然物、基本几何形状等。

2. 与现有设计或者现有设计特征的组合相比具有明显区别

授予专利权的外观设计与现有设计或者现有设计特征的组合相比,应当具有明显区别。例如,一副挂毯,其形状采用长方形,设计要点在于图案,而图案采用了世界名画《蒙娜丽莎》,可以认定该挂毯与现有设计没有明显区别。

3. 不与在先取得的合法权利相冲突

这里的在先取得的合法权利包括商标权、著作权、企业名称权、肖像权、知名商品特有包装装潢使用权等。其中,"在先取得"是指在外观设计的申请日或者优先权日之前取得。例如,在外观设计中使用他人享有著作权的美术作品或者商标图案,就应当认定涉案外观设计专利与在先取得的著作权或商标权相冲突。

(三)宽限期

申请专利的发明创造在申请日以前 6 个月内,有下列情形之一的,不丧失新颖性:① 在中国政府主办或者承认的国际展览会上首次展出的;② 在规定的学术会议或者技术会议上首次发表的;③ 他人未经申请人同意而泄露其内容的。

六、授予专利权的程序

（一）专利的申请

著作权自作品创作完成之日起产生，而专利权不会在发明创造完成后自动产生，专利权的取得以申请人向国家专利行政管理机关提出申请为前提。申请人也可以在被授予专利权之前随时撤回其专利申请。

1. 专利申请的原则

（1）形式法定原则。申请专利的各种手续都应当以书面形式或者国家知识产权局专利局规定的其他形式办理。

（2）单一性原则。一件发明或者实用新型专利申请应当限于一项发明或者实用新型。属于一个总的发明构思的两项以上的发明或者实用新型可以作为一件申请提出。

一件外观设计专利申请应当限于一项外观设计。同一产品两项以上的相似外观设计或者用于同一类别并且成套出售或使用的产品的两项以上外观设计可以作为一件申请提出。

（3）先申请原则。两个以上的申请人分别就同样的发明创造申请专利的，专利权授予最先申请的人。

（4）不重复授权原则。同样的发明创造只能授予一项专利权。但是，同一申请人同日对同样的发明创造既申请实用新型专利，又申请发明专利，先获得的实用新型专利权尚未终止，且申请人声明放弃该实用新型专利权的，可以授予发明专利权。

2. 专利申请文件

（1）发明或者实用新型专利的申请文件。

申请发明或者实用新型专利的，应当提交请求书、说明书及其摘要和权利要求书等文件。请求书应当写明发明或者实用新型的名称，发明人的姓名，申请人姓名或者名称、地址，以及其他事项。说明书应当对发明或者实用新型作出清楚、完整的说明，以所属技术领域的技术人员能够实现为准；必要的时候，应当有附图。摘要应当简要说明发明或者实用新型的技术要点。权利要求书应当以说明书为依据，清楚、简要地限定要求专利保护的范围。对于依赖遗传资源完成的发明创造，申请人应当在专利申请文件中说明该遗传资源的直接来源和原始来源；申请人无法说明原始来源的，应当陈述理由。

（2）外观设计专利的申请文件。

申请外观设计专利的，应当提交请求书、该外观设计的图片或者照片以及对该外观设计的简要说明等文件。申请人提交的有关图片或者照片应当清楚地显示要求专利保护的产品的外观设计。

（3）专利申请文件的修改。

申请人可以对其专利申请文件进行修改，但是，对发明和实用新型专利申请文件的修改不得超出原说明书和权利要求书记载的范围，对外观设计专利申请文件的修改不得超出原图片或者照片表示的范围。

3. 专利申请日

国务院专利行政部门收到专利申请文件之日为申请日。如果申请文件是邮寄的,以寄出的邮戳日为申请日。

4. 优先权

申请人自发明或者实用新型在外国第一次提出专利申请之日起 12 个月内,或者自外观设计在外国第一次提出专利申请之日起 6 个月内,又在中国就相同主题提出专利申请的,依照该外国同中国签订的协议或者共同参加的国际条约,或者依照相互承认优先权的原则,可以享有优先权。这种优先权称为外国优先权。前述相同主题的发明或者实用新型是指技术领域、所解决的技术问题、技术方案和预期的效果相同的发明或者实用新型。

申请人自发明或者实用新型在中国第一次提出专利申请之日起 12 个月内,又向国务院专利行政部门就相同主题提出专利申请的,可以享有优先权。这种优先权称为本国优先权。

专利申请享有优先权的意义在于:在进行新颖性和创造性判断时,将选择现有技术的日期提前到优先权日。在优先权日与申请日之间公开的现有技术不能作为影响该专利申请新颖性和创造性的现有技术。在优先权日和申请日之间(包括优先权日当天)任何单位和个人就相同主题提出的另一个专利申请也不能构成影响该专利申请新颖性的抵触申请。

申请人要求优先权的,应当在申请的时候提出书面声明,并且在 3 个月内提交第一次提出的专利申请文件的副本;未提出书面声明或者逾期未提交专利申请文件副本的,视为未要求优先权。

(二)专利申请的审批

1. 发明专利的审批

(1)初步审查。国务院专利行政部门收到发明专利申请后,进行初步审查,审查申请文件是否齐备、是否符合规定的格式。

(2)早期公布。国务院专利行政部门经初步审查认为符合《专利法》要求的,自申请日起满 18 个月,即行公布。国务院专利行政部门可以根据申请人的请求早日公布其申请。

(3)实质审查。发明专利申请自申请日起 3 年内,国务院专利行政部门可以根据申请人随时提出的请求,对其申请进行实质审查;申请人无正当理由逾期不请求实质审查的,该申请即被视为撤回。国务院专利行政部门认为必要的时候,可以自行对发明专利申请进行实质审查。

只要申请人完成了发明,即可向专利局提出发明专利申请,其后可以在 3 年时间里了解市场需求和专利转让前景,判断该专利申请的价值。如果预期该发明能取得较大效益,才需要向专利局提出实质审查请求,否则就可以不提出实质审查请求,以节约实质审查费。

(4)授权、登记和公告。发明专利申请经实质审查没有发现驳回理由的,由国务院专利行政部门作出授予发明专利权的决定,发给发明专利证书,同时予以登记和公告。发明专利权自公告之日起生效。

2. 实用新型和外观设计专利的审批

实用新型和外观设计专利申请经初步审查没有发现驳回理由的，由国务院专利行政部门作出授予实用新型专利权或者外观设计专利权的决定，发给相应的专利证书，同时予以登记和公告。实用新型专利权和外观设计专利权自公告之日起生效。

3. 专利的复审

国务院专利行政部门设立专利复审委员会。专利申请人对国务院专利行政部门驳回申请的决定不服的，可以自收到通知之日起 3 个月内，向专利复审委员会请求复审。专利复审委员会复审后，作出决定，并通知专利申请人。

专利申请人对专利复审委员会的复审决定不服的，可以自收到通知之日起 3 个月内向人民法院起诉。

七、对专利权的限制

（一）专利权的期限与有效保护期

发明专利权的期限为 20 年，实用新型专利权和外观设计专利权的期限为 10 年，均自申请日起计算。注意：这两个期限的起点都是申请日而非授权日。而专利权是从授权公告日开始生效的，即从授权公告日才开始获得保护。

需要注意的是，专利权的期限并不是实际获得保护的期限。对发明专利权来说，从申请日到终止日的 20 年期间被公布日和授权日两个时间节点区分为先后三段时间：第一段时间内发明创造不受任何保护；第二段时间内可以得到临时保护（根据《专利法》第十三条的规定，发明专利申请公布后，申请人可以要求实施其发明的单位或者个人支付适当的费用）；第三段时间才是发明专利权的有效保护期间。对实用新型和外观设计专利权来说，从申请日到授权日期间不受任何保护，授权后才能获得保护。

因此，申请人如果在申请日后即把有关产品投放市场，则任何人在发明创造不受保护期间内所进行的仿制不构成侵权。

（二）专利权的终止

专利权人没有按照规定缴纳年费的，或者以书面声明放弃其专利权的，专利权在期限届满前终止。专利权在期限届满前终止的，由国务院专利行政部门登记和公告。

（三）专利实施的强制许可

强制许可是指国务院专利行政部门依照法律规定，不经专利权人的同意，直接许可具备实施条件的申请者实施发明或者实用新型专利（不含外观设计）的行政措施。其目的是防止专利权人滥用专利权，维护国家利益和社会公共利益。

取得实施强制许可的单位或者个人不享有独占的实施权，并且无权允许他人实施。取得实施强制许可的单位或者个人应当付给专利权人合理的使用费，或者依照中国参加的有关国际条约的规定处理使用费问题。

根据《专利法》相关规定,国务院专利行政部门根据具备实施条件的单位或者个人的申请,可以在以下五种情况下给予其实施发明专利或者实用新型专利的强制许可:

(1)专利权人未实施专利权,即专利权人自专利权被授予之日起满3年,且自提出专利申请之日起满4年,无正当理由未实施或者未充分实施其专利。

(2)为了消除垄断,即专利权人行使专利权的行为被依法认定为垄断行为,为了消除或者减少该行为对竞争产生的不利影响。

(3)为了公共利益,即在国家出现紧急状态或非常情况时,或者为了公共利益的目的。

(4)为了公共健康,即为了公共健康目的,对于取得专利权的药品,国务院专利行政部门可以给予制造并将其出口到符合中国参加的有关国际条约规定的国家或者地区。

(5)从属专利的强制许可。一项取得专利权的发明或者实用新型比之前已经取得专利权的发明或者实用新型具有显著经济意义的重大技术进步,其实施又有赖于前一发明或者实用新型的实施的,国务院专利行政部门根据后一专利权人的申请,可以给予实施前一发明或者实用新型的强制许可。在依照上述规定给予实施强制许可的情形下,国务院专利行政部门根据前一专利权人的申请,也可以给予实施后一发明或者实用新型的强制许可。

(四)专利权的无效宣告

自国务院专利行政部门公告授予专利权之日起,任何单位或者个人认为该专利权的授予不符合《专利法》有关规定的,可以请求专利复审委员会宣告该专利权无效。专利复审委员会对宣告专利权无效的请求应当及时审查和作出决定,并通知请求人和专利权人。宣告专利权无效的决定由国务院专利行政部门登记和公告。对专利复审委员会宣告专利权无效或者维持专利权的决定不服的,可以自收到通知之日起3个月内向人民法院起诉。人民法院应当通知无效宣告请求程序的对方当事人作为第三人参加诉讼。

宣告无效的专利权视为自始即不存在。宣告专利权无效的决定对在宣告专利权无效前人民法院作出并已执行的专利侵权的判决、调解书,已经履行或者强制执行的专利侵权纠纷处理决定,以及已经履行的专利实施许可合同和专利权转让合同不具有追溯力。但是因专利权人的恶意给他人造成的损失,应当给予赔偿。依照前述规定不返还专利侵权赔偿金、专利使用费、专利权转让费,明显违反公平原则的,应当全部或者部分返还。

八、专利权的保护

(一)专利侵权行为的表现形式

根据《专利法》第六十条的规定,专利侵权行为是指未经专利权人许可而实施其专利的行为。所谓实施其专利的行为,根据《专利法》第十一条的规定,对发明和实用新型专利权人而言,是指为生产经营目的制造、使用、许诺销售、销售、进口其专利产品的行为,或者使用专利方法以及使用、许诺销售、销售、进口依照该专利方法直接获得的产品的行为;对外观设计专利权人而言,是指为生产经营目的制造、许诺销售、销售、进口其外观设计专利产品的行为。

专利侵权行为还包括假冒专利的行为。假冒他人专利,情节严重的,构成假冒专利罪。假冒专利行为的具体类型可参见《中华人民共和国专利法实施细则》(简称《专利法实施细则》）第八十四条,在此不赘述。

（二）专利侵权行为的构成要件

根据《专利法》第十一条、第六十条的规定,专利侵权行为的构成要件有四项,即专利权有效、存在实施专利的行为、未经专利权人许可、为生产经营目的。之所以限定为生产经营目的,是因为《专利法》主要保护专利权人独占该发明创造的市场,因此,即使进行了制造、使用、进口行为,但如果不是为生产经营目的,不会对专利权人造成太大影响。例如,为个人使用而制造专利产品就不构成专利侵权行为。

（三）专利侵权行为的举证责任

1. 产品制造方法发明专利侵权案件实行举证责任倒置

专利侵权纠纷是民事纠纷,实行"谁主张,谁举证"的原则。没有证据或者证据不足以证明当事人的事实主张的,由负有举证责任的当事人承担不利后果。但专利侵权纠纷涉及新产品制造方法的发明专利的,制造同样产品的单位或者个人应当提供其产品制造方法不同于专利方法的证明,即实行举证责任倒置,由被控侵权人证明自己不侵权,如果证明不了,则推定其具有专利侵权行为。

2. 被控侵权人的现有技术和现有设计抗辩

在专利侵权纠纷中,被控侵权人有证据证明其实施的技术或者设计属于现有技术或者现有设计的,不构成侵犯专利权。

（四）专利侵权行为的法律责任

实施专利侵权行为不但需要承担民事责任,还可能需要承担行政责任和刑事责任。以下仅介绍专利侵权的民事责任。

1. 停止侵权

根据《专利法》第六十条的规定,专利权人或者利害关系人可以请求管理专利工作的部门处理专利侵权行为。管理专利工作的部门处理时,认定侵权行为成立的,可以责令侵权人立即停止侵权行为。

2. 赔偿损失

侵犯专利权的赔偿数额按照权利人因被侵权所受到的实际损失确定;实际损失难以确定的,可以按照侵权人因侵权所获得的利益确定。权利人的损失或者侵权人获得的利益难以确定的,参照该专利许可使用费的倍数合理确定。赔偿数额还应当包括权利人为制止侵权行为所支付的合理开支。权利人的损失、侵权人获得的利益和专利许可使用费均难以确定的,人民法院可以根据专利权的类型、侵权行为的性质和情节等因素,确定给予1万元以上100万元以下的赔偿。

3. 善意侵权行为的部分免责

《专利法》第七十条规定:"为生产经营目的使用、许诺销售或者销售不知道是未经专利权人许可而制造并售出的专利侵权产品,能证明该产品合法来源的,不承担赔偿责任。"《专利法实施细则》第八十四条规定:"销售不知道是假冒专利的产品,并且能够证明该产品合法来源的,由管理专利工作的部门责令停止销售,但免除罚款的处罚。"这样规定的原因有二:其一,保护善意第三人,以维护商品的正常流通秩序;其二,获得专利的可能是产品整体,也可能是产品内部一个零件或者电路,使用者、销售者根本无法判断产品是否侵权,如果要求使用者、销售者一一查明所使用、所销售的产品是否侵权,则必然严重妨碍正常的生产经营秩序和商品流通秩序。

需要注意的是,虽然部分免责,但以上行为仍然是侵权行为,因此不能免除停止侵权的责任。能够免责的行为仅限于使用、许诺销售和销售三种行为,不包括制造和进口。制造和进口是专利侵权的源头行为,如果可以免责,则专利权将不能得到有效保护。

(五)不视为侵犯专利权的行为

根据《专利法》第六十九条的规定,有下列情形之一的,不视为侵犯专利权:

1. 专利权用尽

这是指专利产品或者依照专利方法直接获得的产品由专利权人或者经其许可的单位、个人售出后,使用、许诺销售、销售、进口该产品。

2. 先行制造

这是指在专利申请日前已经制造相同产品、使用相同方法或者已经作好制造、使用的必要准备,并且仅在原有范围内继续制造、使用。

3. 临时过境

这是指临时通过中国领陆、领水、领空的外国运输工具,依照其所属国同中国签订的协议或者共同参加的国际条约,或者依照互惠原则,为运输工具自身需要而在其装置和设备中使用有关专利。

4. 为科学研究而使用

这是指专为科学研究和实验而使用有关专利。

5. 为药品和医疗器械的行政审批

这是指为提供行政审批所需要的信息,制造、使用、进口专利药品或者专利医疗器械,以及专门为其制造、进口专利药品或者专利医疗器械。

第四节　商标法

一、商标、注册商标和注册商标专用权的概念

(一)商标

商标是指商品的生产经营者在其商品上或者服务提供者在提供服务时使用的,具有显

著特征,便于消费者识别商品或者服务来源的标记。

（二）注册商标

商标可以注册,也可以不注册。法律、行政法规规定必须使用注册商标的商品必须申请商标注册,未经核准注册的,不得在市场销售。对于未注册的商标,该商标持有人可以使用,通常其他人也有权使用。商标持有人如果想取得该商标的垄断使用权,就必须通过法定程序向商标局申请对该商标进行注册。经商标局核准注册的商标为注册商标。国务院工商行政管理部门商标局主管全国商标注册和管理的工作。国务院工商行政管理部门设立商标评审委员会,负责处理商标争议事宜。

（三）注册商标专用权

注册商标专用权是指商标注册人在核定使用的商品、服务上对其注册商标享有的独占、使用、收益和处分的权利。注册商标专用权简称商标权。

二、商标权的主体

自然人、法人或者其他组织在生产经营活动中,对其商品或者服务需要取得商标专用权的,应当向商标局申请商标注册。其中,自然人主要包括个体工商户、个人合伙企业的全体合伙人、农村承包经营户和其他意图从事工商业经营活动的自然人;法人包括企业法人,机关、事业单位和社团法人等,党政机关由于不能从事经营活动,因此不能作为商标注册的申请人;其他组织是指不具有法人资格的企业、事业单位和社会团体等组织。

外国人或者外国企业在中国申请商标注册的,应当按其所属国和中国签订的协议或者共同参加的国际条约办理,或者按对等原则办理。

三、商标权的客体

商标权的客体就是注册商标。

（一）注册商标的分类

注册商标根据其注册人身份的不同,可以分为以下五种:

（1）商品商标,是指商品经营者在商品或者商品包装上使用的标志。海尔、同仁堂、大众都是商品商标。

（2）服务商标,是指服务性的企业、事业单位在自己提供的服务项目上使用的标志。中国银行、CCTV 都是服务商标。《商标法》有关商品商标的规定适用于服务商标。

（3）集体商标,是指以团体、协会或者其他组织名义注册,供该组织成员在商事活动中使用,以表明使用者在该组织中的成员资格的标志。集体商标的作用在于表明该商标的商品或者服务来源于该集体成员,以与非该集体成员的商品和服务相区别。例如,江苏省射阳县大米协会申请注册的"射阳大米"就是集体商标。集体商标的使用有利于形成市场优势。

（4）证明商标,是指由对某种商品或者服务具有监督能力的组织所控制,而由该组织以外的单位或者个人使用于其商品或者服务,用以证明该商品或者服务的原产地、原料、制造方法、质量或者其他特定品质的标志。例如,"章丘大葱"是山东省章丘市大葱科学研究会申请注册的我国第一个蔬菜类证明商标。

（5）共有商标,是指两个以上的自然人、法人或者其他组织共同向商标局申请注册的同一商标,共同享有和行使该商标专用权。

（二）注册商标的注册条件

能够成为注册商标的标志必须满足三个条件,即构成要素合法、具备显著性、不与在先权利相冲突。

1. 构成要素合法

任何能够将自然人、法人或者其他组织的商品与他人的商品区别开的标志,包括文字、图形、字母、数字、三维标志、颜色组合和声音等,以及上述要素的组合,均可以作为商标申请注册。如果商标的构成要素不合法,则不能被核准注册。

2. 具备显著性

根据《商标法》第十一条的规定,能作为注册商标的标志必须具备显著性。商标的显著性是指商标必须具备的明显而独有的特征,此特征能够将该商标所标示的商品或者服务与其他商品或者服务区别开来。

（1）具备固有显著性。这是指相关公众一看到商品或者服务上的标志,就能立刻意识到该标志用于指示商品或者服务的提供者,区分商品和服务的来源。

（2）经过使用获得显著性。有些标志不具有固有显著性,不得作为商标注册,如：① 仅有本商品的通用名称、图形、型号的;② 仅直接表示商品的质量、主要原料、功能、用途、重量、数量及其他特点的;③ 其他缺乏显著特征的。前述所列标志经过使用取得显著特征,并便于识别的,可以作为商标注册。

（3）显著性退化的不能继续作为商标使用。根据《商标法》第四十九条第二款的规定,注册商标成为其核定使用的商品的通用名称的,任何单位或者个人可以向商标局申请撤销该注册商标。阿司匹林和优盘等名称最初都是作为商标来使用的,只是由于商标持有人使用不当或者过度宣传才使商标沦为商品的通用名称。

3. 不与在先权利相冲突

根据《商标法》第三十二条的规定,申请商标注册不得损害他人现有的在先权利,也不得以不正当手段抢先注册他人已经使用并有一定影响的商标。在先权利是指在该商标注册之前他人享有的商号权、著作权、外观设计专利权、姓名权、肖像权等。

四、不得作为商标使用的标志和不得作为商标注册的标志

（一）不得作为商标使用的标志

根据《商标法》第十条的规定,下列标志不得作为商标使用（当然更不能注册）：

（1）同中国的国家名称、国旗、国徽、国歌、军旗、军徽、军歌、勋章等相同或者近似的，以及同中央国家机关的名称、标志、所在地特定地点的名称或者标志性建筑物的名称、图形相同的。

（2）同外国的国家名称、国旗、国徽、军旗等相同或者近似的，但经该国政府同意的除外。

（3）同政府间国际组织的名称、旗帜、徽记等相同或者近似的，但经该组织同意或者不易误导公众的除外。

（4）与表明实施控制、予以保证的官方标志、检验印记相同或者近似的，但经授权的除外。

（5）同"红十字""红新月"的名称、标志相同或者近似的。

（6）带有民族歧视性的。

（7）带有欺骗性，容易使公众对商品的质量等特点或者产地产生误认的。

（8）有害于社会主义道德风尚或者有其他不良影响的。

（9）县级以上行政区划的地名或者公众知晓的外国地名不得作为商标。但是，地名具有其他含义或者作为集体商标、证明商标组成部分的除外；已经注册的使用地名的商标继续有效。

（二）不得作为商标注册的标志

根据《商标法》第十一条的规定，下列标志因缺乏显著性不得作为商标注册，但可以作为非注册商标使用：

（1）仅有本商品的通用名称、图形、型号的；

（2）仅直接表示商品的质量、主要原料、功能、用途、重量、数量及其他特点的；

（3）其他缺乏显著特征的。

前述所列标志经过使用取得显著特征，并便于识别的，可以作为商标注册。

根据《商标法》第十二条的规定，以三维标志申请注册商标的，仅由商品自身的性质产生的形状、为获得技术效果而需有的商品形状或者使商品具有实质性价值的形状，不得注册。这是出于维护公平竞争、推动技术进步的考虑。

（三）其他不予注册并禁止使用的情形

（1）未经授权，代理人或者代表人以自己的名义将被代理人或者被代表人的商标进行注册，被代理人或者被代表人提出异议的，不予注册并禁止使用。（《商标法》第十五条第一款）

（2）就同一种商品或者类似商品申请注册的商标与他人在先使用的未注册商标相同或者近似，申请人与该他人具有前述规定以外的合同、业务往来关系或者其他关系而明知该他人商标存在，该他人提出异议的，不予注册。（《商标法》第十五条第二款）

（3）商标中有商品的地理标志，而该商品并非来源于该标志所标示的地区，误导公众的，不予注册并禁止使用；但是，已经善意取得注册的继续有效。地理标志是指标示某商品来源于某地区，该商品的特定质量、信誉或者其他特征主要由该地区的自然因素或者人文因

素所决定的标志。(《商标法》第十六条)

五、注册商标专用权的内容

1. 专用权

专用权是指商标权主体对其注册商标依法享有的自己在指定商品或者服务项目上独占使用的权利。商标的使用是指将商标用于商品、商品包装或者容器以及商品交易文书上,或者将商标用于广告宣传、展览以及其他商业活动中,用于识别商品来源的行为。

2. 标示权

商标注册人使用注册商标,有权标明"注册商标"字样或者注册标记。

3. 续展权

续展权是指商标权人在其注册商标有效期届满前,依法享有申请续展注册,从而延长其注册商标保护期的权利。注册商标有效期满,需要继续使用的,商标注册人应当在期满前12个月内按照规定办理续展手续;在此期间未能办理的,可以给予6个月的宽展期。每次续展注册的有效期为10年,自该商标上一届有效期满次日起计算。期满未办理续展手续的,注销其注册商标。前述"期满未办理续展手续"应理解为宽展期满商标局仍未收到续展申请。商标局应当对续展注册的商标予以公告。商标权不同于其他知识产权,其续展不会引起商业垄断,可以永续存在。

4. 转让权

转让权是指商标权人依法享有的将其注册商标依照法定程序和条件,转让给他人的权利。转让注册商标的,转让人和受让人应当签订转让协议,并共同向商标局提出申请。受让人应当保证使用该注册商标的商品质量。转让注册商标的,商标注册人对其在同一种商品上注册的近似的商标,或者在类似商品上注册的相同或者近似的商标,应当一并转让。对于容易导致混淆或者有其他不良影响的转让,商标局不予核准,书面通知申请人并说明理由。转让注册商标经核准后,予以公告。受让人自公告之日起享有商标专用权。

5. 许可权

许可权是指商标权人可以通过签订商标使用许可合同许可他人使用其注册商标的权利。商标注册人可以通过签订商标使用许可合同,许可他人使用其注册商标。许可人应当监督被许可人使用其注册商标的商品质量。被许可人应当保证使用该注册商标的商品质量。经许可使用他人注册商标的,必须在使用该注册商标的商品上标明被许可人的名称和商品产地。许可他人使用其注册商标的,许可人应当将其商标使用许可报商标局备案,由商标局公告。商标使用许可未经备案不得对抗善意第三人。商标的使用许可类型主要包括独占使用许可、排他使用许可、普通使用许可等。

6. 禁止权

注册商标权人有权禁止他人未经许可在同一种商品或者类似商品上使用与其注册商标相同或者近似的商标。

六、注册商标专用权的取得

注册商标专用权的取得可分为原始取得和继受取得两类。原始取得是指按照商标注册程序获得注册商标专用权。继受取得是指通过许可、转让、继承、赠与等方式取得注册商标专用权或者使用权。

（一）商标注册的申请

1. 提出注册申请

商标注册申请人应当按规定的商品分类表（《类似商品与服务区分表》，尼斯分类）填报使用商标的商品类别和商品名称，提出注册申请。如果经核准取得注册商标的专用权，则以核准注册的商标和核定使用的商品为限。商标注册申请人可以通过一份申请就多个类别的商品申请注册同一商标。商标注册申请等有关文件可以以书面方式或者数据电文方式提出。注册商标在使用过程中，需要扩大商标的使用范围或者改变商标标志的，必须另行提出注册申请。

2. 申请日期和优先权

商标注册的申请日期以商标局收到申请文件的日期为准。

商标注册申请人自其商标在外国第一次提出商标注册申请之日起6个月内，又在中国就相同商品以同一商标提出商标注册申请的，依照该外国同中国签订的协议或者共同参加的国际条约，或者按照相互承认优先权的原则，可以享有优先权。商标在中国政府主办的或者承认的国际展览会展出的商品上首次使用的，自该商品展出之日起6个月内，该商标的注册申请人可以享有优先权。

3. 诚实信用原则

申请注册和使用商标，应当遵循诚实信用原则。为申请商标注册所申报的事项和所提供的材料应当真实、准确、完整。申请商标注册不得损害他人现有的在先权利，也不得以不正当手段抢先注册他人已经使用并有一定影响的商标。（《商标法》第七条、第二十七条、第三十二条）

（二）商标注册的审查和核准

1. 商标局对注册申请作出初步审定公告或者驳回申请的决定

对申请注册的商标，商标局认为符合规定的，予以初步审定公告。（《商标法》第二十八条）

申请注册的商标，凡不符合《商标法》有关规定或者同他人在同一种商品或者类似商品上已经注册的或者初步审定的商标相同或者近似的，由商标局驳回申请，不予公告。（《商标法》第三十条）

两个或者两个以上的商标注册申请人，在同一种商品或者类似商品上，以相同或者近似的商标申请注册的，初步审定并公告申请在先的商标；同一天申请的，初步审定并公告使用在先的商标，驳回其他人的申请。同一天使用或者均未使用的，各申请人可以自行协商；不愿协商或者协商不成的,抽签确定一个申请人,驳回其他人的申请。[《商标法》第三十一条、《中华人民共和国商标法实施条例》(简称《商标法实施条例》)第十九条]

2. 对驳回决定不服的救济程序

申请人对驳回决定不服的,可以向商标评审委员会申请复审。商标评审委员作出决定后会书面通知申请人。当事人对商标评审委员会的决定不服的,可以向人民法院起诉。(《商标法》第三十四条)

3. 对初步审定公告的商标的异议程序

对初步审定公告的商标,自公告之日起3个月内,任何人可以向商标局提出异议。公告期满无异议的,予以核准注册,发给商标注册证,并予公告。(《商标法》第三十三条)

对初步审定公告的商标提出异议的,商标局应当作出是否准予注册的决定。(《商标法》第三十五条第一款)

商标局作出准予注册决定的,发给商标注册证,并予公告。异议人不服的,可以向商标评审委员会请求宣告该注册商标无效。(《商标法》第三十五条第二款)

商标局作出不予注册决定,被异议人不服的,也可以向商标评审委员会申请复审。被异议人对商标评审委员会的复审决定不服的,可以向人民法院起诉。人民法院应当通知异议人作为第三人参加诉讼。(《商标法》第三十五条第三款)

经审查异议不成立而准予注册的商标,商标注册申请人取得商标专用权的时间自初步审定公告3个月期满之日起计算。自该商标公告期满之日起至准予注册决定作出前,对他人在同一种或者类似商品上使用与该商标相同或者近似的标志的行为不具有追溯力;但是,因该使用人的恶意给商标注册人造成的损失,应当给予赔偿。(《商标法》第三十六条第二款)

七、商标权的消灭

(一)注册商标的无效宣告

1. 注册商标违法的无效宣告

已经注册的商标标志,如果属于《商标法》第十条、第十一条、第十二条规定的不得作为商标使用的标志或者不得作为商标注册的标志,或者是以欺骗手段或者其他不正当手段取得注册的,由商标局宣告该注册商标无效;其他单位或者个人可以请求商标评审委员会宣告该注册商标无效。

商标局作出宣告注册商标无效的决定,应当书面通知当事人。当事人对商标局的决定不服的,可以向商标评审委员会申请复审。当事人对商标评审委员会的决定不服的,可以向人民法院起诉。

其他单位或者个人请求商标评审委员会宣告注册商标无效的,商标评审委员会应当作出维持注册商标或者宣告注册商标无效的裁定。当事人对裁定不服的,可以向人民法院起诉。人民法院应当通知商标裁定程序的对方当事人作为第三人参加诉讼。(《商标法》第

四十四条)

2. 注册商标侵权的无效宣告

已经注册的商标,违反《商标法》第十三条侵犯驰名商标持有人的合法权利、违反第十五条侵犯被代理人和被代表人的权利、违反第十六条侵犯地理标志权利人的权利、违反第三十条侵犯他人注册商标专用权或者不符合《商标法》规定、违反第三十一条侵犯其他同时申请人的权利、违反第三十二条侵犯他人在先权利或者抢注他人商标的,自商标注册之日起5年内,在先权利人或者利害关系人可以请求商标评审委员会宣告该注册商标无效。对恶意注册的,驰名商标所有人不受5年的时间限制。

商标评审委员会收到宣告注册商标无效的申请后,应当作出维持注册商标或者宣告注册商标无效的裁定。当事人对商标评审委员会的裁定不服的,可以向人民法院起诉。人民法院应当通知商标裁定程序的对方当事人作为第三人参加诉讼。(《商标法》第四十五条)

3. 注册商标无效宣告的法律效力

宣告无效的注册商标由商标局予以公告,该注册商标专用权视为自始即不存在。

宣告注册商标无效的决定或者裁定,对宣告无效前人民法院作出并已执行的商标侵权案件的判决、裁定、调解书和工商行政管理部门作出并已执行的商标侵权案件的处理决定以及已经履行的商标转让或者使用许可合同不具有追溯力。但是,因商标注册人的恶意给他人造成的损失,应当给予赔偿。依照前述规定不返还商标侵权赔偿金、商标转让费、商标使用费,明显违反公平原则的,应当全部或者部分返还。

(二) 注册商标的撤销

1. 注册商标的撤销事由

(1) 自行改变注册商标。商标注册人在使用注册商标的过程中,自行改变注册商标、注册人名义、地址或者其他注册事项的,限期改正;期满不改正的,由商标局撤销其注册商标。

(2) 注册商标成为其核定使用的商品的通用名称或者没有正当理由连续3年不使用的,任何单位或者个人可以向商标局申请撤销该注册商标。

2. 对撤销注册商标的救济程序

对商标局撤销或者不予撤销注册商标的决定,当事人不服的,可以向商标评审委员会申请复审。商标评审委员会应当作出决定,并书面通知当事人。当事人对商标评审委员会的决定不服的,可以向人民法院起诉。

被撤销的注册商标由商标局予以公告,该注册商标专用权自公告之日起终止。

八、商标权的保护

(一) 侵犯商标权的行为

侵犯注册商标专用权的行为是指未经许可使用他人注册商标(包括近似商标),造成消费者误认,从而误导消费者,侵占注册商标持有人的市场份额,给他人造成损害的行为。《商标法》第五十七条列举的下列行为都是侵犯注册商标专用权的行为：

（1）未经商标注册人的许可，在同一种商品上使用与其注册商标相同的商标的行为，即假冒行为。

（2）未经商标注册人的许可，在同一种商品上使用与其注册商标近似的商标，或者在类似商品上使用与其注册商标相同或者近似的商标，容易导致混淆的行为，即仿冒行为。

（3）销售侵犯注册商标专用权的商品的行为。不论经销商主观上是否善意，只要实施了销售侵犯商标专用权的商品的行为，都构成侵权。但《商标法》第六十四条第二款规定：销售不知道是侵犯注册商标专用权的商品，能证明该商品是自己合法取得并说明提供者的，不承担赔偿责任。此处仅免除了赔偿责任，但行为人应当停止销售。

（4）伪造、擅自制造他人注册商标标识或者销售伪造、擅自制造的注册商标标识的行为。

（5）未经商标注册人同意，更换其注册商标并将该更换商标的商品又投入市场的行为，即反向假冒行为。

（6）故意为侵犯他人商标专用权行为提供便利条件，帮助他人实施侵犯商标专用权行为的行为。为侵犯他人商标专用权提供仓储、运输、邮寄、印制、隐匿、经营场所、网络商品交易平台等行为均属于此类。

（7）给他人的注册商标专用权造成其他损害的行为。例如，将与他人注册商标相同或者近似的文字作为企业字号在相同或类似商品上使用，容易使相关公众产生误认的行为；将与他人的注册商标相同或者近似的文字注册为域名，从事相关商品的电子商务，容易使相关公众产生误认的行为。

有以上所列侵犯注册商标专用权行为之一，引起纠纷的，由当事人协商解决；不愿协商或者协商不成的，商标注册人或者利害关系人可以向人民法院起诉，也可以请求工商行政管理部门处理。对侵犯注册商标专用权的行为，工商行政管理部门有权依法查处；涉嫌犯罪的，应当及时移送司法机关依法处理。

（二）不正当竞争行为

根据《商标法》第五十八条的规定，将他人注册商标、未注册的驰名商标作为企业名称中的字号使用，误导公众，构成不正当竞争行为的，依照《反不正当竞争法》处理。

九、驰名商标的保护

（一）驰名商标的概念

驰名商标是指在一定地域范围内具有较高知名度并为相关公众知晓的商标。驰名商标不一定是注册商标，但驰名商标具有巨大的商业价值，是不法经营者假冒或者仿冒的重点对象，因而《商标法》对驰名商标规定了特殊的保护措施。

（二）驰名商标的认定因素

驰名商标应当根据当事人的请求，作为处理涉及商标案件需要认定的事实进行认定。

认定驰名商标应当考虑下列因素：① 相关公众对该商标的知晓程度；② 该商标使用的持续时间；③ 该商标的任何宣传工作的持续时间、程度和地理范围；④ 该商标作为驰名商标受保护的记录；⑤ 该商标驰名的其他因素。

上述"相关公众"，是指与商标所标识的某类商品或者服务有关的消费者和与前述商品或者服务的营销有密切关系的其他经营者。

（三）驰名商标的认定机构

1. 商标局

在商标注册审查、工商行政管理部门查处商标违法案件过程中，当事人依照《商标法》第十三条规定主张权利的，商标局根据审查、处理案件的需要，可以对商标驰名情况作出认定。

2. 商标评审委员会

在商标争议处理过程中，当事人依照《商标法》第十三条规定主张权利的，商标评审委员会根据处理案件的需要，可以对商标驰名情况作出认定。

3. 有认定资格的人民法院

在商标民事、行政案件审理过程中，当事人依照《商标法》第十三条规定主张权利的，最高人民法院指定的人民法院根据审理案件的需要，可以对商标驰名情况作出认定。

（四）对驰名商标的特殊保护

驰名商标的持有人认为其权利受到侵害时，可以依照《商标法》相关规定请求驰名商标保护。

（1）对未注册驰名商标禁止同类混淆。就相同或者类似商品申请注册的商标是复制、摹仿或者翻译他人未在中国注册的驰名商标，容易导致混淆的，不予注册并禁止使用。这说明，对未在中国注册的驰名商标也给予保护。

（2）对已注册驰名商标不但禁止同类混淆，而且禁止跨类混淆。就不相同或者不相类似商品申请注册的商标是复制、摹仿或者翻译他人已经在中国注册的驰名商标，误导公众，致使该驰名商标注册人的利益可能受到损害的，不予注册并禁止使用。这说明，对注册的驰名商标扩大了保护范围。

需要注意的是，生产、经营者不得将"驰名商标"字样用于商品、商品包装或者容器上，或者用于广告宣传、展览以及其他商业活动中。这样做是为了防止企业间的不公平竞争。

◈ 本章重点 ◈

1. 知识产权的特征、范围。

2. 著作权、商标权、专利权的主体、客体、内容、保护期限。

3. 专利权和商标权的授予条件。

4. 驰名商标的认定与特殊保护。

本章难点

1. 知识产权法不予保护的作品、标志、专有技术。

2. 著作权的归属与使用。

3. 邻接权与著作权的关系。

4. 职务发明创造的类型与归属。

5. 著作权、商标权、专利权的侵权行为。

思考题

1. 何谓知识产权? 知识产权有哪些特征表现?

2. 著作权法保护的作品有哪些? 不保护的作品又有哪些?

3. 著作人身权和著作财产权分别包括哪些?

4. 专利权授予的程序是什么?

5. 禁止作为商标注册的标志有哪些?

第八章

金融法

承担风险无可指责,但同时记住千万不能孤注一掷。

——乔治·索罗斯

学习目标

1. 了解中国人民银行的法律地位、组织机构、职能及业务。

2. 熟悉商业银行的职能、业务范围及业务规则,掌握商业银行的接管制度。

3. 熟练掌握票据的特征、各种票据行为、票据权利及票载事项,掌握本票、汇票和支票的区别。

4. 熟悉关于证券发行和证券交易的基本法律规定,掌握证券发行条件、证券上市条件、持续信息公开及禁止的交易行为,了解上市公司的收购程序。

5. 了解保险的概念及分类、保险法的基本原则、保险公司、保险代理人与保险经纪人,掌握人身保险合同与财产保险合同的区别。

基本概念

中国人民银行,商业银行,票据,汇票,本票,支票,出票,背书,承兑,保证,付款,追索权,涉外票据,证券,证券发行,证券交易,要约收购,协议收购,保险,最大诚信,近因

第一节　中国人民银行法

一、中国人民银行的性质和地位

（一）中国人民银行的性质

《中华人民共和国中国人民银行法》（简称《中国人民银行法》）第二条规定："中国人民银行是中华人民共和国的中央银行。中国人民银行在国务院领导下，制定和执行货币政策，防范和化解金融风险，维护金融稳定。"中国人民银行的全部资本由国家出资，属于国家所有。

中国人民银行法是确立中国人民银行的性质、地位与职责，规范中国人民银行的组织及其活动的法律规范的总称。《中国人民银行法》于 1995 年 3 月 18 日第八届全国人民代表大会第三次会议通过，经 2003 年 12 月 27 日第十届全国人民代表大会第六次会议修订后，于 2004 年 2 月 1 日起施行。

（二）中国人民银行的地位

《中国人民银行法》第七条规定："中国人民银行在国务院领导下依法独立执行货币政策，履行职责，开展业务，不受地方政府、各级政府部门、社会团体和个人的干涉。"一方面，其地方分支机构在执行货币政策和开展金融业务时只受上级银行的领导，不受地方政府及各级政府部门的干涉；另一方面，中国人民银行行使职能不受任何社会团体和个人的干涉。但中国人民银行要向全国人民代表大会常务委员会提交有关货币政策情况和金融业运行情况的工作报告，并接受全国人民代表大会常务委员会的监督。

二、中国人民银行的职责

中国人民银行履行以下职责：① 发布与履行其职责有关的命令和规章。② 依法制定和执行货币政策。中国人民银行对宏观经济的调控作用主要是通过实施货币政策来完成的。③ 发行人民币，管理人民币流通。国家授权中国人民银行统一发行人民币，在全国范围内流通。④ 监督管理银行间同业拆借市场和银行间债券市场。银行间同业拆借市场和银行间债券市场是金融机构之间融通短期资金的重要场所。监测这两个市场的运行，对其实施宏观调控、促进国民经济协调发展有重要意义。⑤ 实施外汇管理，监督管理银行间外汇市场，维护外汇汇率和人民币币值的基本稳定。⑥ 监督管理黄金市场。中国人民银行是持有、管理和经营国家黄金储备的唯一机关，所以担负着对黄金市场的监管职责。⑦ 持有、管理、经营国家外汇储备、黄金储备。⑧ 经理国库。我国实行"委托国库制"，即由中国人民银行经办代理政府的财政收入与支出。中国人民银行专设机构为政府开立各种账户，经办政府的财政预算收支与划拨，执行国库出纳职能。⑨ 维护支付、清算系统的正常运行。支付、清算系统的正常运行是一国金融稳定的重要内容。中国人民银行通过牵头建设大额支付、清算系统，组织同城票据清算，制定支付、清算的规则，维护支付、清算系统的正常运行。⑩ 指导、部署金融业反洗钱工作，负责反洗钱的资金监测。⑪ 负责金融业的统计、调查、分析和预测。

⑫ 作为国家的中央银行,从事有关的国际金融活动。代表政府参与世界银行、国际货币基金组织、亚洲开发银行等国际金融组织的活动,参与国际清算活动,发展与各国中央银行的对外金融关系等。⑬ 国务院规定的其他职责。

三、中国人民银行的组织机构

(一)中国人民银行行长

中国人民银行实行行长负责制。行长由国务院总理提名,由全国人民代表大会决定。行长领导中国人民银行的工作,副行长协助行长工作。

(二)货币政策委员会

中国人民银行下设货币政策委员会。其主要职责是:在综合分析宏观经济形势的基础上,依据国家经济调控目标,讨论下列货币政策事项,并提出建议:① 货币政策的制定与调整;② 一定时期内的货币政策取向;③ 货币政策工具的运用;④ 货币政策与其他宏观经济政策的协调与配合。

(三)中国人民银行的分支机构

中国人民银行根据履行职责的需要设立分支机构,作为中国人民银行的派出机构。中国人民银行对分支机构实行统一领导和管理。分支机构没有独立的法人地位,不享有独立的权力。分支机构根据总行的授权开展工作,不接受当地政府的领导。

四、中国人民银行的业务

(一)执行货币政策需要开展的业务

此类业务包括:① 要求银行业金融机构按规定的比例交存存款准备金;② 确定中央银行基准利率;③ 为在中国人民银行开立账户的银行业金融机构办理再贴现;④ 在公开市场上买卖国债、其他政府债券和金融债券及外汇;⑤ 国务院确定的其他货币政策工具。

(二)为银行业金融机构提供服务需要开展的业务

此类业务包括:① 为银行业金融机构开立账户;② 为银行业金融机构提供清算服务;③ 向商业银行提供贷款。

(三)为政府部门和其他机构提供服务开展的业务

此类业务包括:经理国库以及代理财政部门发行、兑付国债和其他政府债券。

(四)中国人民银行不能从事的业务

① 不得对银行业金融机构的账户透支;② 不得对政府财政透支;③ 不得直接认购、包销国债和其他政府债券;④ 不得向地方政府、各级政府部门及其他单位和个人提供贷款;⑤ 不得向非银行金融机构提供贷款(国务院批准的除外);⑥ 不得向任何单位和个人提供担保。

五、中国人民银行的金融监管

（一）对金融市场的监管

1. 对银行间同业拆借市场和银行间债券市场的监管

银行间同业拆借市场和银行间债券市场是我国金融市场的重要组成部分，是金融机构之间融通短期资金的重要场所。银行间同业拆借市场和银行间债券市场的资金交易多为无担保的信用交易，因而隐含着较大的市场风险和信用风险。因此，中国人民银行需要对银行间同业拆借市场和银行间债券市场进行监管。

中国人民银行对银行间同业拆借市场和银行间债券市场监管主要体现在以下几个方面：一是依法制定银行间同业拆借和银行间债券交易的有关管理制度；二是审核、批准有关金融机构成为银行间同业拆借市场交易成员和银行间债券市场交易成员；三是对交易成员的行为进行监督、检查；四是授权中介机构发布市场信息等。

2. 对外汇市场的监管

中国人民银行根据国内经济运行情况和国际收支情况，适时、适量购进或者抛售外汇，可以起到稳定币值、稳定汇率、调节国际收支、保证国际收支平衡的作用。中国外汇储备管理的战略目标是调整外汇供求，平衡外汇市场；加强风险防范，确保资金安全，保证资金的及时调拨和运用，建立科学的储备资产结构，提高储备经营水平，增加资产回报；合理安排投资，有重点地支持国内建设项目。

3. 对黄金市场的监管

中国人民银行对黄金市场的监管包括两个方面：一是对黄金交易所的监管。主要负责黄金交易所的规章制度建设，审核交易所的章程、交易规则、操作程序等；监测交易所交易运行情况；对运行中出现的重大问题进行协调或者提出建议报国务院。二是对黄金进出口的监管。在人民币尚未实现可自由兑换、金融市场尚未全面对外开放的情况下，为避免用黄金来套汇而产生的不良影响，中国人民银行有权对黄金进出口进行监管。

（二）对金融机构及其业务活动的监管

（1）执行有关存款准备金管理规定的行为。

依据法律规定，中国人民银行建立了存款准备金制度。我国现行的法定存款准备金制度包括下列基本内容：① 规定缴存准备金对象。现有的存款货币银行和吸收公众存款的特定存款机构均按统一的比例向中国人民银行缴存存款准备金。② 规定缴存范围和可作为存款准备金的资产。③ 规定存款准备金的计算方法、报酬及罚则。

（2）与中国人民银行特种贷款有关的行为。

中国人民银行特种贷款是指国务院决定的由中国人民银行向金融机构发放的用于特定目的的贷款。中国人民银行不得向非银行金融机构以及其他单位和个人提供贷款，但国务院决定中国人民银行可以向特定的非银行金融机构提供贷款的除外。此种贷款通常与中国人民银行的宏观调控职能相关。

（3）执行有关人民币管理规定的行为。

中国人民银行作为中央银行，其职能之一就是作为发行的银行，由其垄断全国钞票的发行权，根据国民经济发展的要求，发行全国统一的本位货币，并负责控制信用，调节货币流通。

（4）执行有关银行间同业拆借市场、银行间债券市场管理规定的行为。

（5）执行有关外汇管理规定的行为。

（6）执行有关黄金管理规定的行为。

（7）代理中国人民银行经理国库的行为。

根据我国有关法律、法规规定，商业银行和其他金融机构可以在一定条件下代理经理国库。

（8）执行有关清算管理规定的行为。

具体工作有：组织建设金融机构相互之间的清算系统，协调金融机构相互之间的清算事项，提供清算服务；制定清算行为和清算系统的管理和服务规则；对清算行为进行检查监督，对违反清算管理规定的行为进行处罚。

（9）执行有关反洗钱的规定。

中国人民银行作为金融机构反洗钱工作的监管机关，成立了反洗钱局和支付交易监测中心，专门负责反洗钱的具体工作。中国人民银行依法有权对金融机构、其他单位和个人执行反洗钱规定的行为进行检查监督。

（10）对金融机构进行检查或者建议其他监管机构进行检查。

中国人民银行根据执行货币政策和维护金融稳定的需要，可以建议国务院银行业监督管理机构对银行业金融机构进行检查监督。国务院银行业监督管理机构应当自收到建议之日起 30 日内予以回复。

第二节　商业银行法

一、商业银行的概念

我国的商业银行是依照《商业银行法》和《公司法》设立的吸收公众存款、发放贷款、办理结算等业务的企业法人。商业银行具有以下职能：

1. 信用中介职能

商业银行把社会上闲散的货币资金集中到银行里来，再通过贷款和投资等形式，将资金投向国民经济各部门，以此实现资金的融通，并从中获取利润。

2. 支付中介职能

商业银行通过为客户在银行开立存款账户、为客户办理货币收付和货币结算等业务，成为企事业单位和个人的货币保管者、出纳者和收付代理人。

3. 信用创造职能

商业银行在吸收存款的基础上发放贷款,又在支票流转和转账结算的基础上将贷款转化为存款。在实行部分准备和辗转贷存的基础上,商业银行体系可以创造出超过原始存款倍数的派生存款,增加了社会信用总量,从而具有信用创造职能。

4. 金融服务职能

商业银行可以为客户提供如支付结算、票据承兑、代收代付、代客买卖、信托租赁、咨询服务、代客理财、保证付款等中间业务,满足了客户的融资需求,也增加了吸引客户的手段。

商业银行法是规定商业银行设立、变更、终止、组织机构、业务范围及其基本业务的法律规范的总称。《商业银行法》于 1995 年 5 月 10 日第八届全国人民代表大会常务委员会第十三次会议通过,根据 2015 年 8 月 29 日第十二届全国人民代表大会常务委员会第十六次会议《关于修改〈中华人民共和国商业银行法〉的决定》进行了第二次修正,自 2015 年 10 月 1 日起施行。

二、商业银行的设立

(一)商业银行的设立条件

《商业银行法》明确规定了国务院银行业监督管理委员会(银监会)对商业银行及其分支机构的设立实施许可管理制度,规定了设立商业银行应当具备的条件:

(1)有符合《商业银行法》和《公司法》规定的章程。

(2)有符合《商业银行法》规定的注册资本最低限额。设立商业银行的注册资本最低限额为:全国性商业银行为 10 亿元人民币,城市商业银行为 1 亿元人民币,农村商业银行为 5 000 万元人民币。注册资本应当是实缴资本。

(3)有具备任职专业知识和业务工作经验的董事、高级管理人员。

(4)有健全的组织机构和管理制度。组织机构包括股东大会、董事会和监事会。商业银行的管理制度包括各种业务规则、办事程序、财务会计、风险管理以及内部控制等规章制度。

(5)有符合要求的营业场所、安全防范措施和与业务有关的其他设施。

此外,设立商业银行还应当符合其他审慎性条件。

(二)商业银行的设立程序

1. 提出申请

设立商业银行应当向银监会提出申请。申请书应当载明拟设立的商业银行名称、住所、注册资本、业务范围等重要事项以及其他需要特别说明的事项。

2. 审批

申请设立商业银行的文件和资料提交银监会后,银监会开始审批工作。经批准设立的商业银行由银监会颁发经营许可证。未经国务院银行业监督管理机构批准,任何单位和个人不得从事吸收公众存款等商业银行业务,任何单位不得在名称中使用"银行"字样。

3. 领取营业执照

取得经营许可证的申请人应当在获得许可证之日起 30 日内到当地工商行政管理局办理开业登记手续,领取营业执照。营业执照的签发日期为商业银行的成立日期。

(三)商业银行分支机构的设立

商业银行的分支机构是指在它的总行机构以外,依法在中国境内外各地设立的营业场所或者办事处。商业银行的分支机构是商业银行的组成部分,不具备法人资格,在总行授权范围内依法开展业务,其民事责任由总行承担。商业银行设立分支机构必须经银监会审查批准。商业银行在中国境内设立分支机构,应当按照规定拨付与其经营规模相适应的营运资金额,拨付各分支机构营运资金额的总和不得超过总行资本金总额的 60%。商业银行对其分支机构实行全行统一核算、统一调度资金、分级管理的财务制度。经批准设立的商业银行及其分支机构由国务院银行业监督管理机构予以公告。商业银行及其分支机构自取得营业执照之日起无正当理由超过 6 个月未开业的,或者开业后自行停业连续 6 个月以上的,由国务院银行业监督管理机构吊销其经营许可证,并予以公告。

三、商业银行的业务范围

(一)传统业务

1. 吸收公众存款

吸收公众存款是指商业银行以承诺随时或者定期偿付为条件接受存款人货币的行为。吸收公众存款是商业银行开展其他业务的基础,是满足商业银行资金来源的主要渠道。

2. 发放短期、中期和长期贷款

发放贷款是指商业银行以借款人偿还本息为条件将货币资金提供给借款人的行为,是商业银行获取利差的业务。

3. 办理国内外结算

办理国内外结算是商业银行的主要中间业务之一,商业银行按规定收取结算服务费。

4. 办理票据承兑与贴现

承兑是指汇票付款人承诺在汇票到期日支付汇票金额的票据行为。贴现是指商业银行为了向票据持有人提供短期资金融通,而预收利息购入未到期商业票据的行为。

(二)特定业务

1. 发行金融债券

金融债券是商业银行为筹集中长期资金而面向社会发行的有价证券。商业银行发行金融债券或者到境外借款,应当依照法律、行政法规的规定报经批准。

2. 代理发行、代理兑付、承销政府债券

商业银行可以接受委托代理政府销售政府债券,或者向政府债券的持有人支付到期本

息,同时收取手续费。

3. 买卖政府债券、金融债券

商业银行可以在证券市场上通过买入或者卖出政府债券、金融债券而获利,这是商业银行的一种投资行为,有利于保持商业银行资产的流动性。商业银行通过买入和卖出政府债券、金融债券,可以有效地分散风险,获得收益。

4. 从事同业拆借

同业拆借是商业银行之间以借贷的方式融通短期资金的行为。商业银行在金融市场上向其他金融机构按照约定的利率借入、借出短期资金,旨在弥补头寸不足和实现资金的有效周转。

(三)中间业务

(1)买卖、代理买卖外汇。

(2)从事银行卡业务。

(3)提供信用证服务及担保。

所谓信用证,是指商业银行应买方的请求,开给卖方的一种银行保证付款的凭证。提供信用证服务是商业银行以银行自身的信用来弥补开证申请人信用的不足,因而具有担保履约的功能。

(4)代理收付款项及代理保险业务。

(5)提供保管箱服务。

四、商业银行的贷款管理

(一)商业银行的贷款审查

《商业银行法》第三十五条规定:"商业银行贷款,应当对借款人的借款用途、偿还能力、还款方式等情况进行严格审查。商业银行贷款,应当实行审贷分离、分级审批的制度。"

(二)贷款安全的保证措施

为保证贷款的安全,商业银行发放贷款应当与借款人订立贷款合同。贷款合同应当采用书面形式,应包括以下主要条款:贷款种类、贷款用途、贷款金额、贷款利率、贷款期限、还款方式、违约责任、当事人双方商定的其他条款。商业银行贷款,借款人应当提供担保。担保贷款有以下三种形式:保证贷款、抵押贷款、质押贷款。经商业银行审查、评估,确认借款人资信良好,确能偿还贷款的,可以不提供担保。

(三)贷款的禁止性规定

(1)禁止向关系人发放信用贷款。

关系人主要包括两种:一是具有特殊身份的关系人,包括商业银行的董事、监事、管理人员、信贷业务人员及其近亲属;二是与商业银行具有特殊利益关系的人,包括商业银行的董事、监事、管理人员、信贷业务人员及其近亲属投资或者担任高级管理职务的公司、企业和其他经济组织。

（2）向关系人发放担保贷款的条件不得优于其他借款人同类贷款的条件。

（3）任何单位和个人不得强令商业银行发放贷款或者提供担保。

（四）资产负债比例管理制度

所谓资产负债比例管理，是指以商业银行的资本及其负债制约其资产总量及结构。它是以一定的指标来监测的。加强资产负债比例管理是商业银行防范信贷风险，提高资产质量最有效的方法。《商业银行法》规定了具体的资产负债比例管理指标。

（1）资本充足率。

资本充足率是指银行资本与经过风险加权后的资产之比，它是衡量银行的最终清偿能力和抵御各类风险的能力的标志。我国商业银行的资本充足率不得低于 8%。

（2）存贷款比例。

对同一借款人的贷款余额与商业银行资本余额的比例不得超过 10%。

（3）资产流动性比例。

资产的流动性是指商业银行为资产的增长筹集资金和履行合同承诺、支付到期债务的能力。商业银行流动性资产余额与流动性负债余额的比例不得低于 25%。流动性资产是指1 个月内（含 1 个月）可变现的资产。流动性负债是指 1 个月内到期的存款、同业净拆入款。

（4）国务院银行业监督管理机构对资产负债比例管理的其他规定。

第三节 票据法

一、票据概述

（一）票据的概念和特征

票据是出票人依据票据法签发的，由自己或者委托他人于票据到期日或者见票时无条件支付一定金额给收款人或者持票人的一种有价证券。我国的票据分为汇票、本票和支票三种。票据具有如下法律特征：

1. 票据是设权证券

票据权利是随着票据的作成同时发生的。没有票据，就没有票据权利。票据的签发不是为了证明已经存在的权利，而是为了创设一种权利。这就是票据的设权性。

2. 票据是要式证券

票据法严格规定了票据的作成格式和记载事项。不按票据法的规定进行票据事项的记载，就会影响票据的效力甚至会导致票据的无效。此外，在票据上所发生的一切行为，如出票、承兑、保证、背书、付款、追索等，也必须严格按照票据法规定的程序和方式进行，否则无效。

3. 票据是文义证券

票据的一切权利、义务必须严格依票据上记载的文字而定,不得以票据以外的任何事由变更其内容和效力。

4. 票据是无因证券

票据的持票人行使票据权利时,不必证明其取得票据的原因,仅依票据上所载文义就可以请求给付一定金额的货币。

5. 票据是金钱证券

票据是以支付一定金额货币为目的的有价证券,凡以金钱以外的物品为给付标的的,都不是票据法所称的票据。

广义的票据法是指涉及票据关系调整的各种法律规范,既包括专门的票据法律、法规,也包括其他法律、法规中有关票据的规范。狭义的票据法是指《中华人民共和国票据法》(简称《票据法》),其于2004年8月28日修订并施行,共七章110条。最高人民法院还制定了《关于审理票据纠纷案件若干问题的规定》。

(二)票据权利

1. 票据权利的内容

票据权利是指持票人向票据债务人请求支付票据金额的权利,包括付款请求权和追索权。

付款请求权是持票人最基本的权利。付款请求必须符合以下条件:① 持票人持有处在有效期内的票据;② 持票人必须将原始票据向付款人提示付款,如果不能提供票据原件的,不能请求付款,付款人也不得付款;③ 持票人只能请求付款人支付票据上确定的金额,付款人必须一次性将债务履行完毕;④ 持票人得到付款后,必须将票据移交给付款人,原票据上的权利由付款人承受,付款人向其他债务人请求付款,从而使付款请求权呈持续状态。

追索权是指持票人行使付款请求权遭到拒绝承兑或者付款时,向其前手请求支付票据金额的权利。追索权的追索对象视票据种类的不同,可以分为出票人、背书人、保证人、承兑人和参加承兑人,这些人在票据中的身份是连带债务人,持票人可以不按票据债务人的先后顺序,对其中的任何一人、数人或全体行使追索权;被追索人清偿债务后,对其前手的票据债务人仍可行使再追索权。

2. 票据权利的取得

票据权利一般可以从以下三个途径取得:① 从出票人处取得;② 从背书人处取得;③ 依照法定方式取得,如因税收、继承、赠与、投资分红等原因。凡取得票据时是善意或无重大过失的,持票人就可合法地取得票据权利。但以欺诈、偷盗或胁迫等手段取得票据的,或者明知有前述情形,出于恶意取得票据的,持票人不得享有票据权利。持票人因重大过失取得不符合法律规定的票据的,也不得享有票据权利。

3. 票据权利的时效

为了有利于票据的有序流通,《票据法》对票据权利的行使时间作了规定。如果持票人在法定时间内不行使票据权利,其票据权利即告消灭。票据权利消灭的日期为:① 票据自到期日起已届 2 年;② 见票即付的汇票和本票自出票日起已届 2 年;③ 支票自出票日起已届 6 个月;④ 持票人对前手的追索权自被拒绝承兑或者被拒绝付款之日起已届 6 个月;⑤ 持票人对前手的再追索权自清偿日或者被提起诉讼之日起已届 3 个月。

持票人因超过票据权利时效或者因票据记载事项欠缺而丧失票据权利的,仍享有民事权利,可以请求出票人或者承兑人返还其与未支付的票据金额相当的利益。

4. 票据的丧失及其补救

票据丧失是指持票人并非出于本人的意愿而丧失对票据的占有。票据的丧失分为票据的绝对丧失和票据的相对丧失。绝对丧失是指票据本身已不存在,又称为票据的灭失。相对丧失是指持票人将票据丢失或者因为被盗窃而丧失了对票据的占有。对于票据的丧失,我国规定了三种补救的办法:

(1)挂失止付。

在进行公示催告或者提起普通诉讼以前,为防止付款人对持票人付款,票据权利人可以向付款人挂失止付。挂失止付是指丧失票据的人将票据丧失的事实通知票据的付款人,并且要求付款人停止支付票据款项的临时性补救办法。付款人收到挂失止付的通知以后,应当立即停止支付所挂失的票据的款项,否则,由于付款人的过错造成的损失,应当由付款人进行赔偿。

(2)公示催告。

根据《票据法》的规定,票据被盗、遗失或者灭失后,可以向票据支付地的基层人民法院申请公示催告。法院受理公示催告后,应当立即通知支付人停止支付,并在通知后 3 日内发出公告,催促利害关系人在 3 个月内申报权利,公告期间,票据权利被冻结,有关当事人对票据的任何处分无效。公示催告期届满,没有人申报权利或者提出相关的票据的,则依申请人的申请由法院作出宣告票据无效的除权判决。法院作出的除权判决是公示催告的最终结果,是对公示催告申请人票据权利恢复的确认。自该判决作出之日起,申请人就有权依该判决行使其付款请求权和追索权;而已作出除权判决的票据则丧失其效力,持有人不能再依此票据行使任何票据权利。

(3)普通诉讼。

普通诉讼是假定失票人丧失票据后但不丧失票据权利,因此可以直接向法院提起民事诉讼,请求法院判令票据债务人向其支付票据金额。失票人应该提供证据证明自己是票据权利的享有者,证明票据的记载内容和丧失票据的事实。

(三)票据的伪造和变造

1. 票据的伪造

票据伪造是指伪造人假冒出票人或者其他票据当事人的名义进行签章和票据其他记载事项的行为。票据的伪造行为是一种扰乱社会经济秩序、损害他人利益的行为,在法律上不具有任何票据行为的效力。对伪造者来说,由于伪造者并没有在票据上留下自己的真实姓名,所以不承担票据责任。但是,如果伪造者的行为给他人造成损害的,必须承担民事责任,构成犯罪的,还应承担刑事责任。对被伪造者来说,由于被伪造者并没有在票据上进行任何记载,所以也不承担票据责任。

票据行为具有独立性的特点,所以票据上有伪造、变造的签章的,不影响票据上其他真实签章的效力。票据具有文义性的特点,行为人只要在票据上签章,就应该对票据所记载的事项承担责任。对持票人来说,如果在其之前有真实的票据签章人,则可以向其行使票据的追索权,主张票据权利;如果在其之前没有真实的票据签章人,则不能够对票据上的被伪造者行使票据权利,也不能要求伪造者履行票据义务,但可以要求票据伪造者承担相应的民事责任。

2. 票据的变造

票据变造是指无权变更票据内容的人对票据上签章以外的记载事项加以变更的行为。例如,变更票据上的到期日、付款日、付款地、金额等。构成票据的变造必须符合以下条件:一是变造的票据是合法成立的有效票据;二是变造的内容是票据上所记载的除签章以外的事项;三是变造人无权变更票据的内容。

有些行为与票据的变造相似,但不属于票据的变造:① 有变更权限的人依法对票据进行的变更属于有效变更,不属于票据的变造。根据《票据法》的规定,票据金额、日期、收款人名称不得更改,更改的票据无效。对于票据上的其他记载事项,原记载人可以更改,更改时应当由原记载人签章证明。② 在空白票据上经授权进行补记,由于该空白票据欠缺有效成立的条件,此类补记只是使票据符合有效票据的条件,不属于票据的变造。③ 变更票据上的签章的,属于票据的伪造,而不属于票据的变造。

根据《票据法》第十四条的规定,票据上其他记载事项被变造的,在变造之前签章的人对原记载事项负责;在变造之后签章的人对变造之后的记载事项负责;不能辨别是在票据被变造之前或者之后签章的,视同在变造之前签章。在实践中,变造人可能签章,也可能不签章,但是无论是否签章,其都应就变造行为承担法律责任。尽管被伪造的票据仍有效,但是,票据的变造是违法行为,故变造人的变造行为给他人造成损害的,应对此承担赔偿责任,构成犯罪的,应承担刑事责任。

二、汇票

(一)汇票的概念

汇票是指由出票人签发的,委托付款人在见票时或者在指定日期无条件支付确定的金额给收款人或者持票人的票据。在汇票法律制度中,基本当事人是出票人、收款人和付款人。出票人是指签发汇票的人。收款人是指汇票上记载享有票据权利的人。付款人是指履行汇票支付责任的人。

(二)出票

出票是指出票人依照《票据法》规定的格式和记载事项作成汇票,并将其交付收款人的票据行为。出票行为是签发票据和交付票据两种行为的结合。

1. 汇票的记载事项

汇票的记载事项可分为绝对应记载事项、相对应记载事项和非法定记载事项。

所谓绝对应记载事项,是指《票据法》规定必须在票据上记载的事项,如果在出票时欠缺记载,则该票据无效。绝对应记载事项包括以下内容:① 表明"汇票"的字样。② 无条件支付的委托。一般使用"凭票付款"或者"请于到期日无条件支付"的字样来表示。③ 确定的金额。④ 付款人名称。⑤ 收款人名称。⑥ 出票日期。⑦ 出票人签章。通常情况下,在票据上签章的是一个人,但是在数人签章的情况下,应该由此数人对票据上的债务承担连带责任。

相对应记载事项也是汇票应记载的内容,但是,相对应记载事项未在汇票上记载,并不影响汇票本身的效力,汇票仍然有效。相应的内容依法确定。相对应记载事项包括以下内容:① 付款日期。如果没有记载付款日期,则持票人可以随时要求付款,付款人在见到票据时应当立即付款。② 付款地。如果没有记载汇票的付款地点,则付款人的营业场所、住所、经常居住地为付款地点。③ 出票地。如果没有记载出票地,则出票人的营业场所、住所、经常居住地为出票地点。

非法定记载事项是指汇票上记载的法律规定事项以外的其他事项,此类记载事项不具有汇票上的效力。但可能发生其他法律上的效力。例如,在汇票上记载了签发汇票的原因或者签发汇票的用途等,虽然不发生票据法上的效力,但是这些记载能证明当事人之间的关系、证明合同的存在等,发生民法上的效力。

2. 出票的效力

出票人按照《票据法》的规定完成出票行为后,即产生票据上的效力。这一效力表现为创设票据权利和引起票据债务的发生。这种权利和义务因汇票当事人的地位不同而不同。

(1)对出票人的效力。出票人必须保证该付款能得以实现。如果付款人不予付款,则出票人就应该承担票据责任。

(2)对付款人的效力。出票行为是单方行为,付款人并不因此而有付款义务。但付款人对汇票进行承兑后,就成为汇票上的主债务人。

(3)对收款人的效力。收款人取得出票人发出的汇票后,即取得了票据权利:一方面就票据金额享有付款请求权;另一方面在该请求权不能实现时,享有追索权。

(三)背书

背书是指在票据背面或者粘单上记载有关事项并且签章的票据行为,是持票人所为的法律行为。背书是票据转让的一种方式,通过背书可以将票据上记载的权利转让给他人行使,或者将一定的票据权利授予他人行使。票据法一般并不限制进行背书的次数,在背书栏或者票据背面写满时,可以在票据上粘贴粘单进行背书。

背书是一种要式行为,所以应符合法定形式。背书签章是确定背书的债务人地位及其担保责任的依据,所以背书人的签章是绝对应记载事项。背书日期是相对应当记载事项,如果背书人没有进行记载,则推定为在到期日之前背书。另外,票据的背书转让必须记载被背书人名称。

出票人在汇票上记载"不得转让"字样的,汇票不得转让。其他背书人在汇票上记载"不得转让"字样,其后手再背书转让的,原背书人对后手的被背书人不承担保证责任。背书记载"委托收款"字样的,被背书人有权代背书人行使被委托的汇票权利,被背书人不得再背书转让汇票权利。汇票可以设定质押,质押时应当以背书记载"质押"字样。被背书人依法实现其质权时,可以行使汇票权利。

背书不得附有条件,背书时附有条件的,所附条件不具有汇票上的效力。将汇票金额的一部分转让的背书或者将汇票金额分别转让给二人以上的背书无效。

汇票被拒绝承兑、被拒绝付款或者超过付款提示期限的,不得背书转让;背书转让的,背书人应当承担汇票责任。

背书连续具有重要意义,《票据法》第三十一条规定:"以背书转让的汇票,背书应当连续。持票人以背书的连续,证明其汇票权利;非经背书转让,而以其他合法方式取得汇票的,依法举证,证明其汇票权利。"背书连续是指在票据转让中,转让汇票的背书人与受让汇票的被背书人在汇票上的签章依次前后衔接,即前一次背书的被背书人是后一次背书的背书人。

(四)承兑

承兑是指汇票付款人接受出票人的委托,同意承担在汇票到期日支付汇票金额的一种票据行为。承兑是汇票特有的行为。汇票付款人一旦承兑,就成为该汇票的主债务人,即现实意义上的第一债务人。

根据《票据法》的规定,定日付款或者出票后定期付款的汇票,持票人应当在汇票到期日前向付款人提示承兑。提示承兑是指持票人向付款人出示汇票,并要求付款人承诺付款的行为。见票后定期付款的汇票,持票人应当自出票日起1个月内向付款人提示承兑,未按照规定期限提示承兑的,持票人丧失对其前手的追索权。见票即付的汇票无须提示承兑。

付款人对向其承兑的汇票应当自收到提示承兑的汇票之日起3日内承兑或者拒绝承兑。付款人承兑汇票的,应当在汇票正面记载"承兑"字样和承兑日期并签章;见票后定期付款的汇票应当在承兑时记载付款日期。承兑必须是无条件的。如果在承兑时附加了条件,则视为拒绝承兑。

(五)保证

保证是指汇票债务人以外的第三人以担保特定的汇票债务人承担汇票付款为目的,在汇票上签章及记载必要事项的票据行为。根据《票据法》的规定,保证人必须在汇票或者粘单上记载下列事项:① 表明"保证"的字样;② 保证人名称和住所;③ 被保证人的名称;④ 保证日期;⑤ 保证人签章。保证人在汇票或者粘单上未记载被保证人名称的,已承兑的汇票,承兑人为被保证人;未承兑的汇票,出票人为被保证人。此外,保证不能附加条件,附加条件的,不影响对汇票的保证责任。

被保证的汇票,保证人应当与被保证人对持票人承担连带责任。汇票到期后得不到付款的,持票人有权向保证人请求付款,保证人应当足额付款。保证人为二人以上的,保证人之间承担连带责任。保证人清偿汇票债务后,可以行使持票人对被保证人及其前手的追索权。

(六)付款

付款是指汇票的承兑人或者付款人向持票人支付汇票金额的票据行为。付款人足额付款后,全体汇票债务人的责任解除。

根据《票据法》的规定,持票人应当按照下列期限提示付款:① 见票即付的汇票,自出票日起 1 个月内向付款人提示付款;② 定日付款、出票后定期付款或者见票后定期付款的汇票,自到期日起 10 日内向承兑人提示付款。持票人未按照前述规定期限提示付款的,在作出说明后,承兑人或者付款人仍应当继续对持票人承担付款责任。

持票人在规定的提示期限内提示付款的,付款人必须在当日足额付款。持票人获得付款的,应当在汇票上签收,并将汇票交给付款人。付款人及其代理付款人付款时,应当审查汇票背书的连续,并审查提示付款人的合法身份证明或者有效证件。付款人及其代理付款人以恶意或者有重大过失付款的,应当自行承担责任。对于定日付款、出票后定期付款或者见票后定期付款的汇票,付款人在到期日前付款的,由付款人自行承担所产生的责任。

(七)追索权

汇票到期被拒绝付款的,持票人可以对背书人、出票人以及汇票的其他债务人行使追索权。追索权的行使是持票人在第一次请求付款遭到拒绝后行使的第二次请求权。根据《票据法》第六十一条的规定,汇票到期日前,有下列情形之一的,持票人也可以行使追索权:① 汇票被拒绝承兑的;② 承兑人或者付款人死亡、逃匿的;③ 承兑人或者付款人被依法宣告破产的或者因违法被责令终止业务活动的。

持票人行使追索权时,应当提供被拒绝承兑或者被拒绝付款的有关证明。持票人提示承兑或者提示付款被拒绝的,承兑人或者付款人必须出具拒绝证明,或者出具退票理由书,否则,应当承担由此产生的民事责任。持票人因承兑人或者付款人死亡、逃匿或者其他原因,不能取得拒绝证明的,可以依法取得其他有关证明。

持票人不能出示拒绝证明、退票理由书或者未按照规定期限提供其他合法证明的,丧失对其前手的追索权。但是,承兑人或者付款人仍应当对持票人承担责任。

持票人应当自收到被拒绝承兑或者被拒绝付款的有关证明之日起 3 日内,将被拒绝事由书面通知其前手;其前手应当自收到通知之日起 3 日内书面通知其再前手。持票人也可以同时向各汇票债务人发出书面通知。未按规定期限通知的,持票人仍可以行使追索权。因延期通知给其前手或者出票人造成损失的,由未按规定期限通知的汇票当事人承担赔偿责任,但是所赔偿的金额以汇票金额为限。

关于被追索人,根据《票据法》的规定,汇票的出票人、背书人、承兑人和保证人对持票人承担连带责任。持票人可以不按照汇票债务人的先后顺序,对其中任何一人、数人或者全体行使追索权。持票人对汇票债务人中的一人或者数人已经进行追索的,对其他汇票债务人仍可以行使追索权。被追索人清偿债务后,与持票人享有同一权利。持票人为出票人的,对其前手无追索权。持票人为背书人的,对其后手无追索权。

关于追索权的内容,根据《票据法》的规定,持票人行使追索权,可以请求被追索人支付下列金额和费用:① 被拒绝付款的汇票金额;② 汇票金额自到期日或者提示付款日起至清偿日止,按照中国人民银行规定的利率计算的利息;③ 取得有关拒绝证明和发出通知书的费用。被追索人清偿债务时,持票人应当交出汇票和有关拒绝证明,并出具所收到利息和费用的收据。被追索人依法清偿后,可以向其他汇票债务人行使再追索权。

三、本票

(一)本票的概念与特征

本票是指由出票人签发的,承诺自己在见票时无条件支付确定的金额给收款人或者持票人的票据。《票据法》所称的本票是指银行本票。银行本票是指由银行签发的,承诺自己在见票时无条件支付确定的金额给收款人或者持票人的票据。本票基本当事人只有出票人和收款人两个,出票人和付款人是同一个人,这是本票区别于其他票据的显著特征。

本票作为票据的一种,具有与其他票据相同的一般性质和特征,因此根据《票据法》第八十条的规定,本票的背书、保证、付款行为和追索权的行使,除《票据法》第三章规定外,适用《票据法》第二章有关汇票的规定。本票的出票行为,除《票据法》第三章规定外,适用《票据法》第二十四条关于汇票的规定。

(二)出票

1.出票人的资格与义务

在我国本票只规定了银行本票,最主要的原因是为了保证票据的信用。在本票出票时,出票银行应当具有支付本票金额的可靠的资金来源,只有这样才能保证本票的付款。同时,本票的出票人应当保证支付。

2.本票的绝对应记载事项

本票必须记载以下事项,缺少任何一项,本票无效:① 表明“本票”的字样;② 无条件支付的承诺;③ 确定的金额;④ 收款人名称;⑤ 出票日期;⑥ 出票人签章。银行本票的出票人签章应为该银行的公章或者财务专用章并加盖法定代表人或者其授权经办人的名章。

3.本票的相对应记载事项

本票的相对应记载事项包括付款地和出票地两项内容。《票据法》第七十六条规定:“本票上记载付款地、出票地等事项的,应当清楚、明确。本票上未记载付款地的,出票人的营业场所为付款地。本票上未记载出票地的,出票人的营业场所为出票地。”

4.本票的任意记载事项

本票上可以记载必须记载事项以外的事项,目的在于提高本票的信用并保证其流通的顺利进行。可任意记载事项包括:本票到期后的利率、利息的计算;本票是否允许转让、是否缩短付款的提示期限;在发生拒绝付款时,对其他债务人通知事项的约定等。可任意记载事项并不具有本票的法律效力。

(三)付款

1. 提示付款

本票中的出票人同时扮演着付款人的角色,在持票人提示本票时,出票人必须承担见票付款的责任。所谓见票,是指本票的持票人按照规定的期限,向本票的出票人提示本票,由出票人在本票上记载"见票"字样、见票日期并且签名的票据行为。由于本票中没有承兑制度,因此见票就是本票支付票据金额中的一个重要程序。只有在本票规定的期限内,出票人记载了见票的事宜以后,本票金额才有可能获得支付。

2. 付款期限

根据《票据法》的规定,本票自出票日起,付款期限最长不超过2个月。本票持票人如果没有在规定的期限内将本票进行提示,则丧失对出票人以外的前手的追索权。

四、支票

(一)支票的概念和特征

支票是指由出票人签发的,委托办理支票存款业务的银行或者其他金融机构在见票时无条件支付确定的金额给收款人或者持票人的票据。根据《票据法》的规定,支票分为普通支票、现金支票和转账支票三种。普通支票可以支取现金,也可以转账,用于转账时,应当在支票正面注明。现金支票只能用于支取现金。转账支票只能用于转账,不得支取现金。

与本票一样,《票据法》仅对个性问题作了规定,而关于其一般性的问题,则适用汇票中的相关规定。根据《票据法》第九十三条的规定,支票的背书、付款行为和追索权的行使,除《票据法》第四章规定外,适用《票据法》第二章有关汇票的规定。支票的出票行为,除《票据法》第四章规定外,适用《票据法》第二十四条、第二十六条关于汇票的规定。

(二)出票

1. 出票人的资格

根据《票据法》的规定,支票的出票人只有符合下列条件才能签发支票:

(1)开立账户。申请开立支票存款账户的申请人必须先在银行开立活期存款账户,开户时必须使用其本名,并向银行提交证明其身份的合法证件。

(2)存入款项。开立支票存款账户和领用支票应当有可靠的资信,即申请支票存款账户时应该在开户银行存入一定的资金。禁止签发空头支票。空头支票是指出票人签发的支票金额超过其付款时在付款人处实有的存款金额的支票。签发空头支票应当承担相应的法律责任。

(3)预留签名和印鉴。为了便于付款银行在付款时进行审查,开立支票存款账户的申请人应当在银行预留其本名的签名式样和印鉴式样。因出票人签发空头支票或者签发与其签名样式或者预留印鉴不符的支票,给他人造成损失的,支票的出票人应当依法承担民事责任。

2. 支票的记载事项

(1)支票的绝对应记载事项包括:① 表明"支票"的字样;② 无条件支付的委托;③ 确定的金额;④ 付款人名称;⑤ 出票日期;⑥ 出票人签章。支票上未记载上述事项之一的,支票无效。支票限于见票即付,不得另行记载付款日期。另行记载付款日期的,该记载无效。

(2)支票的相对应记载事项包括付款地和出票地两项内容。未记载付款地的,以付款人的营业场所为付款地;未记载出票地的,以出票人的营业场所、住所或者经常居住地为出票地。

3. 出票的效力

(1)出票人必须按照签发的支票金额承担向持票人付款的保证责任,包括保证自己在付款银行有足够的存款、未签发空头支票等。

(2)出票人在付款银行的存款足以支付支票金额时,付款人应当在持票人提示付款的当日足额付款,使持票人能够及时得到票款。

(三)付款

支票的持票人应当在出票日起 10 日内提示付款;异地使用的支票,其提示付款的期限由中国人民银行另行规定。超过提示付款期限的,付款人可以拒绝付款。因超过提示付款期限付款人不予付款的,持票人仍享有票据权利,出票人仍应对持票人承担票据责任。

付款人依法支付支票金额的,对出票人不再承担委托付款的责任,对持票人不再承担付款责任。但是,付款人以恶意或者重大过失付款的除外。

五、涉外票据的法律适用

所谓涉外票据,是指在出票、背书、承兑、保证、付款等行为中,既有发生在中国境内的,又有发生在中国境外的票据。

由于票据是在商业流通中使用的,同时现在各国之间的商业交往又比较频繁,各国对于票据的法律适用的规定有所不同,所以在涉及两个国家之间的票据使用上,应该有相应的规范进行调整,确保票据法律制度的适用。根据《票据法》的规定,中国缔结或者参加的国际条约与《票据法》有不同规定的,适用国际条约的规定。但是,中国声明保留的条款除外。

《票据法》关于涉外票据的法律适用主要作了以下规定:

(1)关于民事行为能力的法律适用。票据债务人的民事行为能力适用其本国法律。但是,若依照其本国法律为无民事行为能力或者为限制民事行为能力而依照行为地法律为完全民事行为能力的,适用行为地法律。

(2)关于出票时记载事项的法律适用。汇票、本票出票时的记载事项适用出票地法律。

支票出票时的记载事项适用出票地法律,经当事人协议,也可以适用付款地法律。

（3）关于背书、承兑、保证、付款行为的法律适用。票据的背书、承兑、付款和保证行为适用行为地法律。

（4）其他情况的法律适用。票据追索权的行使期限适用出票地法律。票据的提示期限、有关拒绝证明的方式、出具拒绝证明的期限适用付款地法律。票据丧失时,失票人请求保全票据权利的程序适用付款地法律。

第四节　证券法

一、证券的概念与特征

《证券法》中的"证券"是证明投资者对收益有请求权利的有价证券。该有价证券具有下述特点:

1. 证券的收益性

证券的投资者进行证券投资,其目的是要得到一定的收益,当然证券的收益性并不等于投资者一投资就能够得到预期的收益。

2. 证券的风险性

任何一个资本证券均有可能因证券经营者的经营不善或者证券市场的动荡而难以达到实现预期收益的目的。

3. 证券的变现性

证券持有人可以依法将自己持有的证券通过转让的形式收回本金。

4. 证券的参与性

证券的参与性是对反映股权关系的股票来讲的,是指该证券持有人可以根据持有的证券参与发行人的生产经营活动。

5. 证券的价悖性

证券的价悖性是指证券的票面价格和证券市场上的价格并不完全一致。

《证券法》于 1998 年 12 月 29 日第九届全国人民代表大会常务委员会第六次会议通过;根据 2004 年 8 月 28 日第十届全国人民代表大会常务委员会第十一次会议《关于修改〈中华人民共和国证券法〉的决定》进行了第一次修正;2005 年 10 月 27 日第十届全国人民代表大会常务委员会第十八次会议修订;根据 2013 年 6 月 29 日第十二届全国人民代表大会常务委员会第三次会议《关于修改〈中华人民共和国文物保护法〉等十二部法律的决定》进行了第二次修正;根据 2014 年 8 月 31 日第十二届全国人民代表大会常务委员会第十次会议《关于修改〈中华人民共和国保险法〉等五部法律的决定》进行了第三次修正。新修正的《证券法》全文共十二章 240 条。

二、证券发行

（一）证券发行的含义

证券发行是指符合条件的公司或者政府组织以筹集资金为直接目的,向社会公众或者特定投资者以同一条件销售股票、债券或者国务院认定的其他证券的行为。发行是发行人将代表一定权利的证券交付投资者的法律行为。发行有公开发行与非公开发行之分,前者以不特定多数人为对象,后者则以特定投资者为对象。

根据《证券法》第十条的规定,公开发行证券必须符合法律、行政法规规定的条件,并依法报经国务院证券监督管理机构或者国务院授权的部门核准;未经依法核准,任何单位和个人不得公开发行证券。有下列情形之一的,为公开发行:① 向不特定对象发行证券;② 向累计超过 200 人的特定对象发行证券;③ 法律、行政法规规定的其他发行行为。非公开发行证券不得采用广告、公开劝诱和变相公开方式。

（二）股票发行

1. 设立发行

设立发行可以分为发起设立的发行和募集设立的发行。发起设立的发行因不涉及社会公众,所以发行标准低于募集设立的标准。

根据《证券法》第十二条的规定,设立股份有限公司公开发行股票,应当符合《公司法》规定的条件和经国务院批准的国务院证券监督管理机构规定的其他条件,向国务院证券监督管理机构报送募股申请和下列文件:① 公司章程;② 发起人协议;③ 发起人姓名或者名称,发起人认购的股份数、出资种类及验资证明;④ 招股说明书;⑤ 代收股款银行的名称及地址;⑥ 承销机构名称及有关的协议。依照《证券法》规定聘请保荐人的,还应当报送保荐人出具的发行保荐书。法律、行政法规规定设立公司必须报经批准的,还应当提交相应的批准文件。

2. 新股发行

根据《证券法》第十三条的规定,公司公开发行新股,应当符合下列条件:① 具备健全且运行良好的组织机构;② 具有持续盈利能力,财务状况良好;③ 最近 3 年财务会计文件无虚假记载,无其他重大违法行为;④ 经国务院批准的国务院证券监督管理机构规定的其他条件。上市公司非公开发行新股,应当符合经国务院批准的国务院证券监督管理机构规定的条件,并报国务院证券监督管理机构核准。

公司公开发行新股,应当向国务院证券监督管理机构报送募股申请和下列文件:① 公司营业执照;② 公司章程;③ 股东大会决议;④ 招股说明书;⑤ 财务会计报告;⑥ 代收股款银行的名称及地址;⑦ 承销机构名称及有关的协议。依法应当聘请保荐人的,还应当报送保荐人出具的发行保荐书。

公司对公开发行股票所募集资金必须按照招股说明书所列资金用途使用。改变招股说明书所列资金用途,必须经股东大会作出决议。擅自改变用途而未作纠正的,或者未经股东大会认可的,不得公开发行新股。

(三) 公司债券发行

1. 公司债券的概念和种类

公司债券是指公司依照法定程序发行、约定在一定期限还本付息的有价证券。依照不同的标准,对公司债券可作不同的分类。

(1) 记名公司债券和无记名公司债券。记名公司债券由债券持有人以背书方式或者法律、行政法规规定的其他方式转让;转让后由公司将受让人的姓名或者名称及住所记载于公司债券存根簿。无记名公司债券的转让由债券持有人将该债券交付给受让人后即发生转让的效力。

(2) 可转换公司债券和不可转换公司债券。可转换公司债券是指可以转换成公司股票的公司债券。不可转换公司债券是指不能转换为公司股票的公司债券。

2. 公司债券的发行条件

根据《证券法》的规定,公开发行公司债券应当符合下列条件:① 股份有限公司的净资产不低于人民币 3 000 万元,有限责任公司的净资产不低于人民币 6 000 万元;② 累计债券余额不超过公司净资产的 40%;③ 最近 3 年平均可分配利润足以支付公司债券 1 年的利息;④ 筹集的资金投向符合国家产业政策;⑤ 债券的利率不超过国务院限定的利率水平;⑥ 国务院规定的其他条件。公开发行公司债券筹集的资金必须用于核准的用途,不得用于弥补亏损和非生产性支出。上市公司发行可转换为股票的公司债券除应当符合上述条件外,还应当符合公开发行股票的条件,并报国务院证券监督管理机构核准。

申请公开发行公司债券应当向国务院授权的部门或者国务院证券监督管理机构报送下列文件:① 公司营业执照;② 公司章程;③ 公司债券募集办法;④ 资产评估报告和验资报告;⑤ 国务院授权的部门或者国务院证券监督管理机构规定的其他文件。依法应当聘请保荐人的,还应当报送保荐人出具的发行保荐书。

根据《证券法》第十八条的规定,有下列情形之一的,不得再次公开发行公司债券:① 前一次公开发行的公司债券尚未募足;② 对已公开发行的公司债券或者其他债务有违约或者延迟支付本息的事实,仍处于继续状态;③ 违反《证券法》规定,改变公开发行公司债券所募资金的用途。

(四) 证券承销

根据《证券法》的规定,发行人向不特定对象发行的证券,法律、行政法规规定应当由证券公司承销的,发行人应当同证券公司签订承销协议。证券承销业务采取代销或者包销方式。公开发行证券的发行人有权依法自主选择承销的证券公司。证券公司承销证券,应当同发行人签订代销或者包销协议。

证券公司承销证券,应当对公开发行募集文件的真实性、准确性、完整性进行核查;发现有虚假记载、误导性陈述或者重大遗漏的,不得进行销售活动;已经销售的,必须立即停止销售活动,并采取纠正措施。向不特定对象发行的证券票面总值超过人民币 5 000 万元的,应当由承销团承销。承销团应当由主承销和参与承销的证券公司组成。

证券的代销、包销期限最长不得超过 90 日。股票发行采用代销方式,代销期限届满,向投资者出售的股票数量未达到拟公开发行股票数量 70% 的,为发行失败。发行人应当按照发行价并加算银行同期存款利息返还股票认购人。

三、证券交易

(一)证券交易及证券交易市场

证券交易是指已发行证券的流通转让活动。证券交易市场也称二级市场,是指对已经发行的证券进行买卖、转让和流通的市场。在二级市场上销售证券的收入属于出售证券的投资者,而不属于发行该证券的公司。证券交易市场分为场内交易市场和场外交易市场两种形式。

场内交易市场是指由证券交易所组织的集中交易市场,有固定的交易场所和交易活动时间。证券交易所接受和办理符合有关法律规定的证券上市买卖,投资者则通过证券商在证券交易所进行证券买卖。我国目前有上海证券交易所和深圳证券交易所两个证券交易所。场外交易市场是指在交易所外由证券买卖双方当面议价成交的市场。它没有固定的交易场所,交易的证券以不在交易所上市的证券为主。

(二)证券交易的一般规定

当事人必须依法进行证券买卖。参与证券买卖的当事人应当具有合法的资格,自然人或者法人应当是法律允许进行证券买卖的当事人。同时,当事人从事证券交易的场所必须是合法的交易场所。依法公开发行的股票、公司债券及其他证券,应当在依法设立的证券交易所上市交易或者在国务院批准的其他证券交易场所转让。证券在证券交易所上市交易,应当采用公开的集中交易方式或者国务院证券监督管理机构批准的其他方式。

(三)证券上市

1. 证券上市的条件

申请证券上市交易,首先向国务院证券监督管理部门申请核准,然后向证券交易所提出申请,并由双方签订上市协议。证券交易所根据国务院授权的部门的决定安排政府债券上市交易。

股份有限公司申请股票上市,应当符合下列条件:① 股票经国务院证券监督管理机构核准已公开发行;② 公司股本总额不少于人民币 3 000 万元;③ 公开发行的股份达到公司股份总数的 25% 以上,公司股本总额超过人民币 4 亿元的,公开发行股份的比例为 10% 以上;④ 公司最近 3 年无重大违法行为,财务会计报告无虚假记载。证券交易所可以规定高于上述规定的上市条件,并报国务院证券监督管理机构批准。

公司申请公司债券上市交易,应当符合下列条件:① 公司债券的期限为 1 年以上;② 公司债券实际发行额不少于人民币 5 000 万元;③ 公司申请债券上市时仍符合法定的公司债券发行条件。

2. 证券上市的暂停与终止

《证券法》分别对股票和公司债券的上市交易暂停与终止作出了规定。

上市公司有下列情形之一的,由证券交易所决定暂停其股票上市交易:① 公司股本总额、股权分布等发生变化不再具备上市条件;② 公司不按照规定公开其财务状况,或者对财务会计报告作虚假记载,可能误导投资者;③ 公司有重大违法行为;④ 公司最近3年连续亏损;⑤ 证券交易所上市规则规定的其他情形。

上市公司有下列情形之一的,由证券交易所决定终止其股票上市交易:① 公司股本总额、股权分布等发生变化不再具备上市条件,在证券交易所规定的期限内仍不能达到上市条件;② 公司不按照规定公开其财务状况,或者对财务会计报告作虚假记载,且拒绝纠正;③ 公司最近3年连续亏损,在其后一个年度内未能恢复盈利;④ 公司解散或者被宣告破产;⑤ 证券交易所上市规则规定的其他情形。

公司债券上市交易后,公司有下列情形之一的,由证券交易所决定暂停其公司债券上市交易:① 公司有重大违法行为;② 公司情况发生重大变化不符合公司债券上市条件;③ 发行公司债券所募集的资金不按照核准的用途使用;④ 未按照公司债券募集办法履行义务;⑤ 公司最近2年连续亏损。公司有前述第①项、第④项所列情形之一,经查实后果严重的,或者有前述第②项、第③项、第⑤项所列情形之一,在限期内未能消除的,由证券交易所决定终止其公司债券上市交易。公司解散或者被宣告破产的,由证券交易所终止其公司债券上市交易。

(四)持续信息公开

1. 信息公开

上市公司信息公开是指上市公司在其股票上市交易期间,将其经营状况及其他影响其股票市场价格的重大信息按照法定方式予以持续公开。根据《证券法》的规定,发行人、上市公司依法披露的信息必须真实、准确、完整,不得有虚假记载、误导性陈述或者重大遗漏。经国务院证券监督管理机构核准依法公开发行股票,或者经国务院授权的部门核准依法公开发行公司债券,应当公告招股说明书、公司债券募集办法。依法公开发行新股或者公司债券的,还应当公告财务会计报告。上市公司和公司债券上市交易的公司应当在每一会计年度的上半年结束之日起2个月内,向国务院证券监督管理机构和证券交易所报送中期报告并予公告;在每一会计年度结束之日起4个月内,向国务院证券监督管理机构和证券交易所报送年度报告并予公告。

2. 重大事件报告

发生可能对上市公司股票交易价格产生较大影响的重大事件,投资者尚未得知时,上市公司应当立即将有关该重大事件的情况向国务院证券监督管理机构和证券交易所报送临时报告,并予公告,说明事件的起因、目前的状态和可能产生的法律后果,以保证所有投资者能平等地了解上市公司的有关信息。

根据《证券法》第六十七条第二款的规定,下列情况为重大事件:① 公司的经营方针和经营范围发生重大变化;② 公司有重大投资行为和重大的购置财产的决定;③ 公司订立重要合同,可能对公司的资产、负债、权益和经营成果产生重要影响;④ 公司发生重大债务和未能清偿到期重大债务的违约情况;⑤ 公司发生重大亏损或者重大损失;⑥ 公司生产经营的外部条件发生重大变化;⑦ 公司的董事、1/3 以上监事或者经理发生变动;⑧ 持有公司 5% 以上股份的股东或者实际控制人,其持有股份或者控制公司的情况发生较大变化;⑨ 公司有减资、合并、分立、解散及申请破产的决定;⑩ 涉及公司的重大诉讼,股东大会、董事会决议被依法撤销或者宣告无效;⑪ 公司涉嫌犯罪被司法机关立案调查,公司董事、监事、高级管理人员涉嫌犯罪被司法机关采取强制措施;⑫ 国务院证券监督管理机构规定的其他事项。

(五)被禁止的交易行为

1. 内幕交易

证券交易内幕信息的知情人员利用内幕信息进行的证券交易是内幕交易。涉及公司的经营、财务或者对该公司证券的市场价格有重大影响的尚未公开的信息为内幕信息。禁止证券交易内幕信息的知情人和非法获取内幕信息的人利用内幕信息从事证券交易活动。内幕交易行为给投资者造成损失的,行为人应当依法承担赔偿责任。

证券交易内幕信息的知情人包括:① 发行人的董事、监事、高级管理人员;② 持有公司 5% 以上股份的股东及其董事、监事、高级管理人员,公司的实际控制人及其董事、监事、高级管理人员;③ 发行人控股的公司及其董事、监事、高级管理人员;④ 由于所任公司职务可以获取公司有关内幕信息的人员;⑤ 证券监督管理机构工作人员以及由于法定职责对证券的发行、交易进行管理的其他人员;⑥ 保荐人、承销的证券公司、证券交易所、证券登记结算机构、证券服务机构的有关人员;⑦ 国务院证券监督管理机构规定的其他人员。

下列信息皆属内幕信息:①《证券法》第六十七条第二款所列重大事件;② 公司分配股利或者增资的计划;③ 公司股权结构的重大变化;④ 公司债务担保的重大变更;⑤ 公司营业用主要资产的抵押、出售或者报废一次超过该资产的 30%;⑥ 公司的董事、监事、高级管理人员的行为可能依法承担重大损害赔偿责任;⑦ 上市公司收购的有关方案;⑧ 国务院证券监督管理机构认定的对证券交易价格有显著影响的其他重要信息。

2. 操纵市场

操纵证券交易市场的行为实质上是制造虚假的证券交易量和证券交易价格,是对不特定的投资者的欺诈行为。禁止任何人以下列手段操纵证券市场:① 单独或者通过合谋,集中资金优势、持股优势或者利用信息优势联合或者连续买卖,操纵证券交易价格或者证券交易量;② 与他人串通,以事先约定的时间、价格和方式相互进行证券交易,影响证券交易价格或者证券交易量;③ 在自己实际控制的账户之间进行证券交易,影响证券交易价格或者证券交易量;④ 以其他手段操纵证券市场。操纵证券市场行为给投资者造成损失的,行为人应当依法承担赔偿责任。

3. 虚假陈述

散布虚假信息,进行信息误导,则会使投资者作出错误的判断,利益受到损失。禁止国家工作人员、传播媒介从业人员和有关人员编造、传播虚假信息,扰乱证券市场。禁止证券交易所、证券公司、证券登记结算机构、证券服务机构及其从业人员,证券业协会、证券监督管理机构及其工作人员在证券交易活动中作出虚假陈述或者信息误导。各种传播媒介传播证券市场信息必须真实、客观,禁止误导。欺诈客户行为给客户造成损失的,行为人应当依法承担赔偿责任。

4. 欺诈客户

根据《证券法》第七十九条的规定,禁止证券公司及其从业人员从事下列损害客户利益的欺诈行为:① 违背客户的委托为其买卖证券;② 不在规定时间内向客户提供交易的书面确认文件;③ 挪用客户所委托买卖的证券或者客户账户上的资金;④ 未经客户的委托,擅自为客户买卖证券,或者假借客户的名义买卖证券;⑤ 为牟取佣金收入,诱使客户进行不必要的证券买卖;⑥ 利用传播媒介或者通过其他方式提供、传播虚假或者误导投资者的信息;⑦ 其他违背客户真实意思表示、损害客户利益的行为。欺诈客户行为给客户造成损失的,行为人应当依法承担赔偿责任。

四、上市公司收购

上市公司收购是指投资者公开收购股份有限公司已经依法发行上市的股份以达到对该公司控股或者兼并目的的行为。投资者收购的是上市公司股东的股权,而不是上市公司的资产。投资者可以采取要约收购、协议收购及其他合法方式收购上市公司。

(一)要约收购

要约收购是指通过证券交易所的证券交易,有收购意图的投资者以市值价格购入目标公司的股票,在达到法定比例时,向目标公司所有股东作出购买其股份的书面意见,并依法公告包括收购条件、收购价格、收购期限等内容的收购要约,最终实现对目标公司的收购。

通过证券交易所的证券交易,投资者持有或者通过协议、其他安排与他人共同持有一个上市公司已发行的股份达到5%时,应当在该事实发生之日起3日内,向国务院证券监督管理机构、证券交易所作出书面报告,通知该上市公司,并予公告;在上述期限内,不得再行买卖该上市公司的股票。投资者持有或者通过协议、其他安排与他人共同持有一个上市公司已发行的股份达到5%后,其所持该上市公司已发行的股份比例每增加或者减少5%,应当依照前述规定进行报告和公告。在报告期限内和作出报告、公告后2日内,不得再行买卖该上市公司的股票。

通过证券交易所的证券交易,投资者持有或者通过协议、其他安排与他人共同持有一个上市公司已发行的股份达到30%时,继续进行收购的,应当依法向该上市公司所有股东发出收购上市公司全部或者部分股份的要约。收购上市公司部分股份的收购要约应当约定,被收购公司股东承诺出售的股份数额超过预定收购的股份数额的,收购人按比例进行收购。

根据《证券法》第八十九条～第九十三条的规定,收购人发出收购要约前,收购人必须公告上市公司收购报告书,并载明下列事项:① 收购人的名称、住所;② 收购人关于收购的决定;③ 被收购的上市公司名称;④ 收购目的;⑤ 收购股份的详细名称和预定收购的股份数额;⑥ 收购期限、收购价格;⑦ 收购所需资金额及资金保证;⑧ 公告上市公司收购报告书时持有被收购公司股份数占该公司已发行的股份总数的比例。收购要约约定的收购期限不得少于 30 日,并不得超过 60 日。在收购要约确定的承诺期限内,收购人不得撤销其收购要约。收购要约提出的各项收购条件适用于被收购公司的所有股东。收购人在收购期限内不得卖出被收购公司的股票,也不得采取要约规定以外的形式和超出要约的条件买入被收购公司的股票。

(二) 协议收购

协议收购是指收购人通过与目标公司的管理层或者目标公司的股东进行磋商,达成协议,并按照协议所规定的收购条件、收购价格、收购期限及其他规定事项,收购目标公司股份的收购方式。

采取协议收购方式的,收购人可以依照法律、行政法规的规定同被收购公司的股东以协议方式进行股份转让。以协议方式收购上市公司时,达成协议后,收购人必须在 3 日内将该收购协议向国务院证券监督管理机构及证券交易所作出书面报告,并予公告。在公告前不得履行收购协议。采取协议收购方式的,协议双方可以临时委托证券登记结算机构保管协议转让的股票,并将资金存放于指定的银行。

采取协议收购方式的,收购人收购或者通过协议、其他安排与他人共同收购一个上市公司已发行的股份达到 30% 时,继续进行收购的,应当向该上市公司所有股东发出收购上市公司全部或者部分股份的要约。但是,经国务院证券监督管理机构免除发出要约的除外。

第五节　保险法

一、保险的概念

《保险法》所称保险,是指投保人根据合同约定,向保险人支付保险费,保险人对于合同约定的可能发生的事故因其发生所造成的财产损失承担赔偿保险金责任,或者当被保险人死亡、伤残、疾病或者达到合同约定的年龄、期限等条件时承担给付保险金责任的商业保险行为。保险是以合同行为建立的民事法律关系,它与依法承保但不签订合同的社会保险有着根本区别。

保险法是以保险关系为调整对象的一切法律规范的总称。它主要调整自然人、法人及其他经济组织与保险公司之间因保险行为而发生的关系以及国家对保险业的管理活动而发生的关系。《保险法》于 1995 年 6 月 30 日第八届全国人民代表大会常务委员会第十四次会议通过;根据 2002 年 10 月 28 日第九届全国人民代表大会常务委员会第三十次会议进行了第一次修正;根据 2009 年 2 月 28 日第十一届全国人民代表大会常务委员会第七次会议进行了第二次修正;根据 2014 年 8 月 31 日第十二届全国人民代表大会常务委员会第十次会议《全国人民代表大会常务委员会关于修改〈中华人民共和国保险法〉等五部法律的决定》进行了第三次修正；根据2015年4月24日第十二届全国人民代表大会常务委员会第十四次会议《全国人民代表大会常务委员会关于修改〈中华人民共和国计量法〉等五部法律的决定》进行了第四次修正。现行《保险法》共八章185条。

二、保险的分类

1. 按保险的标的分类

（1）财产保险。财产保险是指以财产及其有关利益为保险标的的保险。当保险财产遭受保险责任范围内的损失时，由保险人提供经济补偿。

（2）人身保险。人身保险是指以人的寿命和身体为保险标的的保险。当被保险人遭遇保险事故时，由保险人依约给付一定的保险金。

（3）责任保险。责任保险是指以被保险人的民事损害赔偿责任为保险标的的保险。凡根据法律或者合同规定，被保险人应当对他人的损害负经济赔偿责任的，将由保险人负责赔偿。

2. 按业务承保方式分类

（1）原保险。原保险是指保险人与投保人直接签订保险合同而建立保险关系的保险。

（2）再保险。再保险是指保险人将其承担的保险业务的一部分或者全部转移给其他保险人的保险。

（3）重复保险。重复保险是指投保人对同一保险标的、同一保险利益、同一保险事故分别与两个以上保险人订立保险合同，且保险金额总和超过保险价值的保险。

三、保险法的基本原则

1. 最大诚实信用原则

由于保险双方掌握信息的不对称性，保险法对保险当事人的诚信要求比一般民事活动更为严格，要求当事人具有"最大诚信"，充分履行告知义务及保证义务。投保人应当主动陈述有关保险标的的风险情况等重要事实；保险人也应当据实通告与投保人利害相关的重要事实，说明保险合同的条款内容并如实回答有关询问。

2. 保险利益原则

保险利益是指投保人或者被保险人对保险标的具有的法律上承认的利益。人身保险的投保人在保险合同订立时，对被保险人应当具有保险利益。财产保险的被保险人在保险事故发生时，对保险标的应当具有保险利益。

3. 近因原则

在保险事故发生中起主导作用或者支配作用的因素便是保险中的近因，只有近因属于承保风险时，保险人才承担赔付责任。

4. 损失补偿原则

损失补偿原则适用于财产保险。当保险事故发生后，保险人给被保险人的经济赔偿以被保险人因此遭受的经济损失为限,被保险人不能靠保险盈利。

四、保险合同

(一)保险合同的一般规定

1. 保险合同中的有关概念

保险合同是投保人与保险人约定保险权利、义务关系的协议。

投保人是指与保险人订立保险合同,并按照合同约定负有支付保险费义务的人。

保险人是指与投保人订立保险合同,并按照合同约定承担赔偿或者给付保险金责任的保险公司。

被保险人是指其财产或者人身受保险合同保障,享有保险金请求权的人。投保人可以为被保险人。

受益人是指人身保险合同中由被保险人或者投保人指定的享有保险金请求权的人。投保人、被保险人可以为受益人。

保险标的是指作为保险对象的财产及其有关利益或者人的寿命和身体。

保险事故是指保险合同约定的保险责任范围内的事故。

保险金额是指保险人承担赔偿或者给付保险金责任的最高限额。

2. 保险合同的内容

保险合同应当包括下列事项:① 保险人的名称和住所;② 投保人、被保险人的姓名或者名称、住所,以及人身保险的受益人的姓名或者名称、住所;③ 保险标的;④ 保险责任和责任免除;⑤ 保险期间和保险责任开始时间;⑥ 保险金额;⑦ 保险费以及支付办法;⑧ 保险金赔偿或者给付办法;⑨ 违约责任和争议处理;⑩ 订立合同的年、月、日。

3. 保险合同的成立

投保人提出保险要求,经保险人同意承保,保险合同成立。保险人应当及时向投保人签发保险单或者其他保险凭证。依法成立的保险合同自成立时生效。保险合同成立后,投保人按照约定交付保险费,保险人按照约定的时间开始承担保险责任。除《保险法》另有规定或者保险合同另有约定外,保险合同成立后,投保人可以解除合同,保险人不得解除合同。

4. 订立保险合同时违反如实告知义务的法律后果

订立保险合同,保险人就保险标的或者被保险人的有关情况提出询问的,投保人应当如实告知。

投保人故意或者因重大过失未履行前述规定的如实告知义务,足以影响保险人决定是否同意承保或者提高保险费率的,保险人有权解除合同。该解除权自保险人知道有解除事由之日起,超过 30 日不行使而消灭。自合同成立之日起超过 2 年的,保险人不得解除合同;发生保险事故的,保险人应当承担赔偿或者给付保险金的责任。

投保人故意不履行如实告知义务的,保险人对于合同解除前发生的保险事故不承担赔偿或者给付保险金的责任,并不退还保险费。投保人因重大过失未履行如实告知义务,对保险事故的发生有严重影响的,保险人对于合同解除前发生的保险事故不承担赔偿或者给付保险金的责任,但应当退还保险费。

保险人在合同订立时已经知道投保人未如实告知的情况的,保险人不得解除合同;发生保险事故的,保险人应当承担赔偿或者给付保险金的责任。

(二)人身保险合同

1. 人身保险合同的种类

根据《保险法》第九十五条的规定,人身保险业务包括人寿保险、健康保险、意外伤害保险等保险业务。

(1)人寿保险合同。人寿保险合同即以被保险人死亡或者生存为保险事故的保险合同。人寿保险合同还可以细分为死亡保险合同、生存保险合同、混合保险合同。死亡保险合同是以人的死亡为保险事故的保险合同。与死亡保险合同相反,生存保险合同是以被保险人在规定期限内生存作为给付保险金条件的合同。混合保险合同又称生死两全保险合同,是指被保险人不论在保险期内死亡或者生存,到保险期届满均可领取约定保险金的保险合同。

(2)健康保险合同。健康保险合同又称疾病保险合同,即被保险人在保险期内因疾病、分娩及其所致残废或死亡时,保险人按约定给付保险金的合同。

(3)意外伤害保险合同。意外伤害保险合同即被保险人在保险期内,因遭受意外伤害或者因此残废或死亡时,保险人给付保险金的合同。

2. 人身保险合同的一般规定

(1)投保人。

投保人对下列人员具有保险利益:① 本人;② 配偶、子女、父母;③ 前项以外与投保人有抚养、赡养或者扶养关系的家庭其他成员、近亲属;④ 与投保人有劳动关系的劳动者。除前述规定外,被保险人同意投保人为其订立合同的,视为投保人对被保险人具有保险利益。订立合同时,投保人对被保险人不具有保险利益的,合同无效。

投保人不得为无民事行为能力人投保以死亡为给付保险金条件的人身保险,保险人也不得承保。父母为其未成年子女投保的人身保险不受前述规定限制。但是,因被保险人死亡给付的保险金总和不得超过国务院保险监督管理机构规定的限额。

以死亡为给付保险金条件的合同,未经被保险人同意并认可保险金额的,合同无效。父母为其未成年子女投保的人身保险不受前述规定限制。

(2)受益人。

人身保险的受益人由被保险人或者投保人指定。投保人指定受益人时须经被保险人同意。投保人为与其有劳动关系的劳动者投保人身保险,不得指定被保险人及其近亲属以外的人为受益人。被保险人为无民事行为能力人或者限制民事行为能力人的,可以由其监护人指定受益人。

被保险人或者投保人可以指定一人或者数人为受益人。受益人为数人的,被保险人或者投保人可以确定受益顺序和受益份额;未确定受益份额的,受益人按照相等份额享有受益权。

被保险人或者投保人可以变更受益人并书面通知保险人。投保人变更受益人时须经被保险人同意。

被保险人死亡后,有下列情形之一的,保险金作为被保险人的遗产,由保险人依照《继承法》的规定履行给付保险金的义务:没有指定受益人,或者受益人指定不明无法确定的;受益人先于被保险人死亡,没有其他受益人的;受益人依法丧失受益权或者放弃受益权,没有其他受益人的。受益人与被保险人在同一事件中死亡,且不能确定死亡先后顺序的,推定受益人死亡在先。

与财产保险有所不同的是,被保险人因第三者的行为而发生死亡、伤残或者疾病等保险事故的,保险人向被保险人或者受益人给付保险金后,不享有向第三者追偿的权利,但被保险人或者受益人仍有权向第三者请求赔偿。

(三)财产保险合同

1. 赔偿金额

保险价值是指保险标的的实际金钱价格,或者表述为保险标的全损时被保险人的实际物质损失。保险价值可以由双方在合同里约定(定值保险合同),也可以在保险事故发生后,按照当时保险标的的实际价值确定(不定值保险合同)。保险金额是指保险人承担赔偿或者给付保险金责任的最高限额。在财产保险合同中,保险金额与保险价值的关系可以有三种状态:① 保险金额与保险价值相等,即足额保险。保险事故发生后,被保险人可以获得与实际损失相等的保险金赔偿。② 保险金额超过保险价值,即超额保险。③ 保险金额低于保险价值,即不足额保险。《保险法》对这三种状态的赔偿方法规定如下:投保人和保险人约定保险标的的保险价值并在合同中载明的,保险标的发生损失时,以约定的保险价值为赔偿计算标准。投保人和保险人未约定保险标的的保险价值的,保险标的发生损失时,以保险事故发生时保险标的的实际价值为赔偿计算标准。保险金额不得超过保险价值。超过保险价值的,超过部分无效,保险人应当退还相应的保险费。保险金额低于保险价值的,除合同另有约定外,保险人按照保险金额与保险价值的比例承担赔偿保险金的责任。

重复保险的各保险人赔偿保险金的总和不得超过保险价值。除合同另有约定外,各保险人按照其保险金额与保险金额总和的比例承担赔偿保险金的责任。重复保险的投保人可以就保险金额总和超过保险价值的部分,请求各保险人按比例返还保险费。

2. 保险责任与除外责任

保险责任是指保险人依法应当承担的对保险财产发生损失后的赔偿责任。在财产保险合同中,保险人应当承担保险责任的范围主要包括以下三类:

(1)因自然灾害所致的损失。在财产保险中,凡由雷电、暴风、暴雨、龙卷风、洪水、海啸、地震、地陷、崖崩、雷害、雹灾、冰凌、泥石流等自然现象所造成的损失,保险人均负有赔偿责任。是否构成上述自然现象应以气象、地质等专业部门的标准为准。

(2)因意外事件所致的损失。在财产保险中,凡因火灾、爆炸、空中运行物的坠落等不能抗拒或者不能预见的原因而引起的事件造成的损失,保险人均负有赔偿责任。

（3）其他保险危险所造成的经济损失。我国《企业财产保险条款》中有一项保险责任是停电、停水、停气导致的损失，即被保险人自有的供电、供水、供气设备因条款所列灾害或者事故遭受损害而引起停电、停水、停气，以致造成被保险人的机器设备、产品和贮藏品的损坏或者报废时，保险人须负有赔偿责任。

财产保险合同中，保险人不承担的危险事故为除外责任，主要有：① 投保人或者被保险人的故意行为；② 战争、军事行动或者暴乱；③ 核辐射或者污染；④ 因财产本身缺陷、保管不善导致的损失和正常消耗；⑤ 因遭受保险责任内的灾害或者事故造成停工、停业等一刃间接损失。

3. 保险标的全损后残值的归属

大多数受损的保险标的还留有残值。对于残值的归属，《保险法》规定，保险事故发生后，保险人已支付了全部保险金额，并且保险金额等于保险价值的，受损保险标的的全部权利归于保险人；保险金额低于保险价值的，保险人按照保险金额与保险价值的比例取得受损保险标的的部分权利。

4. 代位求偿权

代位求偿权是指保险人享有的代位行使被保险人对造成保险标的的损失而负有赔偿责任的第三者请求赔偿的权利。对于代位求偿权，《保险法》规定，因第三者对保险标的的损害而造成保险事故的，保险人自向被保险人赔偿保险金之日起，在赔偿金额范围内代位行使被保险人对第三者请求赔偿的权利。前述规定的保险事故发生后，被保险人已经从第三者取得损害赔偿的，保险人赔偿保险金时，可以相应扣减被保险人从第三者已取得的赔偿金额。保险人依照前述规定行使代位请求赔偿的权利，不影响被保险人就未取得赔偿的部分向第三者请求赔偿的权利。

关于代位求偿权的行使，《保险法》还规定，保险事故发生后，保险人未赔偿保险金之前，被保险人放弃对第三者请求赔偿的权利的，保险人不承担赔偿保险金的责任。保险人向被保险人赔偿保险金后，被保险人未经保险人同意放弃对第三者请求赔偿的权利的，该行为无效。被保险人故意或者因重大过失致使保险人不能行使代位请求赔偿的权利的，保险人可以扣减或者要求返还相应的保险金。

本章重点

1. 中国人民银行的地位与职责。
2. 商业银行的业务范围与贷款管理。
3. 汇票、本票、支票的票据行为的记载事项与效力。
4. 证券发行与交易的条件、持续信息公开、禁止交易的行为。
5. 保险的基本原则与合同的主要条款。

本章难点

1. 中国人民银行与商业银行的联系与不同。

2. 票据的特征表现和汇票、本票、支票的异同。

3. 相关概念的理解：公开发行和非公开发行、协议收购和要约收购等。

4. 保险责任与除外责任。

思考题

1. 中国人民银行能够从事的业务有哪些？

2. 商业银行及其分支机构设立的条件包括哪些？

3. 汇票、本票、支票出票时的绝对应记载事项分别是什么？

4. 涉外票据的法律适用有哪些？

5. 股票上市与公司债券上市的法定条件分别包括哪些？

6. 上市公司的重大事件包括哪些？

7. 保险公司的设立应具备哪些条件？

第九章

劳动法

人生在勤,不索何获?

——张衡

学习目标

1. 了解我国劳动法的体系,掌握劳动法的调整对象、劳动法律关系的构成要素。

2. 理解劳动合同的概念与特征,掌握劳动合同订立、履行、变更、解除和终止的全过程,熟悉工作时间和休息休假、工资、劳动安全卫生、女职工和未成年工特殊劳动保护的相关规定。

3. 了解劳动争议的概念与范围,掌握劳动争议的解决途径。

基本概念

劳动,劳动力,劳动关系,劳动法,劳动法律关系,劳动合同,劳动期限,全日制劳动合同,非全日制劳动合同,集体合同,劳务派遣合同,试用期,劳动标准,工资,劳动合同解除,劳动争议

第一节　劳动法概述

一、相关术语

（一）劳动

劳动是人类生存的首要和最基本的条件,马克思在《资本论》中作过精辟的揭示:"劳动是制造使用价值的有目的的活动","劳动是人以自身的活动来引起、调整和控制人和自然的

物质变换的过程。"简而言之,劳动是劳动力的使用或者消费。一般意义上的劳动是指人们在物质生产和精神生产过程中使用或者消费劳动力,动用劳动资料,改变劳动对象,创造使用价值,以满足人们需要的有意识、有目的的活动,是劳动关系的前提。劳动法中的"劳动"专指职工为谋生而从事的,履行劳动法规、集体合同和劳动合同所规定义务的集体劳动。

（二）劳动力

劳动力是指为人所具有的并在生产使用价值时运用的体力和脑力的总和。劳动力的特征是:形成具有长期性、存在具有人身性、储存具有短期性、再生产具有不可间断性、投入具有不可分割性、支出具有可重复性和不可回收性。因此,劳动法对其保护有其特殊性。

（三）劳动关系

劳动关系是指因实现劳动过程而在劳动者与用工单位之间发生的社会关系。劳动关系是一个比较抽象的概念,具有以下特征:

（1）劳动关系是劳动力所有者和劳动力使用者之间的社会关系,从而区别于其他如个体劳动者的劳动、农村以家庭为单位的联产承包劳动等关系。

（2）劳动关系是与劳动过程相联系的社会关系,需要生产资料和劳动力相结合。强调劳动过程,也就是强调人和物、劳动力和生产资料相结合的过程,从而可以和物与物交换的实现过程相区别。

（3）劳动关系兼有人身关系（即具有人身属性的社会关系,是与公民的人身密切联系的社会关系）和财产关系（即人们在物质资料生产、分配、交换和消费过程中形成的社会关系）的双重性质。

（4）劳动关系具有纵向关系（即按命令服从原则建立起来的用人单位与劳动者之间形成的一种职责上的隶属关系）和横向关系（即在经济组织内部按平等协商原则建立起来的经济协作的平等关系）相互交错的特征。

二、劳动法的调整对象与基本原则

狭义的劳动法仅指我国 1994 年 7 月 5 日全国人民代表大会常务委员会通过,自 1995 年 1 月 1 日施行的《中华人民共和国劳动法》（简称《劳动法》）。该部《劳动法》是我国劳动的普通法,其他与劳动有关的单行法都应以它为指导。我国《劳动法》的颁布实施是我国人权保障制度化、法制化的一个重要标志。《劳动法》共十三章 107 条,涵盖了促进就业、劳动合同和集体合同、工作时间和休息休假、工资、劳动安全卫生、女职工和未成年工特殊劳动保护、职业培训、社会保险和福利、劳动争议、法律责任等方面,将在后面的各节中与相关单行法配合讲解。

广义的劳动法又称劳工法,是指为调整劳动关系和与之密切联系的其他社会关系的法律规范的总称。其也是指以职业劳动关系及其附随关系为调整对象,以保障劳动者的生存利益与独立人格为理论的独立的法律部门。我国的劳动法与民法不论是在理论上还是在实务中,均属于两个独立的法律部门。

（一）劳动法的调整对象

劳动法的调整对象是以劳动关系为中心，也包括其他与劳动关系密切联系的社会关系。劳动关系是劳动法基本的、核心的问题。与劳动关系密切联系的其他社会关系主要有：劳动力管理方面的关系、劳动力配置服务方面的关系、社会保险方面的关系、工会活动方面的关系、监督劳动法律执行方面的关系、处理劳动争议方面的关系等。

（二）劳动法遵循的基本原则

劳动法遵循的基本原则有：① 维护劳动者合法权益与兼顾用人单位利益相结合的原则；② 贯彻以按劳分配为主的多种分配方式与公平救助相结合的原则；③ 坚持劳动者平等竞争与特殊劳动保护相结合的原则；④ 实行劳动行为自主与劳动标准制约相结合的原则。

三、我国劳动法体系与渊源

（一）我国的劳动立法简史

北洋政府于 1923 年颁布了《暂行工厂规则》，这是中国政府颁布的第一部调整劳动关系的法律。1978 年以后，中国进入了一个新的历史发展时期。1982 年，《中华人民共和国宪法》（简称《宪法》）就劳动者享有的劳动权、休息权、获得物质帮助权、接受教育权等作了全面的规定。从 1992 年开始，随着 1992 年《中华人民共和国工会法》（简称《工会法》）、1995 年《劳动法》、2001 年《中华人民共和国职业病防治法》（简称《职业病防治法》）、2002 年《中华人民共和国安全生产法》（简称《安全生产法》）、2004 年《集体合同规定》等法律、法规的相继颁布实施，劳动关系向市场化的方向发展，与之配套的劳动制度的改革得以深入。特别是2008 年以来，《中华人民共和国就业促进法》（简称《就业促进法》）、《中华人民共和国劳动合同法》（简称《劳动合同法》）、《中华人民共和国社会保险法》（简称《社会保险法》）、《调解仲裁法》等的实施或者修正实施，标志着我国的劳动法制建设已经逐步完善。

（二）我国劳动法体系

具体来说，劳动法体系应包括促进就业、劳动合同、集体谈判与集体合同、劳动标准、职业技能开发、社会保险、争议处理、劳动监察等制度及其法律责任。据此，我国劳动法体系可分为三大类，即个别劳动关系法、劳动保护法、集体劳动关系法。

1. 个别劳动关系法

个别劳动关系法主要是指调整劳动者与用人单位的劳动关系的缔结、运行、变更、终止等个别劳动关系的法律，主要由劳动合同法组成，劳动合同制度是世界各国劳动法的核心；另外，还包括为了保证劳动关系的建立而制定的就业培训制度、职业介绍制度，以及化解个别劳动争议的劳动争议处理制度。

2. 劳动保护法

劳动保护法是指国家干预个别劳动关系而制定的基本劳动条件法（即劳动基准法）和为

了保证劳动基准的执行而制定的劳动检查与监督法。这部分内容包括国家的工时制度、最低工资制度、工作场所的安全与卫生保护制度、劳动检查制度等。

3. 集体劳动关系法

集体劳动关系法是指调整工会及其联合会与雇主及其联合会之间关系的法律规范和职工参与工作场所的经营管理决策方面的法律规制,包括工会法、集体谈判制度、集体争议处理制度,以及职工参与制度。

(三)劳动法的渊源

劳动法的渊源与其他法律相比要复杂得多。劳动法的渊源包括两方面:一方面包括宪法、法律、法规、规章、国际法律文件等成文法规范;另一方面包括相关劳动政策、判例法、劳动行政部门的行政命令等规范。

四、劳动法律关系

劳动法律关系是指劳动者与用人单位之间在实现劳动过程中依据劳动法律规范而形成的劳动权利与劳动义务关系。它是劳动关系在法律上的表现,是劳动关系被劳动法调整的结果,其内容体现了国家与当事人的双重意志。

(一)劳动法律关系的判定标准

我国现行的法律对劳动关系的认定标准主要从实质主体和内容两方面加以规定。中国劳动和社会保障部《关于确立劳动关系有关事项的通知》(劳社部〔2005〕12号)规定,劳动者与用人单位未签订书面劳动合同,但具备下列情形之一的,劳动关系成立:① 用人单位主体与劳动者主体合格,用人单位依法制定的各项规章制度适用于劳动者,劳动者受用人单位的管理,从事用人单位安排的有报酬的劳动;② 劳动者提供的劳动是用人单位业务的组成部分。

在实践中,通常可以简单地通过以下标准判定是否属于劳动关系:① 看当事人之间是否存在控制、支配、从属关系;② 看是否由一方指定工作地点、提供工作工具、确定工作时间;③ 看是定期多次给付劳动报酬还是一次性结算劳动报酬;④ 看是继续性地保持劳动关系,还是一次性提供工作成果;⑤ 看一方所提供的劳动是独立性的业务活动或者经营活动,还是某一合同中另一方的业务或者经营活动的组成部分。如果劳动者与用人单位间的现象表现是肯定的,则为劳动关系;如果是否定的,则为劳务关系、雇佣关系或者其他关系。劳务关系是指劳务关系的当事人依据民事法律规范而形成的关于一方当事人向另一方当事人提供劳务的权利、义务关系。

(二)劳动法律关系的构成要素

1. 劳动法律关系的主体

劳动法律关系的主体是指参与劳动法律关系,享受劳动权利和承担劳动义务的当事人,包括劳动者和用人单位。

劳动者是指达到法定年龄,具有劳动能力,以从事某种社会劳动获取收入为主要生活来源的自然人。自然人的劳动权利能力和劳动行为能力应满足两个条件:① 法定年龄,就业年龄为 16 周岁,禁止招用未满 16 周岁的未成年人;某些特殊职业如文艺、体育和特种工艺单位确需招用未满 16 周岁的人时,须报县以上劳动行政部门批准。② 具有完全劳动能力或者部分劳动能力。

用人单位是指依法招用和管理劳动者,并按法律规定或者合同约定向劳动者提供劳动条件、劳动保护和支付劳动报酬的劳动组织,包括:① 企业;② 直接从事为国家创造和改善生产条件,为社会物质文化生活需要服务,不以为国家积累资金为直接目的,不以盈利为生存、发展条件的事业单位或者社会团体;③ 除统一实行公务员制度的国家机关干部外,国家机关里不在管理岗位上的办事人员和后勤服务人员的招用和管理统一按照劳动法规范进行;④ 个体经济组织,是指依法经工商行政管理部门核准登记,并领取营业执照从事工商业生产经营活动的个体单位,亦称个体工商户。

2. 劳动法律关系的客体

劳动法律关系的客体是指劳动法律关系中主体的劳动权利和劳动义务所共同指向的对象,具体表现为:

(1)一定的劳动行为,是指劳动者和用人单位在实现劳动过程中所实施的行为,如劳动行为、完成任务行为、进行管理行为等;

(2)财物,是指劳动法律关系中体现双方当事人物质利益的实物与货币,如劳动报酬、劳动保护、劳动保险及福利等。

3. 劳动法律关系的内容

劳动法律关系的内容是指劳动法主体依法享有的劳动权利和承担的劳动义务,亦即指劳动者与用人单位之间的相互权利和义务。

劳动者的劳动基本权利包括劳动权、劳动报酬权、劳动保护权、接受职业技能培训权、生活保障权、结社权、合法权益保护权等。用人单位的用人权包括招收录用职工权、合理组织调配权、劳动报酬分配权、劳动奖惩权、辞退职工权等。

同时,劳动者应当尽积极完成劳动任务、不断提高职业技能、认真执行劳动安全卫生规程、严格遵守劳动纪律和职业道德等义务;用人单位应当对本单位劳动者享有的劳动权利提供保障,应当建立和完善单位的规章制度,应当督促劳动者履行劳动义务。

(三)劳动法律关系产生、变更和消灭的条件

能够使劳动法律关系产生、变更和消灭的条件主要包括以下三个方面:① 劳动法律规范;② 劳动法律关系主体;③ 劳动法律事实。其中,劳动法律规范是确认劳动法律事实的依据;劳动法律关系主体是引起劳动法律关系产生、变更和消灭的主观因素;劳动法律事实是引起劳动法律关系产生、变更和消灭的客观因素。

第二节 劳动合同法

一、劳动合同法概述

（一）劳动合同的概念与特征

劳动合同又称劳动契约或者劳动协议，是劳动者与用人单位之间确立劳动关系，明确双方权利、义务的协议。由此可见，劳动合同是劳动关系产生、变更、履行和终止的依据和基础，是劳动关系的核心。与一般民事合同相比，劳动合同具有下列明显的法律特征：

（1）劳动合同的当事人一方是用人单位，另一方是劳动者本人。

（2）劳动合同是从属性合同。

劳动合同订立后，劳动者成为用人单位的一员，遵守用人单位的劳动纪律和规章制度，接受用人单位的管理和监督，享受和承担用人单位职工的权利和义务，对外以用人单位的名义履行职责；而用人单位既有权利，也有义务组织和管理本单位的职工从事劳动。

（3）劳动合同具有人身性特征。

由于劳动合同所针对的客体是劳动力，而劳动力与劳动者的人身不可分离，因此，劳动力的人身性就决定了劳动合同具有人身性。

（4）劳动合同的目的在于劳动过程的实现。

劳动过程是一个相当复杂的过程，有的劳动直接创造价值，有的劳动在于实现价值，有的劳动则是间接地帮助实现价值。用人单位与劳动者签订劳动合同，目的在于通过劳动力的使用过程实现价值，而不是劳动成果的交付。

（5）劳动合同是附合性合同。

劳动合同的双方当事人就劳动合同内容意思表示一致的过程在实践中通常表现为劳动者对用人单位提出的劳动合同主要条款表示同意或者不同意的过程。劳动合同附合化主要表现在缔约过程附合化、劳动条件附合化、工作规则附合化。

（6）劳动合同是继续性合同。

劳动合同双方当事人的权利和义务在劳动合同的有效期内一直连续存在。劳动者应当日复一日、月复一月地按照劳动合同履行其提供劳动等义务，用人单位也应日复一日、月复一月地按照劳动合同履行支付劳动报酬等义务，直到劳动合同期满或者劳动合同被依法解除为止。

（二）劳动合同的分类

劳动合同依不同的标准可以进行不同的分类。具有法律意义的分类主要有如下两类：

（1）以劳动合同的期限为标准进行划分，可分为固定期限劳动合同、无固定期限劳动合同和以完成一定工作任务为期限的劳动合同。

固定期限劳动合同是指用人单位与劳动者约定合同终止时间的劳动合同。固定期限劳动合同一般不允许劳动者或者用人单位随意解除或者延长。固定期限劳动合同具有灵活性和预见性，即用人单位可以根据其生产经营需要雇佣劳动者，而劳动者也可以根据劳动力市场的变化和个人的就业要求选择合适的工作期限,一般是 3 个月、1 年、3 年、5 年、10 年等。根据《劳动合同法》的规定,用人单位与劳动者协商一致,可以订立固定期限劳动合同。

无固定期限劳动合同是指用人单位与劳动者约定无确定终止时间的劳动合同。法律出于对劳动者的保护,往往规定用人单位只有在具备法定的解除条件时,才能解除劳动关系,即劳动法的解雇保护制度。用人单位与劳动者协商一致,可以订立无固定期限劳动合同。根据《劳动合同法》第十四条的规定,有下列情形之一,劳动者提出或者同意续订、订立劳动合同的,除劳动者提出订立固定期限劳动合同外,应当订立无固定期限劳动合同:① 劳动者在该用人单位连续工作满 10 年的;② 用人单位初次实行劳动合同制度或者国有企业改制重新订立劳动合同时,劳动者在该用人单位连续工作满 10 年且距法定退休年龄不足 10 年的;③ 用人单位自用工之日起满 1 年不与劳动者订立书面劳动合同的,视为用人单位与劳动者已订立无固定期限劳动合同;④ 连续订立两次固定期限劳动合同,且劳动者没有《劳动合同法》第三十九条和第四十条第一项、第二项规定的情形,续订劳动合同的。根据《劳动合同法》第八十二条第二款的规定,用人单位违反《劳动合同法》规定不与劳动者订立无固定期限劳动合同的,自应当订立无固定期限劳动合同之日起向劳动者每月支付 2 倍的工资。

以完成一定工作任务为期限的劳动合同是指用人单位与劳动者约定以某项工作的完成为合同期限的劳动合同。该合同本质上仍是一种特殊的固定期限劳动合同。用人单位与劳动者协商一致,可以订立以完成一定工作任务为期限的劳动合同。

(2)以就业方式为标准,可分为全日制劳动合同和非全日制劳动合同。

全日制劳动合同又称为标准劳动合同,是指劳动者从事全时劳动而与用人单位签订的劳动协议。《劳动法》和《劳动合同法》的一般规定适用于全日制劳动合同。本节将以该合同为主展开讲解。

非全日制劳动合同则是指劳动者与用人单位约定的以短于全时工作时间作为工作时间单位确立劳动关系的协议。根据《劳动合同法》的规定,非全日制用工是指以小时计酬为主,劳动者在同一用人单位一般平均每日工作时间不超过 4 小时,每周工作时间累计不超过 24 小时的用工形式。近年来,以小时工为主要形式的非全日制用工发展较快。这一用工形式突破了传统的全日制用工模式,适应了用人单位灵活用工和劳动者自主择业的需要,已成为促进就业的重要途径。为规范用人单位非全日制用工行为,保障劳动者的合法权益,促进非全日制就业健康发展,《劳动合同法》规定,非全日制用工双方当事人可以订立口头协议;从事非全日制用工的劳动者可以与 1 个或者 1 个以上用人单位订立劳动合同,后订立的劳动合同不得影响先订立劳动合同的履行。非全日制用工双方当事人不得约定试用期;非全日制合同的双方当事人任何一方都可以随时通知对方终止用工,用人单位不向劳动者支付经济补偿;非全日制用工不得低于用人单位所在地人民政府规定的最低小时工资标准,劳动报酬结算周期最长不得超过 15 日。

非全日制劳动合同的主要条款包括:① 用人单位的名称、住所和法定代表人或者主要负责人;② 劳动者的姓名、住址和居民身份证或者其他有效身份证件号码;③ 工作内容;④ 工作时间和期限;⑤ 劳动报酬;⑥ 劳动保护、劳动条件;⑦ 法律、法规规定应当纳入劳动合同的其他事项。

　　除上述种类外,劳动合同通常还有集体合同、劳务派遣合同等类型。

　　集体合同是指用人单位或者其团体与劳动者代表根据法律、法规、规章的规定,就劳动报酬、工作时间、休息休假、劳动安全卫生、保险福利等事项,通过集体协商签订的书面协议。集体合同在发展用人单位业务与经营管理水平、改善劳动者的生活福利条件、体现劳动者的主体地位、健全劳动法制等方面有着重要意义,是有效维护劳动者合法权益的重要手段。根据《劳动合同法》的规定,集体合同订立后,应当报送劳动行政部门;劳动行政部门自收到集体合同文本之日起15日内未提出异议的,集体合同即行生效;集体合同中劳动报酬和劳动条件等标准不得低于当地人民政府规定的最低标准;用人单位与劳动者订立的劳动合同中劳动报酬和劳动条件等标准不得低于集体合同规定的标准。集体合同发生争议时由工会出面申请仲裁,提起诉讼。

　　劳务派遣合同是指居于劳务派遣关系签订的劳动合同。劳务派遣是指劳动者由专门依法设立的公司招聘,该公司以雇主的名义向劳动者支付工资、缴纳社会保险费,将劳动者分派到第三人处,由第三人负责劳动者的工作安排和监督劳动者劳动的就业关系。劳务派遣一般在临时性、辅助性或者替代性的工作岗位上实施。专门委派劳动者的公司称为劳务派遣单位或者用人单位,其应当依照《公司法》的有关规定设立,注册资本不得少于50万元;负责安排和监督劳动者劳动的第三人称为用工单位。劳务派遣合同除应当载明标准合同的事项外,还应当载明被派遣劳动者的用工单位以及派遣期限、工作岗位等情况。劳务派遣单位应当与被派遣劳动者订立2年以上的固定期限劳动合同,按月支付劳动报酬;被派遣劳动者在无工作期间,劳务派遣单位应当按照所在地人民政府规定的最低工资标准,向其按月支付报酬。劳务派遣单位和用工单位不得向被派遣劳动者收取费用。劳务派遣单位跨地区派遣劳动者的,被派遣劳动者享有的劳动报酬和劳动条件按照用工单位所在地的标准执行。用工单位不得将被派遣劳动者再派遣到其他用人单位。被派遣劳动者享有与用工单位的劳动者同工同酬、依法参加或者组织工会等的权利。

二、劳动合同的订立

　　劳动合同的订立是指劳动者和用人单位经过相互选择和平等协商,就劳动合同条款达成协议,从而确立劳动关系和明确相互权利、义务的法律行为。订立劳动合同,应当遵循合法、公平、平等、自愿、协商一致、诚实信用的原则。

(一)劳动合同的内容或条款

1.劳动合同的法定必备条款

　　根据《劳动合同法》第十七条的规定,劳动合同应当具备以下条款:① 用人单位的名称、住所和法定代表人或者主要负责人;② 劳动者的姓名、住址和居民身份证或者其他有效身份证件号码;③ 劳动合同期限;④ 工作内容和工作地点;⑤ 工作时间和休息休假;⑥ 劳动报酬;⑦ 社会保险;⑧ 劳动保护、劳动条件和职业危害防护;⑨ 法律、法规规定应当纳入劳动合同的其他事项。

对于欠缺必备条款的劳动合同,劳动行政部门可以依法责令用人单位改正,给劳动者造成损害的,用人单位应当承担赔偿责任。

2. 劳动合同的协商约定条款

劳动合同除上述必备条款外,用人单位与劳动者可以约定试用期、培训、保守秘密、补充保险和福利待遇等其他事项。

(1)试用期条款。

试用期是指用人单位和劳动者建立劳动关系后为相互了解,选择而约定的不超过6个月的考察期,一般适用于初次就业的劳动者。

《劳动合同法》规定,劳动合同期限3个月以上不满1年的,试用期不得超过1个月;劳动合同期限1年以上不满3年的,试用期不得超过2个月;3年以上固定期限和无固定期限的劳动合同,试用期不得超过6个月。同一用人单位与同一劳动者只能约定一次试用期。以完成一定工作任务为期限的劳动合同或者劳动合同期限不满3个月的,不得约定试用期。试用期包含在劳动合同期限内。劳动合同仅约定试用期的,试用期不成立,该期限为劳动合同期限。劳动者在试用期的工资不得低于本单位相同岗位最低档工资或者劳动合同约定工资的80%,并不得低于用人单位所在地的最低工资标准。用人单位在试用期解除劳动合同的,应当向劳动者说明理由,除非劳动者的行为符合法定合同解除情形,否则用人单位不得解除劳动合同。用人单位违反《劳动合同法》规定与劳动者约定试用期的,由劳动行政部门责令改正;违法约定的试用期已经履行的,由用人单位以劳动者试用期满月工资为标准,按已经履行的超过法定试用期的期间向劳动者支付赔偿金。

另外,在实践中,与试用期类似的还有两个概念,即见习期与学徒期。见习期是对大、中专和技校毕业生分配到用人单位后的上岗培训制度;学徒期是对进入某些工作岗位的新工人熟悉业务、提高技能的一种传统培训方式。试用期和学徒期包含在劳动合同期限内,试用期和学徒期可以同时约定,但试用期不可超过半年。见习期内可以约定不超过半年的试用期。

(2)服务期条款。

服务期条款是用人单位和劳动者就用人单位对劳动者提供培训及其费用、劳动者在一定的期限内必须为用人单位服务以及违反合同约定的法律责任等内容协商约定的条款。因为用人单位出资培训的额外付出使劳动者获得了技术、技能上的提高,增强了其同用人单位讨价还价的能力。因此,用人单位就有权与劳动者约定服务期,回收其对劳动者的培训投资,并实现其投资的收益;劳动者也应当严格遵守约定,在约定的服务期内为用人单位提供劳动,以保证用人单位预期权益的实现。因此,《劳动合同法》第二十二条规定:"用人单位为劳动者提供专项培训费用,对其进行专业技术培训的,可以与该劳动者订立协议,约定服务期。劳动者违反服务期约定的,应当按照约定向用人单位支付违约金。违约金的数额不得超过用人单位提供的培训费用。用人单位要求劳动者支付的违约金不得超过服务期尚未履行部分所应分摊的培训费用。用人单位与劳动者约定服务期的,不影响按照正常的工资调整机制提高劳动者在服务期期间的劳动报酬。"

（3）保密条款和竞业限制条款。

用人单位与劳动者可以在劳动合同中约定保守用人单位的商业秘密和与知识产权相关的保密事项。对于负有保密义务的劳动者，用人单位可以在劳动合同或者保密协议中与劳动者约定竞业限制条款，并约定在解除或者终止劳动合同后，在竞业限制期限内按月给予劳动者经济补偿。劳动者违反竞业限制约定的，应当按照约定向用人单位支付违约金。竞业限制的人员限于用人单位的高级管理人员、高级技术人员和其他负有保密义务的人员。竞业限制的范围、地域、期限由用人单位与劳动者约定，竞业限制的约定不得违反法律、法规的规定。在解除或者终止劳动合同后，前述规定的人员到与本单位生产或者经营同类产品、从事同类业务的有竞争关系的其他用人单位或者自己开业生产或者经营同类产品、从事同类业务的竞业限制期限不得超过 2 年。

（4）补充保险和福利待遇条款。

在劳动合同中，当事人还可以就子女入学、住房、交通和通信补贴等福利待遇问题进行约定。只要其内容不违反国家法律、法规的有关规定，就是合法有效的条款。

3. **禁止性条款**

（1）违约金条款。

在劳动合同中，违约金是否作为劳动合同违约责任的承担方式，各国法律的规定不尽相同。例如，《日本劳动标准法》第十六条规定："雇主不得缔结不履行劳动契约时之违约金或预订损害赔偿金额之契约。"《韩国劳工基准法》第二十四条规定："雇主不得订立任何规定契约不履行应付违约金或者损害赔偿之契约。"我国《劳动合同法》第二十五条规定："除本法第二十二条和第二十三条规定的情形外，用人单位不得与劳动者约定由劳动者承担违约金。"

（2）扣押证件、提供担保或者收取财物条款。

用人单位招用劳动者，不得扣押劳动者的居民身份证和其他证件，不得要求劳动者提供担保或者以其他名义向劳动者收取财物。

（二）劳动合同的形式

根据《劳动合同法》第十条的规定，建立劳动关系，应当订立书面劳动合同。已建立劳动关系，未同时订立书面劳动合同的，应当自用工之日起 1 个月内订立书面劳动合同。用人单位与劳动者在用工前订立劳动合同的，劳动关系自用工之日起建立。劳动合同由用人单位与劳动者协商一致，并经用人单位与劳动者在劳动合同文本上签字或者盖章生效。劳动合同文本由用人单位和劳动者各执一份。一般情况下，不订立书面劳动合同的过错在用人单位，劳动者迫于就业压力，不得不接受事实劳动关系。根据《劳动合同法》第八十二条的规定，用人单位自用工之日起超过 1 个月、不满 1 年未与劳动者订立书面劳动合同的，应当向劳动者每月支付 2 倍的工资。由此可见，法律要求劳动合同应当以书面形式订立，且订立书面劳动合同是用人单位的一项义务。

但根据《劳动合同法》第七条的规定，用人单位自用工之日起即与劳动者建立劳动关系。从这点可以看出，劳动关系的建立并不以书面劳动合同为必要条件。对于用人单位与劳动者建立劳动关系,但未签订书面劳动合同的情形,我国称之为事实劳动关系。

(三)劳动标准

劳动标准是指国家为保护劳动者利益而制定的有关劳动条件与劳动待遇的最低标准。用人单位只能高于劳动标准向劳动者提供劳动条件和劳动待遇。《劳动法》对劳动标准作出了明确的指导性规定。劳动标准具体包括以下四项内容。

1. 工作时间与休息休假

工作时间又称劳动时间,通常是指依照法律的规定,劳动者在 1 昼夜或者 1 周之内用于完成本职工作的劳动时间。休息时间是指劳动者在国家规定的法定工作时间以外,免于履行劳动义务而自行支配的时间,也是劳动者实现休息权的法定必要时间。

(1)劳动者每日工作时间不超过 8 小时、平均每周工作时间不超过 44 小时,用人单位应当保证劳动者每周至少休息 1 日。因生产特点不能实行的,经劳动行政部门批准,可以实行其他工作和休息办法。

(2)对于实行计件工作的劳动者,用人单位应当依法合理确定其劳动定额和计件报酬标准。

(3)用人单位由于生产经营需要,经与工会和劳动者协商后可以延长工作时间,一般每日不得超过 1 小时;因特殊原因需要延长工作时间的,在保障劳动者身体健康的条件下延长工作时间每日不得超过 3 小时,但是每月不得超过 36 小时。有下列情形之一的,延长工作时间不受此规定限制:发生自然灾害、事故或者因其他原因,威胁劳动者生命健康和财产安全,需要紧急处理的;生产设备、交通运输线路、公共设施发生故障,影响生产和公众利益,必须及时抢修的;法律、行政法规规定的其他情形的。

(4)用人单位在元旦、春节、国庆节、国际劳动节及法律、法规规定的其他休假节日期间应当依法安排劳动者休假。

(5)国家实行带薪年休假制度。劳动者连续工作 1 年以上的,享受带薪年休假。具体办法由国务院颁布的《职工带薪年休假条例》规定。

(6)加班的或者节假日工作的,用人单位应当按照下列标准支付高于劳动者正常工作时间工资的工资报酬:安排劳动者延长工作时间的,支付不低于工资的 150% 的工资报酬;休息日安排劳动者工作又不能安排补休的,支付不低于工资的 200% 的工资报酬;法定休假日安排劳动者工作的,支付不低于工资的 300% 的工资报酬。

2. 工资

工资是指用人单位依据国家有关规定或者劳动合同的约定,以货币形式直接支付给本单位劳动者的劳动报酬。工资是劳动者劳动收入的主要组成部分,因为劳动者的生活保障及各方面的提高发展都离不开工资收入。通常单位支付给劳动者个人的社会保险福利费用,劳动保护方面的费用,按规定未列入工资总额的各种劳动报酬及其他劳动收入,如合理化建议奖、技术改进奖、稿费、讲课费、翻译费等精神产品创造者获得的报酬都不属于工资范畴。劳动法规对工资作了如下规定:

（1）工资分配应当遵循按劳分配原则，实行同工同酬。

（2）工资水平在经济发展的基础上逐步提高。

（3）国家实行最低工资保障制度。具体标准由省、自治区、直辖市人民政府按2008年1月1日起执行的《最低工资规定》规定，报国务院备案。用人单位支付劳动者的工资不得低于当地最低工资标准。

（4）工资应当以货币形式按月支付给劳动者本人，不得克扣或者无故拖欠劳动者的工资。劳动者在法定休假日和婚丧假期间以及依法参加社会活动期间，用人单位应当依法支付工资。《劳动合同法》第三十条规定："用人单位应当按照劳动合同约定和国家规定，向劳动者及时足额支付劳动报酬。用人单位拖欠或者未足额支付劳动报酬的，劳动者可以依法向当地人民法院申请支付令，人民法院应当依法发出支付令。"

3. 劳动安全与卫生

劳动安全卫生制度是以保护劳动者的生命安全和身体健康为目的而设立的劳动保护法律制度。其基本方针是"安全第一，预防为主"。具体包括：安全生产责任制、劳动安全技术措施计划制度、劳动安全生产教育制度、劳动安全卫生标准制度、安全卫生认证制度、安全卫生设施"三同时"制度、安全卫生检查制度、伤亡事故报告和处理制度等。

4. 特殊劳动保护

特殊劳动保护对象主要是女职工和未成年工。女职工特殊保护是指根据女职工（以工资收入为主要生活来源的女性职工）身体结构、生理机能的特点以及抚育子女的特殊需要，在劳动方面对妇女特殊权益的法律保障。未成年工特殊保护是指国家为维护未成年工（即年满16周岁未满18周岁的劳动者）的合法权益，在劳动方面对未成年工特殊权益的法律保护。

（1）女职工禁忌从事的劳动包括：

① 矿山井下作业；

② 森林业伐木、归楞及流放作业；

③《体力劳动强度分级》标准中第四级体力劳动强度的作业；

④ 建筑业脚手架的组装和拆除作业，以及电力、电信行业的高处架线作业；

⑤ 连续负重每次超过20公斤，间断负重每次超过25公斤的作业。

（2）对女职工实行"四期"保护：

① 经期保护。

《劳动法》第六十条规定："不得安排女职工在经期从事高处、低温、冷水作业和国家规定的第三级体力劳动强度的劳动。"

② 孕期保护。

《劳动法》第六十一条规定："不得安排女职工在怀孕期间从事国家规定的第三级体力劳动强度的劳动和孕期禁忌从事的劳动。对怀孕7个月以上的女职工，不得安排其延长工作时间和夜班劳动。"

③ 产期保护。

《劳动法》第六十二条规定:"女职工生育享受不少于 90 天的产假。"(产假期间,工资照发)

④ 哺乳期保护。

《劳动法》第六十三条规定:"不得安排女职工在哺乳未满 1 周岁的婴儿期间从事国家规定的第三级体力劳动强度的劳动和哺乳期禁忌从事的其他劳动,不得安排其延长工作时间和夜班劳动。"

(3)对未成年工在劳动过程中的保护。

《劳动法》第六十四条规定:"不得安排未成年工从事矿山井下、有毒有害、国家规定的第四级体力劳动强度的劳动和其他禁忌从事的劳动。"《劳动法》第六十五条规定:"用人单位应当对未成年工定期进行健康检查。"对未成年工定期进行健康检查的情况有:① 安排工作岗位之前;② 工作满 1 年;③ 年满 18 周岁,距前一次的体检时间已超过半年。同时,用人单位承担体检费,体检期间算作工作时间,不得克扣工资。国家对未成年工的使用和特殊保护实行登记制度,登记部门是县以上劳动行政部门。

另外,未成年工和童工是两个概念。童工和未成年工是以年龄划分的,用人单位招用不满 16 周岁的未成年人统称使用童工。《劳动法》第九十四条规定:"用人单位非法招用未满 16 周岁的未成年人的,由劳动行政部门责令改正,处以罚款;情节严重的,由工商行政管理部门吊销营业执照。"《禁止使用童工规定》规定:"禁止任何单位或者个人为不满 16 周岁的未成年人介绍就业。单位或者个人为不满 16 周岁的未成年人介绍就业的,由劳动保障行政部门按照每介绍一人处 5 000 元罚款的标准给予处罚。"另外,不满 16 周岁的未成年人的父母或者其他监护人应当保护其身心健康,保障其接受义务教育的权利,不得允许其被用人单位非法招用。否则,所在地的乡(镇)人民政府、城市街道办事处以及村民委员会,居民委员会应当给予批评教育。父母或者其他监护人主观上的过错可适当减轻用人单位的赔偿责任。

(四)劳动合同的法律效力

1. 劳动合同的成立与生效

劳动合同的成立是指劳动合同的缔结双方当事人因意思表示一致而达成合意的客观状态。劳动合同依法订立即具有法律约束力,当事人必须履行劳动合同规定的义务。劳动合同的生效是指依法成立的劳动合同对当事人双方产生法律约束力。劳动合同生效须符合以下条件:① 合同的主体必须合法;② 合同的内容和形式必须合法;③ 订立合同的程序必须合法;④ 当事人的意思表示必须真实。

2. 劳动合同的无效

劳动合同无效是和劳动合同有效相对而言的。劳动合同的无效是指劳动者与用人单位签订的劳动合同违反了法律、法规的规定或者违背公平、自愿、协商一致等原则,对当事人全部或者部分地不产生法律约束力。对劳动合同的无效或者部分无效有争议的,由劳动争议仲裁机构或者人民法院确认。无效劳动合同从订立的时候起就没有法律约束力;劳动合同部分无效,不影响其他部分效力的,其他部分仍然有效。

（1）劳动合同无效的情形。

根据《劳动合同法》第二十六条的规定，下列劳动合同无效或者部分无效：

① 以欺诈、胁迫的手段或者乘人之危，使对方在违背真实意思的情况下订立或者变更劳动合同的。例如，用人单位通过限制人身自由、拖欠工资、扣押证件等方式胁迫劳动者与之订立或者变更劳动合同。

② 用人单位免除自己的法定责任、排除劳动者权利的。例如，劳动合同中有"发生工伤事故，单位概不负责"或者"不享受星期日休假制度"等条款时会使劳动合同无效或者部分无效。

③ 违反法律、行政法规强制性规定的。例如，主体资格不合法、内容不合法等。

（2）劳动合同无效的处理。

① 撤销合同：是针对全部无效的劳动合同，确认其无效并予以撤销的法律行为。《劳动合同法》第二十八条规定："劳动合同被确认无效，劳动者已付出劳动的，用人单位应当向劳动者支付劳动报酬。劳动报酬的数额，参照本单位相同或者相近岗位劳动者的劳动报酬确定。"

② 修正合同：适用于被确认部分无效的劳动合同或者因程序不合法而无效的劳动合同。例如，在订立劳动合同时劳动者不满16周岁，但在认定劳动合同效力时劳动者已满16周岁的，对于已经履行的劳动合同，应当认定为有效，劳动合同双方当事人间的约定具有法律效力，且劳动合同可以继续履行。

③ 赔偿损失：劳动合同被确认无效，给对方造成损失的，有过错的一方应当承担赔偿责任。

三、劳动合同的履行、变更和承继

（一）劳动合同的履行

劳动合同的履行是指劳动合同的双方当事人按照合同约定完成各自义务的行为。用人单位与劳动者应当按照劳动合同的约定，全面履行各自的义务。劳动合同的履行应当遵守实际、全面、协作、不得强制的履行原则。

（二）劳动合同的变更

劳动合同的变更是指当事人双方依法订立劳动合同后，对于尚未履行或者尚未完全履行的劳动合同，依照法律规定的条件和程序，对原劳动合同的内容进行修改或者增减的法律行为。劳动合同变更的效力只限于变更的条款，未经变更的合同内容继续有效，仍然需要按照原来的约定全部履行。用人单位与劳动者协商一致，可以变更劳动合同约定的内容。变更劳动合同，应当采用书面形式。变更后的劳动合同文本由用人单位和劳动者各执一份。劳动合同的变更涉及劳动者的切身利益和用人单位的用人自主权。在实践中容易发生争议的主要有劳动者工作岗位、工作地点、劳动报酬和工作时间的变更。

（三）劳动合同的承继

劳动合同的承继是指劳动合同主体发生变更后，由新用人单位接替原用人单位继续履行原劳动合同约定的权利、义务。劳动力与劳动者的人身不可分离，具有人身专属性，而具有人身性的合同其主体是不可变更的，因此，劳动合同的承继只能是用人单位一方，而不可能是劳动者一方。用人单位一方发生主体变更，造成劳动合同可以承继的情形有：① 用人单位变更名称、法定代表人、主要负责人或者投资人等事项；② 用人单位发生合并或者分立等情况。

四、劳动合同的解除和终止

（一）劳动合同的解除

劳动合同的解除是指劳动合同订立后，尚未全部履行完毕以前，由于一定事由导致劳动合同一方或者双方当事人提前消灭劳动关系的法律行为。

1. 劳动合同解除的种类

（1）协商解除。

劳动合同协商解除是指劳动合同依法订立后，尚未全部履行完毕以前，劳动者与用人单位在平等自愿的基础上，通过协商一致，达成提前终止劳动合同的法律效力和消灭劳动合同约定的权利、义务关系的行为。

（2）劳动者单方解除。

劳动者单方解除劳动合同是指享有单方解除权的劳动者以其单方意思表示而解除劳动合同的行为。劳动者应当依照法律规定的条件、方式和程序等来解除劳动关系，劳动者违法解除劳动合同，应当承担相应的法律责任。劳动者单方解除分为两种：劳动者单方即时解除，也称为即时辞职；劳动者单方预告解除，也称为预告辞职。

即时辞职是指劳动者无须向用人单位预告，可以随时通知用人单位解除劳动合同的行为。根据《劳动合同法》第三十八条的规定，用人单位有下列情形之一的，劳动者可以解除劳动合同：① 未按照劳动合同约定提供劳动保护或者劳动条件的；② 未及时足额支付劳动报酬的；③ 未依法为劳动者缴纳社会保险费的；④ 用人单位的规章制度违反法律、法规的规定，损害劳动者权益的；⑤ 用人单位以暴力、威胁或者非法限制人身自由的手段强迫劳动者劳动的；⑥ 用人单位违章指挥、强令冒险作业危及劳动者人身安全的；⑦ 因使用欺诈、胁迫的手段或者乘人之危，使对方在违背真实意思的情况下订立或者变更劳动合同致使劳动合同无效的；⑧ 法律、行政法规规定劳动者可以解除劳动合同的其他情形。

预告辞职是指在劳动合同的履行过程中，劳动者预先通知用人单位，在经过法律规定的期限之后而解除劳动合同的行为。《劳动合同法》第三十七条规定："劳动者提前 30 日以书面形式通知用人单位，可以解除劳动合同。劳动者在试用期内提前 3 日通知用人单位，可以解除劳动合同。"我国法律并未限制预告辞职的对象是无固定期限劳动合同，即劳动者可以依照法律的规定提前预告解除无固定期限劳动合同、固定期限劳动合同和以完成一定工作任务为期限的劳动合同。

（3）用人单位单方解除。

用人单位单方解除劳动合同是指由享有单方解除权的用人单位以其单方意思表示而解除劳动合同的行为，分为用人单位即时解除，也称为即时辞退；用人单位单方预告解除，也称为预告辞退；用人单位经济性裁员。

即时辞退是指用人单位无须依法提前预告就可随时通知劳动者解除劳动合同的行为。根据《劳动合同法》第三十九条的规定，劳动者有下列情形之一的，用人单位可以解除劳动合同：① 在试用期间被证明不符合录用条件的；② 严重违反用人单位的规章制度的；③ 严重失职，营私舞弊，给用人单位造成重大损害的；④ 劳动者同时与其他用人单位建立劳动关系，对完成本单位的工作任务造成严重影响，或者经用人单位提出，拒不改正的；⑤ 因使用欺诈、胁迫的手段或者乘人之危，使用人单位在违背真实意思的情况下订立或者变更劳动合同，从而致使劳动合同无效的；⑥ 被依法追究刑事责任的。其中，劳动者同时与其他用人单位建立劳动关系，被称为兼职。我国劳动法律、法规没有对兼职作禁止性的规定，属于劳动者可以与用人单位协商约定的事项。但劳动者兼职，对完成本单位的工作任务造成严重影响，或者经用人单位提出，拒不改正的，用人单位有权与其解除劳动合同。

预告辞退是指用人单位依照法律规定提前向劳动者通知要求解除劳动合同的行为。《劳动合同法》第四十条对此作出了规定，有下列情形之一的，用人单位提前 30 日以书面形式通知劳动者本人或者额外支付劳动者 1 个月工资后，可以解除劳动合同：① 劳动者患病或者非因工负伤，在规定的医疗期满后不能从事原工作，也不能从事由用人单位另行安排的工作的；② 劳动者不能胜任工作，经过培训或者调整工作岗位，仍不能胜任工作的；③ 劳动合同订立时所依据的客观情况发生重大变化，致使劳动合同无法履行，经用人单位与劳动者协商，未能就变更劳动合同内容达成协议的。

经济性裁员是指用人单位由于生产经营状态发生变化等经济方面的原因，出现劳动力过剩，为了改善生产经营状态大批地解除其与劳动者订立的劳动合同的行为，是在劳动者和用人单位都没有过错的情况下，由用人单位依照法律规定的程序单方预告解除劳动合同的特殊制度。根据《劳动合同法》第四十一条的规定，有下列情形之一，需要裁减人员 20 人以上或者裁减不足 20 人但占企业职工总数 10% 以上的，用人单位提前 30 日向工会或者全体职工说明情况，听取工会或者职工的意见后，裁减人员方案经向劳动行政部门报告，可以裁减人员：① 依照《企业破产法》规定进行重整的；② 生产经营发生严重困难的；③ 企业转产、重大技术革新或者经营方式调整，经变更劳动合同后，仍需裁减人员的；④ 其他因劳动合同订立时所依据的客观经济情况发生重大变化，致使劳动合同无法履行的。但企业裁减人员时，应当优先留用下列人员：与本单位订立较长期限的固定期限劳动合同的；与本单位订立无固定期限劳动合同的；家庭无其他就业人员，有需要扶养的老人或者未成年人的。并且用人单位裁减人员后，在 6 个月内重新招用人员的，应当通知被裁减的人员，并在同等条件下优先招用被裁减的人员。

2. 用人单位解除劳动合同的注意事项

（1）特殊情形下用人单位不得预告解除劳动合同。

根据《劳动合同法》第四十二条的规定,劳动者有下列情形之一的,用人单位不得预告辞退,也不得对其进行裁员:① 从事接触职业病危害作业的劳动者未进行离岗前职业健康检查,或者疑似职业病病人在诊断或者医学观察期间的;② 在本单位患职业病或者因工负伤并被确认丧失或者部分丧失劳动能力的;③ 患病或者非因工负伤,在规定的医疗期内的;④ 女职工在孕期、产期、哺乳期的;⑤ 在本单位连续工作满 15 年,且距法定退休年龄不足 5 年的;⑥ 法律、行政法规规定的其他情形。例如,根据《工会法》第五十二条的规定,用人单位不得因为劳动者参加工会活动而与之解除劳动合同,或者因为工会工作人员履行职责而与之解除劳动合同。

(2)用人单位解除劳动合同应当符合法定程序。

用人单位单方解除劳动合同,应当事先将理由通知工会。用人单位违反法律、行政法规规定或者劳动合同约定的,工会有权要求用人单位纠正。用人单位应当研究工会的意见,并将处理结果书面通知工会。用人单位违反劳动法律、法规和劳动合同解除劳动合同的,工会有权提出意见或者要求纠正;劳动者申请仲裁、提起诉讼的,工会依法给予支持和帮助。

(3)用人单位解除劳动合同应当向劳动者支付经济补偿金。

用人单位应当依法向劳动者支付经济补偿金的情形有:① 用人单位依法向劳动者提出解除劳动合同并与劳动者协商一致的;② 预告辞退的;③ 经济性裁员的;④ 用人单位违反《劳动合同法》规定解除劳动合同,劳动者不要求继续履行劳动合同或者劳动合同已经不能继续履行的;⑤ 法律、行政法规规定的其他情形。

经济补偿标准主要按劳动者在本单位工作的年限计算,即每满 1 年向劳动者支付 1 个月的工资;6 个月以上不满 1 年的,按 1 年计算;不满 6 个月的,向劳动者支付半个月工资。劳动者月工资高于用人单位所在直辖市、设区的市级人民政府公布的本地区上年度职工月平均工资 3 倍的,向其支付经济补偿的标准按职工月平均工资 3 倍的数额支付,向其支付经济补偿的年限最高不超过 12 年。这里所称的月工资是指劳动者在劳动合同解除或者终止前 12 个月的平均工资。对于上述第④种情形,用人单位应当按经济补偿标准的 2 倍向劳动者支付赔偿金。

(二)劳动合同的终止

劳动合同的终止是指劳动者与用人单位之间的劳动关系消灭,劳动合同不再具有法律约束力的行为。

1. 劳动合同终止的情形

(1)劳动合同期满的;

(2)劳动者开始依法享受基本养老保险待遇的;

(3)劳动者死亡,或者被人民法院宣告死亡或者宣告失踪的;

(4)用人单位被依法宣告破产的;

(5)用人单位被吊销营业执照、责令关闭、撤销或者用人单位决定提前解散的;

(6)法律、行政法规规定的其他情形。

2. 劳动合同终止的法律后果

劳动合同终止时，随着劳动关系的消灭，会对劳动合同的当事人双方产生新的附随义务，主要包括：

（1）用人单位有支付经济补偿金的义务。

用人单位应当依法向劳动者支付经济补偿金的情形有：① 除用人单位维持或者提高劳动合同约定条件续订劳动合同，劳动者不同意续订的情形外，劳动合同期限届满，终止固定期限劳动合同的；② 因用人单位被依法宣告破产或者被吊销营业执照、责令关闭、撤销以及用人单位决定提前解散而终止劳动合同的；③ 用人单位违反法律规定终止劳动合同，劳动者不要求继续履行劳动合同或者劳动合同已经不能继续履行的；④ 法律、行政法规规定的其他情形。劳动合同终止时用人单位支付经济补偿的标准与前文劳动合同解除的经济补偿标准一样。对于上述第③种情形，用人单位应当按经济补偿标准的 2 倍向劳动者支付赔偿金。

（2）用人单位有出具劳动关系终止证明书、档案和保险的转移手续的义务。

劳动关系终止证明书、档案和保险的转移手续与劳动者的再就业和社会保险待遇息息相关。用人单位应当在解除或者终止劳动合同时出具解除或者终止劳动合同的证明，并在 15 日内为劳动者办理档案和社会保险关系转移手续。用人单位对已经终止的劳动合同的文本，至少保存 2 年备查。

（3）劳动者有办理工作交接的义务。

第三节　劳动争议处理法

一、劳动争议概述

（一）劳动争议的概念与范围

1. 劳动争议的概念

我国关于劳动争议的概念有广义与狭义之分。广义的劳动争议是指用人单位与劳动者之间因劳动关系所发生的一切纠纷；狭义的劳动争议是指用人单位与劳动者因劳动权利、劳动义务发生分歧而引起的争议。广义的劳动争议已经纳入法律的调整范围。劳动关系是依据双方当事人的合同建立的，故劳动争议中的合同争议有类似民事纠纷的特点。劳动关系建立后存在着不对等性，使劳动争议中的法律争议又具有类似行政争议的特点。

2. 劳动争议的范围

依据 2008 年 5 月 1 日起施行的《调解仲裁法》第二条的规定，劳动争议的范围如下：

（1）因确认劳动关系发生的争议；

（2）因订立、履行、变更、解除和终止劳动合同发生的争议；

（3）因除名、辞退和辞职、离职发生的争议；

（4）因工作时间、休息休假、社会保险、福利、培训以及劳动保护发生的争议；

（5）因劳动报酬、工伤医疗费、经济补偿或者赔偿金等发生的争议；

（6）法律、法规规定的其他劳动争议。

3. 不属于劳动争议的案件类型

2006 年 10 月 1 日起施行的《最高人民法院关于审理劳动争议案件适用法律若干问题的解释（二）》（简称《争议解释（二）》）第七条列举了不属于劳动争议的案件类型：

（1）劳动者请求社会保险经办机构发放社会保险金的纠纷；

（2）劳动者与用人单位因住房制度改革产生的公有住房转让纠纷；

（3）劳动者对劳动能力鉴定委员会的伤残等级鉴定结论或者对职业病诊断鉴定委员会的职业病诊断鉴定结论的异议纠纷；

（4）家庭或者个人与家政服务人员之间的纠纷；

（5）个体工匠与帮工、学徒之间的纠纷；

（6）农村承包经营户与受雇人之间的纠纷。

（二）劳动争议的处理机制

所谓劳动争议处理机制，是指用劳动立法的形式将劳动争议处理的机构、原则、程序等确定下来，专门用以处理劳动争议的一项法律制度。它表明劳动争议发生后应当通过哪些途径、由哪些机构、以哪些方式处理。根据《劳动法》第七十七条第一款或者《调解仲裁法》第四条、第五条的规定，劳动争议的处理程序包括和解、调解、仲裁和诉讼四种，形成了一个从用人单位内部到地方工会和劳动行政管理部门直至地方法院，从自治到司法解决的多元化争议解决程序。

二、劳动争议的调解

劳动争议的调解是指在劳动争议调解委员会的主持下，在双方当事人自愿的基础上，通过宣传法律、法规、规章和政策，劝导当事人化解矛盾，自愿就争议事项达成协议，使劳动争议及时得到解决的一种活动。调解具有非强制性和非严格规范性的特点。这里要指出的是，调解程序与和解程序一样，是一个自愿程序，当事人不愿调解的，可以直接向劳动争议仲裁委员会申请仲裁。在劳动争议中，调解往往是大部分劳动者与用人单位的首要选择。

（一）劳动争议调解机构

根据《调解仲裁法》第十条的规定，劳动争议调解组织包括：

（1）企业劳动争议调解委员会。

企业劳动争议调解委员会由职工代表和企业代表组成。职工代表由工会成员担任或者由全体职工推举产生，企业代表由企业负责人指定。企业劳动争议调解委员会主任由工会成员或者双方推举的人员担任。

（2）依法设立的基层人民调解组织。

（3）在乡镇、街道设立的具有劳动争议调解职能的组织。

另外，在劳动争议调解组织里的调解员应当由公道正派、联系群众、热心调解工作，并具有一定法律知识、政策水平和文化水平的成年公民担任。

（二）劳动争议调解程序

1. 当事人申请

当事人申请劳动争议调解可以书面申请，也可以口头申请。口头申请的，调解组织应当当场记录申请人基本情况、申请调解的争议事项、理由和时间。

2. 劳动争议调解组织进行调解

劳动争议调解组织调解劳动争议，应当充分听取双方当事人对事实和理由的陈述，耐心疏导，帮助其达成协议。经调解达成协议的，应当制作调解协议书。自劳动争议调解组织收到调解申请之日起15日内未达成调解协议的，当事人可以依法申请仲裁。

3. 当事人履行调解协议

调解协议书由双方当事人签名或者盖章，经调解员签名并加盖调解组织印章后生效，对双方当事人具有约束力，当事人应当履行。达成调解协议后，一方当事人在协议约定期限内不履行调解协议的，另一方当事人可以依法申请仲裁。由此可知，劳动争议的调解是群众性调解，不具有直接向人民法院申请强制执行的效力。另外，因支付拖欠劳动报酬、工伤医疗费、经济补偿或者赔偿金事项达成调解协议，用人单位在协议约定期限内不履行的，劳动者可以持调解协议书依法向人民法院申请支付令。人民法院应当依法发出支付令。

三、劳动争议的仲裁

劳动争议仲裁制度自1987年恢复以来，遵循劳动行政部门、工会组织和经济综合管理部门的代表共同参与的三方原则，在劳动争议仲裁工作中初步形成了三方机制，对体现劳动争议仲裁的公正性，依法维护劳动关系双方的合法权益发挥了较好的作用。

（一）劳动争议仲裁的基本特征

劳动争议仲裁是指劳动争议仲裁机构对当事人请求解决的劳动争议依法居中公断，进行调解、裁决的法定途径。劳动仲裁裁决书一旦发生法律效力，若一方当事人不履行，另一方当事人可向人民法院申请强制执行，保证劳动争议仲裁的严肃性和权威性。劳动争议仲裁与普通仲裁程序相比，具有以下特征：

1. 仲裁主体的特定性

在不少资本主义国家，劳动争议处理机构一般是由政府、工会和雇主组织三方代表组成的。《调解仲裁法》第十九条规定："劳动争议仲裁委员会由劳动行政部门代表、工会代表和企业方面代表组成。劳动争议仲裁委员会组成人员应当是单数。"

2. 仲裁模式的双重性

《调解仲裁法》规定的劳动争议调解仲裁的基本模式有两种：

（1）一调一裁两审制。《调解仲裁法》第五条规定："发生劳动争议，当事人不愿协商、协商不成或者达成和解协议后不履行的，可以向调解组织申请调解；不愿调解、调解不成或者达成调解协议后不履行的，可以向劳动争议仲裁委员会申请仲裁；对仲裁裁决不服的，除本法另有规定的外,可以向人民法院提起诉讼。"这种劳动争议的解决程序可简称为"一调、一裁、二审"的解决程序,也称为"仲裁前置"程序,即劳动争议发生后,当事人应该申请劳动争议仲裁机构先行处理,未经劳动争议仲裁委员会裁决的劳动争议案件,法院不予受理。

(2)一裁终局制。《调解仲裁法》第五条规定的"除本法另有规定的外"的情形指的是该法第四十七条一裁终局的规定。根据《调解仲裁法》第四十七条的规定,下列劳动争议,除本法另有规定的外,仲裁裁决为终局裁决,裁决书自作出之日起发生法律效力:① 追索劳动报酬、工伤医疗费、经济补偿或者赔偿金,不超过当地月最低工资标准12个月金额的争议;② 因执行国家的劳动标准在工作时间、休息休假、社会保险等方面发生的争议。由此可知,适用一裁终局的劳动争议仲裁案件通常是小额的或者标准明确的仲裁案件。这两类案件在全部劳动争议仲裁案件总数中所占比例较大,一裁终局可以解决多数劳动争议仲裁案件处理周期长的问题。《调解仲裁法》第四十七条规定的"除本法另有规定的外"指的是该法第四十八条的规定,即劳动者对该法第四十七条规定的仲裁裁决不服的,可以自收到仲裁裁决书之日起 15 日内向人民法院提起诉讼。

(二)劳动争议仲裁委员会

1. 劳动争议仲裁委员会的设置

劳动争议仲裁委员会属于行政机构范畴,但不按行政区划层层设立。劳动争议仲裁委员会按照统筹规划、合理布局和适应实际需要的原则设立。省、自治区、直辖市人民政府劳动行政部门对本行政区域的劳动争议仲裁工作进行指导。

2. 劳动争议仲裁委员会的管辖范围

劳动争议仲裁委员会负责管辖本区域内发生的劳动争议。劳动争议由劳动合同履行地或者用人单位所在地的劳动争议仲裁委员会管辖。双方当事人分别向劳动合同履行地和用人单位所在地的劳动争议仲裁委员会申请仲裁的,由劳动合同履行地的劳动争议仲裁委员会管辖。在管辖冲突问题上,仲裁委员会发现受理的案件不属于本会管辖时,应当移送有管辖权的仲裁委员会。仲裁委员会之间因管辖权发生争议,由双方协商解决;协商不成时,由共同的上级劳动行政主管部门指定管辖。此外,劳动争议仲裁不收费,劳动争议仲裁委员会的经费由财政予以保障。

3. 劳动争议仲裁委员会的职权

(1)聘任、解聘专职或者兼职仲裁员。

聘用的仲裁员应当公道正派并符合四类条件之一:① 曾任审判员的;② 从事法律研究、教学工作并具有中级以上职称的;③ 具有法律知识、从事人力资源管理或者工会等专业工作满 5 年的;④ 律师执业满 3 年的。

(2)受理劳动争议案件。

(3)讨论重大或者疑难的劳动争议案件。

(4)对仲裁活动进行监督。

（三）劳动争议仲裁程序

1. 申请和受理

（1）仲裁时效。

对劳动争议案件规定仲裁时效，有利于维护劳动关系的稳定、督促权利人及时行使权利和正确处理劳动争议案件。劳动争议仲裁一般时效为 1 年，仲裁时效期间从当事人知道或者应当知道其权利被侵害之日起计算。但在有些情况下，1 年的时效期间还不能保护劳动者的合法权益。例如，在有的行业，尤其是建筑业，拖欠工资问题比较突出，工人的劳动报酬很多到年底才结算；还有些劳动者为了维持劳动关系，在劳动关系存续期间对用人单位拖欠劳动报酬的行为不敢主张权利。如果都适用 1 年的仲裁时效期间，不利于保护他们的合法权益。因此，《调解仲裁法》规定，对于劳动关系存续期间因拖欠劳动报酬发生争议的，劳动者申请仲裁不受 1 年仲裁时效期间的限制；对于劳动者与用人单位劳动关系终止的，应当自劳动关系终止之日起 1 年内提出。

（2）申请的形式。

申请人申请仲裁应当提交书面仲裁申请及其副本。仲裁申请书应当载明：① 劳动者的姓名、性别、年龄、职业、工作单位和住所；② 用人单位的名称、住所和法定代表人或者主要负责人的姓名、职务；③ 仲裁请求和所根据的事实、理由；④ 证据和证据来源、证人姓名和住所。书写仲裁申请确有困难的，可以口头申请，由劳动争议仲裁委员会记入笔录，并告知对方当事人。

（3）受理申请。

劳动争议仲裁委员会收到仲裁申请之日起 5 日内，认为符合受理条件的，应当受理，并通知申请人；认为不符合受理条件的，应当书面通知申请人不予受理，并说明理由。对于劳动争议仲裁委员会不予受理或者逾期未作出决定的，申请人可以就该劳动争议事项向人民法院提起诉讼。劳动争议仲裁委员会受理仲裁申请后，应当在 5 日内将仲裁申请书副本送达被申请人。被申请人收到仲裁申请书副本后，应当在 10 日内向劳动争议仲裁委员会提交答辩书。劳动争议仲裁委员会收到答辩书后，应当在 5 日内将答辩书副本送达申请人。被申请人未提交答辩书的，不影响仲裁程序的进行。

2. 开庭和裁决

本部分可参考本书第一章中经济仲裁的部分，但应注意以下规定：

（1）仲裁庭裁决劳动争议案件，应当自劳动争议仲裁委员会受理仲裁申请之日起 45 日内结束。案情复杂需要延期的，经劳动争议仲裁委员会主任批准，可以延期并书面通知当事人，但是延长期限不得超过 15 日。逾期未作出仲裁裁决的，当事人可以就该劳动争议事项向人民法院提起诉讼。

（2）仲裁庭裁决劳动争议案件时，其中一部分事实已经清楚，可以就该部分先行裁决。

（3）仲裁庭对追索劳动报酬、工伤医疗费、经济补偿或者赔偿金的案件，根据当事人的申请，可以裁决先予执行，移送人民法院执行。仲裁庭裁决先予执行的，应当符合下列条件：① 当事人之间权利、义务关系明确；② 不先予执行将严重影响申请人的生活。劳动者申请先予执行的,可以不提供担保。

四、劳动争议的诉讼

劳动争议诉讼是处理劳动争议的最终程序,它通过司法程序保证了劳动争议的最终彻底解决。劳动争议诉讼包括两类:一是指劳动争议当事人不服劳动争议仲裁委员会的裁决,在规定的期限内向人民法院起诉,人民法院依照民事诉讼程序,在劳动争议双方当事人和其他诉讼参与人的参加下,依法对劳动争议案件进行审理和解决劳动争议案件的活动;二是指当事人一方不履行仲裁委员会已发生法律效力的裁决书或者调解书,另一方当事人向人民法院申请强制执行的活动。

我国劳动争议诉讼与民事诉讼制度总体上是一体的,审理劳动争议案件所适用的程序适用《民事诉讼法》。在起诉条件上,劳动争议诉讼与民事诉讼的区别在于:劳动争议当事人的起诉条件与一般民事纠纷案件的起诉条件不一致,劳动争议案件的受理必须以当事人具有仲裁裁决书或者仲裁拒绝受理的书面通知为前提。在争议主体上,有关集体劳动争议的诉讼虽然也是涉及多个人的诉讼,但是争议的主体是单一的,这与一般民事诉讼中的共同之诉也存在差别。

本章重点

1. 劳动法的调整对象、劳动法律关系的构成要素。
2. 劳动合同的类型、条款、履行、变更、解除与终止。
3. 劳动争议的范围和处理途径。

本章难点

1. 劳动法律关系的判定。
2. 全日制、非全日制、劳务派遣用工的异同。
3. 劳动争议的界定、调解与仲裁。

思考题

1. 劳动合同的主要条款有哪些? 对于试用期和服务期分别有哪些法律规定?
2. 劳动标准的具体内容有哪些?
3. 劳动合同解除的种类有哪些? 哪些情形下用人单位不能解除劳动合同?
4. 劳动合同终止的情形有哪些?
5. 劳动争议包括哪些? 劳动争议解决的途径是什么?

参考文献

[1] 黄昶生,杨光,王菊娥. 实用经济法教程. 东营:中国石油大学出版社,2015.

[2] 王胜伟,徐丽媛,刘芳,等. 经济法概论. 北京:人民邮电出版社,2014.

[3] 刘泽海. 经济法教程. 北京:清华大学出版社,2015.

[4] 杨紫烜. 经济法. 5版. 北京:北京大学出版社,2015.

[5] 中国注册会计师协会. 经济法. 北京:中国财政经济出版社,2017.

[6] 刘文华. 经济法. 5版. 北京:中国人民大学出版社,2017.

[7] 张思明. 经济法概论. 2版. 北京:机械工业出版社,2013.

[8] 陈恩才. 经济法. 北京:人民邮电出版社,2016.

[9] 张辉,郑艳馨. 经济法律通论. 北京:高等教育出版社,2012.

[10] 李巧毅,王明亮. 经济法教程. 北京:人民邮电出版社,2016.

[11] 刘大洪. 经济法. 北京:中国人民大学出版社,2015.

[12] 季连帅,李娜. 经济法. 北京:机械工业出版社,2014.

[13] 李良雄,王琳雯. 金融法. 北京:人民邮电出版社,2017.

[14] 李昌麒. 经济法. 北京:中国人民大学出版社,2012.

[15] 徐英华. 市场经济法教程. 2版. 东营:中国石油大学出版社,2007.

[16] 郭守杰. 经济法. 北京:经济科学出版社,2010.

[17] 陈亚军,满广富. 经济法实用教程. 北京:中国农业大学出版社,2008.

[18] 代祖良. 实用经济法教程. 北京:科学出版社,2008.

[19] 周芳. 经济法学. 北京:北京航空航天大学出版社,2008.

[20] 江平. 民法学. 北京:中国政法大学出版社,2007.